8주 체험으로 완성되는

사회초년생의
내 돈 내 맘대로 쓰기

8주 체험으로 완성되는
사회초년생의 내 돈 내 맘대로 쓰기

초판 1쇄 인쇄일 2021년 4월 27일
초판 1쇄 발행일 2021년 5월 4일

지은이 오도선
펴낸이 양옥매
디자인 강다희

펴낸곳 도서출판 책과나무
출판등록 제2012-000376
주소 서울특별시 마포구 방울내로 79 이노빌딩 302호
대표전화 02.372.1537 **팩스** 02.372.1538
이메일 booknamu2007@naver.com
홈페이지 www.booknamu.com
ISBN 979-11-5776-873-8(03320)
값 17,000원

8주 체험으로 완성되는

사회초년생의
내 돈
내 맘대로
쓰기

오도선 지음

이 책의 기본 가치는 내 돈 내 맘대로 쓰는 것에 있다. 끝까지 읽어보기로 마음먹었다면 이 책은 8주 동안 천천히 읽어 가면 좋다. 앞부분은 지출관리 체험에 관련된 내용이고 뒷부분 전체는 소비, 저축, 보험, 주거, 대출, 가계부 등 경제생활 지식과 테크닉을 정리하였다. 돈에 관련한 내용을 다루고 있는 여느 책들과 무슨 차이 때문에 굳이 8주 동안 천천히 읽어야 하는 이유는 무엇인가? 스스로 묻고 답해본다.

절약, 가계부, 지출관리, 돈 관리라는 말들은 듣는 사람의 입장을 충분히 주의해서 사용해야한다. 자칫하면 서로의 관계가 어색해지거나 악화될 원인이 되기 때문이다. 특히 부모와 자녀사이 그리고 연인이나 배우자 사이처럼 밀접한 관계일수록 쉽게 꺼내서는 안 되는 금기어들이다. 의미자체가 부정적이거나 혐오스런 것은 아니지만 듣는 입장에 따라서는 '아! 내가 돈을 많이 못 번다는 뜻'이구나. '내가 과소비를 하고 있다는 뜻'이구나. 그래서 결국 '돈도 못 버는 내가 개념 없이 과소비를 하고 있는 한심한 사람으로 보이는 구나'라고 받아들일 수도 있다. 이만큼 왜곡되어 전달되는 말들도 드문듯하다. 실제 이 책의 제목도 "~ ~ 지출관리"나 "~ ~ 돈 관리"가 가장 적합하였지만 감히 넣을 수 없었던 이유이다. 그래서 어쩔 수 없다. 내 돈 내 맘대로 쓰는 방법을 배우려면 스스로 할 수 밖에 없다.

이 책을 읽은 독자가 내 돈 내 맘대로 쓰는 기준을 가질 수 있도록 계획했다. 책을 읽는 방법은 매주 한 가지 미션실행과 한 챕터 분량을 독서하는 것이다. 1주차 미션실행과 1장 독서, 2주차 미션실행과 2장 독서, 3주차 미션실행과 3장 독서……이렇게 8주간 미션실행과 독서를 병행한다. 예를 들면 1주차는 영수증을 모으는 미션이다. 먼저 영수증을 모으는 1주일 동안에 "1장 소비심리와 지출환경" 편을 읽는다. 1주차 미션과 독서를 종료한 후 체험참여자들의 소감과 멘토의 피드백 및 뒤풀이를 읽으면서 본인의 미션경험과 비교해본다. 8주차까지 그런 식으로 구성되어있다. 8주간 지출관리경험과 8개 주제의 금융지식을 융합하여 "9장 3갈래 가계부로 지출관리하기"에서 한 번 더 종합적으로 지출관리법을 정리할 수 있다. 가계부를 꾸준히 작성하고 있는 독자라 할지라도 8주간 지출관리 미션을 건너뛰지 않았으면 좋겠다.

아무쪼록 쉽지 않은 인연으로 이 책을 만난 모두가 중단 없이 완독하길 바란다. 그리고 내 돈 내 맘대로 쓰는 기준이 있을 때 무엇이 좋은지를 서로 대화 나눌 수 있으면 좋겠다.

오도선

차례

제1부

자기성찰형 지출관리 8주간 체험기

자기성찰형
지출관리
8주간 체험기

"

자기성찰형 지출관리는 자기 자신의 견해, 욕구, 가치, 능력 등을 종합적으로 인식하면서 돈을 사용하고 관리하는 것이다. 즉 자기주도적으로 돈을 관리하는 역량이다. 지출파악하기를 통해 "돈쓰고 있는 나는 누구인가?"를 찾고, 지출계획을 통해 자신에게 어울리는 삶을 만들어간다.

"

지출관리 체험시작

· 누가하나?

돈 관리를 잘 하고 싶어하는 사회초년생

· 언제시작하나?

바로 지금이다.

· 언제까지?

지금부터 8주간이다.

· 어떻게 하나?

매주 새롭게 주어지는 미션을 실행하면 된다.

· 끝까지 완주하면 어떤 성과가 있나?

만족하고 후회없는 돈 관리를 할 수 있다.

1주차 미션 : '영수증 모으기'를 한다.

- 미션기간 : 월요일부터 일요일까지
- 지출 후에는 영수증을 받는다.
- 받은 영수증을 투명봉투에 모은다.
- 받지 못한 영수증이나 자동이체 건은 지출일자, 항목, 금액순서로 포스트잇에 메모한다.
- 영수증 봉투 사진을 찍어서 업로드 한다.

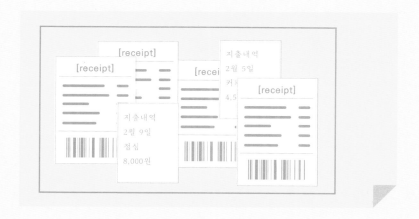

영수증 모으기 미션을 실행하는 동안
"1장 소비심리와 지출환경"편을 읽으세요.

영수증 모으기와 체험 소감

참여자: 영수증은 '버려주세요'가 습관이었는데~ 그래도 열심히 모았다.

멘토: 이렇게 모인 영수증보니 감회가 있지요? 즐거운 경험 가득했길 바라요~~

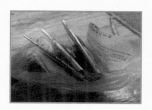

참여자: 영수증 모으는 거 처음 해 봤는데 신선했다. 소액으로 엄청난 지출을 하는 걸 알았다.

멘토: 잘하셨어요. 모아진 영수증 인증샷 처음이지요? 즐겁고 추억 남는 미션이길 바라요. 2주차도 고고고~~

참여자: 그동안은 계좌이체해도 눈에 잘 안보이니까 별로 소비를 안 한줄 알았는데 모아 놓고 보니 소비가 많았다.ㅠㅠ반성하게 된다.

멘토: 반성은 노 노! 1주차 미션완료 축하해요^^ 봉투 속에 지난 일주일간의 즐거운 추억이 가득하길 바라요~

참여자: 영수증이 다시 현금으로 제 주머니 속으로 들어 왔음 좋겠다. 매달 월급날에 왜 돈이 없는지 알게 됐다.

멘토: 수고하셨어요. 간단한 미션이지만 나름 신경 쓰이죠? 지출은 소중한 내 돈을 사용하는 중요한 결정이니까요. 의미 있는 체험되길 바라요.

참여자: 영수증을 모아놓고 보니 이번 주는 많이 사용한 것 같고.. 일주일에 이만큼의 돈이 빠져나가는걸 알 수 있었다.

멘토: 즐거운 시간이었죠? 사람들은 소비할 때 행복하죠. 다만 지속적으로 유지되는 것이 최고^^

참여자: 영수증 모으기 미션 덕분에 소비를 맘껏 하지 못했던 것 같다. 매번 영수증 버려달라고 하는 게 습관이 되어 안 잊어버리고 영수증 받는 것도 꽤나 힘들었다.

멘토: 즉시 공감^^ 돈 쓰기 전 한 번의 고민은 돈쓸 때 즐겁고 쓰고 나서 많은 추억을 남기겠죠~~

'영수증 모으기' 미션에 대한 멘토의 뒤풀이

지출 정보는 영수증에만 들어있지 않다. 내 생활 속에 스며들어 있고, 추억으로 함께 남는다. 영수증은 소비지출의 마지막 결과물이다. 거래내용을 확인할 수 있고 환불이나 교환할 경우 중요한 자료이다.

영수증에 대한 관심은 지출수단이나 지불금액의 크기에 따라 달라진다. 현금 지출 할 때는 가능한 영수증을 받으려 한다. 카드 지출 할 때는 굳이 영수증을 받으려 하지 않는다. 전산기록에 남아있기 때문이다. 소액지출 후 받게 되는 영수증은 가볍게 '버려주세요' 라고 하는 사람들도 큰 금액지출에 대한 영수증은 꼭 챙기려 한다. 큰돈이 작은 돈보다 더 소중하다고 생각하기 때문에 그런 것도 있겠지만 큰돈을 쓸 때 진짜 고객이 된 것 같기 때문이다. 가게에서 당당하게 영수증을 요청하고 여유 있게 영수증을 살펴보는 우리의 모습을 보게 되는 경우는 대부분 큰돈을 지출한 경우가 아닐까? 작은 돈도 소중하고 큰돈도 소중하다. 다만 돈 쓰는 용도가 다를 뿐이다.

한 개 한 개의 영수증의 의미와 모두 모아놓은 영수증의 의미는 다르게 느껴진다.

각각의 영수증은 구매내용이 정확한지를 확인할 수 있을 뿐 지출이 잘 된 것인지 잘못된 것인지를 판단할 수는 없다. 그러나 모아진 영수증은 개별지출이 아닌 지출총액으로 바라보면서 평가하도록 한다. 수북이 쌓인 영수증을 바라보는 상상을 해보면 어떤 느낌일까? '이렇게 멋진 지출을 많이 했단 말이지!', '멋진 나!', '헉 이렇게나 많은 돈을 썼단 말이야!' 이미 통장잔고가 바닥이라면 후회와 반성이 먼저 다가오지 않을는지. 낱개 영수증은 거래내용 확인의 의미가 있고 전체로 모아진 영수증은 지출 전체에 대해 평가하게 한다.

영수증을 가지고 있으면 '돈을 썼다'는 죄책감이 들어서 싫다는 사람들도 있다. 절약하고 저축하는 것만을 미덕으로 생각하는 환경 때문에 지출에 대해 긍정적으로 생각하기 힘들겠지만 돈은 쓰기 위해서 버는 것이고 더 많이 쓰기 위해서 저축하는 것이다. 사회초년생일수록 좋은 지출과 좋지 않은 지출에 대해 합리적인 기준을 갖는 것이 필요하다.

수고하셨어요. 1주차 미션 체험소감을 적어보세요.

8주 체험으로 완성되는 사회초년생의 내 돈 내 맘대로 쓰기

2주차 미션 : '지출기록하기'를 한다.

- 미션기간 : 월요일~일요일까지
- 1주차처럼 영수증을 받는다.
- 빈 노트를 준비하여 왼쪽에 영수증을 붙이고 오른쪽에 지출내용을 기록한다.
- 지출일, 지출항목, 금액, 지출수단(현금, 카드, 이체 등)을 기록한다.
- 노트사진을 찍어서 업로드 한다.

영수증	날짜	지출항목	금액	지출수단
[receipt] [receipt]	1.23	햄버거	4,900	신용카드
	1.24	소주	1,600	신용카드
	1.25	생수	940	현금
		삼각김밥	900	체크카드
		커피	2,500	체크카드
	1.26	동창모임	20,000	계좌이체

지출기록하기 미션을 실행하는 동안
"2장 저축: 미래지출 관리"편을 읽으세요.

8주 체험으로 완성되는 사회초년생의 내 돈 내 맘대로 쓰기

지출기록하기와 체험 소감

참여자: 지출내역을 보면서 소비습관을 파악할 수 있어서 좋은 기회였다. 꾸준히 해보면서 불필요한 지출을 줄이는 노력을 해야겠다.

멘토: 같은 돈을 쓰더라도 알고 쓰는 것은 걱정이 줄어들고 편안한 지출이 되지요. 영수증보다는 지출항목과 금액을 결정했던 계기를 파악하는 게 더 중요해요. 계속 나의 지출패턴을 파악하는 미션이 되길 바라요.

참여자: 현금보다 신용카드를 사용해 지출에 대한 감을 잡기가 어려웠는데 이렇게 기록하는 습관을 들이면 좋겠단 생각이 들었다. 나의 지출 습관들을 이제야 알게됐다. 열심히 미션 참여해서 달라진 나를 확인하고 싶다.

멘토: 그렇지요. 신용카드를 사용하면 현금보다 지출을 더 쉽게 한다는 연구결과가 있어요. 이번 미션에서 중요한 경험을 하셨네요. 3주차 미션도 화이팅!!!

참여자: 언제, 어떤 지출이 있었는지 기록까지 하다 보니 나의 지출이 주로 어디에 사용되는지를 알 수 있었다.

멘토: 미션수행하면서 자기의 활동모습을 관찰하는 시간이 되었다니 좋았겠네요. 다이나믹한 생활모습이 보이죠? 지출항목 하나하나 찾아서 기록하는 동안 지출순간의 즐거웠던 느낌이 추억으로 간직되었길 바라요.

참여자: 조금 어려웠지만 이렇게 쓰고 나니 나의 생활 패턴이 보이는 거 같다. 이번 미션을 통해 소비패턴을 다시 확인하게 된 계기였다.

멘토: 지출내용에서 나의 생활모습을 보게 되지요? 나의 지출패턴을 알고 만족도 높은 돈 관리 방법을 찾는 것이 체험의 목적이네요.

참여자: 휴대폰으로 정리만 하다가 지출내역을 직접 눈으로 보니 더욱 크게 와 닿았다.

멘토: 잘하셨어요. 영수증을 챙기고 붙이는 것이 힘들었을 텐데.. 내가 결정하고 지출한 것이지만 다시 한 번 살펴보는 의미 있는 시간이었지요^^

참여자: 영수증 모으고 기록해보니 먹는 데 지출이 많았다. 좀 더 생각하고 지출할 수 있도록 고민 해봐야겠다.

멘토: 미션하면서 큰 깨달음(?)을 얻으셨네요 ㅎㅎ. 기록하면서 중요한 것은 지출한 내용 전체를 바라보는 것이지요.

'2주차 지출기록하기' 미션에 대한 멘토의 뒤풀이

　지출을 구체적으로 기록하는 목적은 하나하나를 넘어서 전체적으로 넓게 보고 향후 합리적인 지출을 계획하기 위해서다. 카드를 주로 사용하는 요즘은 '난 카드를 쓰고 있어서 별도로 기록할 필요 없는데~~'라고 생각하는 사람들이 많다. 하지만 현금을 사용할 때보다도 오히려 카드나 계좌이체를 사용할수록 지출기록을 하는 것이 더 필요하다.

'영수증 모으기'에서 전체적인 지출의 윤곽을 파악할 수 있었다면 '지출기록하기'에서는 손으로 기록하는 과정에서 좀 더 구체적으로 관찰하게 된다. 지출항목 간에 비교하고 평가할 수 있는 기준이 생기기 시작한다. '돈 안 쓰면 가계부 적을 필요가 없겠다'라고 생각할 수도 있지만 직접 지출행위가 없었다 해도 월세, 보증금이자, 전기요금, 수도요금, 핸드폰요금 등 연속적으로 발생하는 지출이 있다. 오늘 결제하지 않더라도 이런 지출도 예측하고 있어야 한다. 우린 언제나 돈을 쓰고 있기 때문이다.

합리적으로 만족하게 지출했다고 생각하는데 굳이 기록을 남겨야하나? 개별적인 지출행위에 대한 평가와 월간 지출에 대한 평가는 다르다. 특히 예산을 세우지 않고 지출하는 경우 각각의 지출은 합리적일 수 있으나 전체적인 지출이 적자가 된 경우에는 모든 지출이 잘못된 것으로 평가될 수 있다. 이런 식의 평가는 매우 좋지 않다. 만족했었던 지출들도 일순간 부정적인 것으로 인식될 수 있다. 자기행동에 대한 부정적인 평가가 반복될 수 있기 때문이다.

수고하셨어요. 2주차 미션 체험소감을 적어보세요.

8주 체험으로 완성되는 사회초년생의 내 돈 내 맘대로 쓰기

3주차 미션 : '지출만족도 평가하기'를 한다.

- 미션기간 : 월요일~일요일까지
- 2주차처럼 영수증을 붙이고 지출기록을 한다.
- 각각의 지출항목에 대한 만족도를 상, 중, 하로 평가한다.
- 만족도는 개인기준으로 평가한다.(상: 만족, 중: 특별한 불만 없음, 하: 불만)
- 미션실행 사진을 찍어서 업로드 한다.

영수증	날짜	지출항목	금액	지출수단	만족도
[receipt] [receipt]	1.27	햄버거	4,900	신용카드	상
		휴대폰요금	89,000	신용카드	하
	1.28	생수	940	현금	하
		친구와저녁	24,000	체크카드	중
	1.29	후불교통비	78,000	체크카드	상
	1.30	커피	2,500	계좌이체	상

지출만족도 평가하기 미션을 실행하는 동안
"3장 보험: 위험지출 관리"편을 읽으세요.

지출만족도 평가하기와 체험 소감

참여자: 만족도가 대부분 좋아서 그런지 지출에 대한 후회는 없다. 후회 없는 소비를 해서 기쁘다. 작은 군것질이 만족도가 높다. 엄청 뒤져서 싸게 산 생필품 소비가 매우 만족스럽다.

멘토: 멋진데요. 역시 지출은 삶의 모습을 비추는 거울 맞아요. 열심히 노력하고 개성있는 모습이 미션일지에서 아름답게 빛나네요. 최고^^

참여자: 지출만족도를 스스로 평가해보니 대부분 '중과 하'가 많은 것을 보고, 지출을 할 때 좀 더 신중해야겠다고 느꼈다. 필요 없는 지출은 없앨 수 있도록 해야겠다!.

멘토: 잘하셨어요. 만족도 상 중 하 다양하죠? 이젠 만족도 높은 항목 중심으로 지출관리를 하면 오케이!!!

참여자: 지출을 그때그때의 감정으로 판단했던 것 같은데 만족도를 정하다보니 만족스럽지 않은 지출 부분은 다시 한 번 되돌아보았던 것 같다. 만족스럽지 않았던 부분은 다음엔 한 번 더 생각해보고 지출을 결정하려 한다.

멘토: 지출을 통한 자기성찰 과정 이었네요. 멋져요. 내가 결정하고 평가하는데도 만족도 최고가 안나오죠ㅎㅎ

참여자: 미션을 통해 필요 없는 지출은 무엇이고 꼭 필요한 지출은 무엇인지 구별되는 것 같다.

멘토: 귀한 돈 벌기는 어려워도 쓸 때는 만족도가 무조건 최고여야 하죠. 그런데 내가 지출하고 평가하기가 상당히 어렵죠? 매우 냉정하거나 본인에게 진솔한 경우이거나ㅎ ㅎ. 지속적으로 만족하는 소비를 위해 화이팅^^

참여자: 이전에는 막연한 후회로 끝내버렸지만 평가한 만족도를 보면서 다음부터는 물건을 살 때 이게 정말 나에게 필요한 것일까라는 생각을 한 번 더 해야겠다.

멘토: 포스트잇 영수증이 너무 멋지네요. 깨알 같은 살림운영이 느껴지는 가계부. 안정되고 알찬 가정경제가 만들어지고 있는 중이지요?

참여자: 상, 중, 하 로 만족도 결과를 정해보니 확실히 안 써야 할 것도 확인할 수 있었다.

멘토: 돈쓰는 이유는 결핍도 해소하고 필요도 채우고 결국은 만족하려는 것이지요. 앞으로 지출을 결정할 때 하는 줄이고 상은 늘리면 되겠네요.

'3주차 지출만족도 평가하기' 미션에 대한 멘토의 뒤풀이

　어라! 3주차 미션은 완전 다르다. 새롭다. 내가 결정하고 귀한 내 돈을 지출한 것에 대한 만족도를 평가하는 것이라니. 당연히 만족도는 최고 아닐까? 나에게 돈 문제가 있다면 딱 하나다. '쓸 돈이 부족하다'는 것이다. 잘못 쓸 일은 없다고 생각했다면 3주차 미션에서 반전이 일어났을 것이다. 1주차 미션 '영수증 모으기'는 너무 싱겁고, 2주차 '지출 기록하기'는 너무 고전적이라는 느낌이었다. 3주차에서 미션에서 참여하는 태도가 바뀐다. 진지하게 몰입한다. 돈의 문제, 지출관리의 문제가 환경 탓이 아니라 자기문제로 집중된다. 나를 돌아보는 진정한 자기성찰의 과정이 시작된다.

필요하고 좋아하는 것에 지출을 한 것인데 굳이 만족도를 평가할 필요가 있을까? '평가'라는 말은 불편하다. 일단 긴장하게 만든다. 그래도 스스로 평가하기라서 다행이다. 자기의 모든 지출에 대하여 만족도를 '상'으로 평가하는 것이 당연하다. 그러나 결과는 생각하는 것과는 너무나 다르다. 이번 미션에서만큼은 '상'으로 평가되는 지출도 좋고, '중'도 괜찮고 '하'도 문제없다. 지출관리에서 우선적으로 중요한 것은 나의 지출을 객관적으로 파악하는 과정이기 때문이다. 평가하기는 이런 과정을 촉진시킨다. 나의 행위를 남이 아니라 스스로가 평가하는 것이 더 어려운 것 같다. 잘잘못을 파악하고 생각과 행동을 수정해가는 것은 바람직한 모습이다.

만족도가 높은 경우는 자기주도적이고 필요한 곳에 돈을 썼고 가격 대비 성능이 좋을 경우이다. 또 계획된 소비, 의무적인 지출 또는 그냥 이유 없이 좋았을 경우이다. 불만족하는 경우는 대부분 '따라하는 소비'라고 인식된 경우이다. 필요 없는 것을 구매하거나, 가성비가 낮거나, 친구·동료 사이에 마지못해 불편한 지출을 했거나, 원하는 물건대신 가격 때문에 값싼 물건을 구매했을 경우일 수 있다. 그리고 특별히 불만 없음은 의무지출로 생각하거나, 습관적으로 지출했던 것이거나, 상품이나 서비스에 특별한 선택의 관심을 두지 않았을 경우이다. 한 브랜드커피 관계자는 "불황에도 고급커피가 잘 팔리는 이유는 다른 건 아껴도 커피 한 잔 만큼은 고급스럽게 즐기고 싶은 자기위안형 소비문화가 형성됐기 때문"이라고 말했다. 필수적으로 소비해야하는 점심식사와 감성을 자극하고 문화적 욕구를 충족시키는 선택 제품인 커피에 대해 요즘 젊은 층과 직장인들이 점심은 싼 것으로 먹더라도 커피는 비싸게 사먹는 이중 잣대를 갖고 있는 것을 지적한 것이다.

수고하셨어요. 3주차 미션 체험소감을 적어보세요.

4주차 미션 : '충동소비 진단하기'를 한다.

- 미션기간 : 월요일~일요일까지
- 3주차처럼 지출만족도 평가를 한다.
- 각각의 지출항목을 A, B, C, D로 진단한다.
- A:급하고 중요한 것, B:급하지 않으나 중요한 것, C:급하나 중요하지 않은 것, D:급하지 않고 중요하지 않은 것이다. 무엇이 중요하고 급한 것인지는 개인의 주관적인 판단으로 진단하면 된다.
- 미션실행 사진을 찍어서 업로드 한다.

영수증	날짜	지출항목	금액	지출수단	만족도	급함, 중요도
[receipt] [receipt]	2.1	실비보험	35,000	자동이체	상	A
		야식	18,000	현금	중	C
	2.2	월세	200,000	계좌이체	하	A
	2.3	정기적금	300,000	자동이체	상	B
	2.4	코트	145,000	신용카드	중	B
		모자	20,000	신용카드	상	D

충동지출 진단하기 미션을 실행하는 동안
"4장 주거환경과 주거지출 관리"편을 읽으세요.

충동소비진단하기와 체험 소감

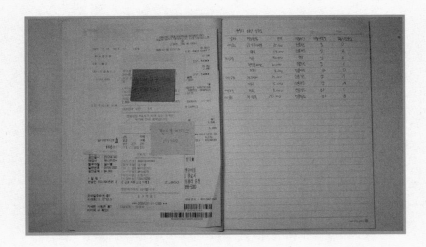

참여자: 4주차 미션은 조금 독특하다고 생각했다. 3주차 까지는 생각도 못했는데 만족도가 높다고 하더라도 사실상 중요도를 따지니 낮은 항목들이 많았다. 그래도 4주차까지 오면서 점점 소비할때마다 한 번 더 생각하는 습관이 생겨 났다.

멘토: 이번 미션도 잘 하셨어요. 지출항목에 대한 만족도는 상, 그리고 급함과 중요도는 A와 B일 때가 제일 좋은 조합이지요. 만족도는 주관적인 기분에 따라 달라질 수 있을 것이지만, 중요하고 급함은 지출항목의 객관적인 측면을 살펴 지출을 결 정하는데 도움이 될 거에요.

참여자: 중요도와 급함을 표시해보니 A는 거의 없다. 만족 도와 중요도가 낮은 커피, 술 그리고 거기에 부가적으로 따 라오는 대리운전비를 줄여야겠다. 전체적으로 내 지출은 D급이다 ㅠㅠ

멘토: 영수증 모으기, 기록하기 그리고 평가하기와 진단하 기까지 다양한 방식으로 나의 지출패턴을 파악하는 시간이 되었지요. 만족도는 높게 하고 지출진단은 A나 B가 되도록 만들어가길 응원할게요.

참여자: 미션을 수행하면서 점차 의식적으로 영수증을 챙기게 됐고, 영수증을 정리하며 지출을 한 번 더 들여다보니 불필요한 소비가 보인다. 현금도 많이 사용하게 된 덕분에 충동구매가 많이 줄었고 소비 만족도 또한 올라가게 됐다. 하지만 꼭 필요하고 만족스럽게 구매한 것도 때로는 만족도와 다를 때도 있어 많은 걸 깨닫는 경험이었다.

멘토: 사람들의 생활은 돈 쓰기와 관련되어 있어요. 만족도에 대한 평가도 스스로 하는 것이었고 지출의 진단을 급함과 중요함으로 측정하는 것도 스스로의 판단이었죠. 결과가 어떤가도 중요한 것이겠지만 이런 과정에서 나의 지출패턴을 구체적으로 파악할 수 있었을 거라 생각해요.

참여자: 그동안 제 소비습관이 좋지 못하다는 생각은 했는데, 나의 지출을 진단했던 적이 없었기에 소비습관들을 고치지 못했던 것 같다. '절약해야지~ 절약해야지~' 라는 마음만으로는 지출을 줄일 수 없음을 깨달았다.

멘토: 미션소감이 감동적이네요. 돈 관리에 대한 작은 생각의 변화가 일상생활에 미치는 영향은 놀라울 정도지요. 돈 속에는 우리의 감정까지도 이입된 것이어서 돈을 사용하는 것에서 편안함을 느낀다면 삶이 전체적으로 안정될 가능성은 매우 높을 거예요. 미션완료 축하해요.

참여자: 만족도와 중요도는 다를 수 있다는 것을 깨달았다. 항상 급하고 중요하다고 여겼는데 생각보다 덜 중요하고 덜 급한 소비도 있어서 저의 소비를 조금 더 다른 눈으로 볼 수 있었다.

멘토: 내 돈의 마지막 여정이 지출이죠. 그리고 그 돈은 기쁨과 행복으로 나에게 돌아와야 하는데.. 필수적인 지출항목의 만족도가 높지 않다면 아마 금액의 문제일 수 있겠죠? 의미 있는 미션과정이었길 바라요.

참여자: 그동안 한 번도 생각해보지 못한 부분이라 흥미로웠다. 지출만족도와 중요도가 비례하지 않는 것도 많았다. 그래도 전보다는 조금 더 지출 전에 고민하고 생각하는 시간이 늘었던 것 같다.

멘토: 개별적으로 타당한 지출이 전체적으로는 부정적인 결과를 초래할 수도 있다. 이런 경우를 구성의 오류에 빠졌다고 해요. 예를 들면 지출할 때마다 만족도가 모두 '상'이었다. 그러나 한 달을 생활하고 나서 보니 통장이 텅텅 비었다. 다음 달에 결제할 카드값도 걱정이 된 경우지요. 지출 전에 고민하는 습관이 지출계획으로 이어지겠죠?

'4주차 충동소비 진단하기' 미션에 대한 **멘토의 뒤풀이**

참여자들의 미션 소감이 주차를 더해갈수록 장황해지고 있다. 영수증 모으기처럼 단순한 미션에서는 소감이 경쾌하고 발랄하다. 4주차는 중후하다. 자기 내면의 이야기를 말하고 싶은 것이다. 맛집, 여행지 인증샷으로 보이는 이야기들과는 다르다. 화려하지는 않지만 자기만의 멋진 돈 이야기를 하고 싶은 것이다. 이렇게 지출패턴 파악하기 4주간의 미션이 종료된다.

너무도 평범하고 일상적인 지출과정을 복잡하게 4과정으로 나누었다. 충동소비의 모습을 사실대로 볼 수 있게 되는 것이다. 그것이 지출 파악하기에서 바라는 최고의 결과다. 충동구매는 일반적으로 계획적인 구매의 반대말인 비계획적인 구매방법을 말한다. 실제로 구매행위에서 인간자체가 완전히 계획적일 수는 없어서 충동구매의 가능성은 언제나 있을 수밖에 없다. 무한한 개인의 욕구와 무지막지한 마케팅의 공격을 막아내는 것은 거의 불가능에 가깝지만 조금이라도 방어하기 위해 각자의 무기를 준비해야한다.

A, B, C, D에서 특별히 신경써야하는 영역은 어디일까? 4주차 미션은 3주차의 주관적인 만족도 평가를 스스로 객관화시키는 과정이다. A가 많다면 당연히 좋다. 실용적으로는 'B'로 진단되는 항목이 많아지게 하는 것이 목적이다. 지출의 예측가능성을 높여서 급하지 않으나 중요한 것에 안정적으로 지출하기 위한 여유예산을 준비할 수 있도록 하는 것이다. 반대로 'C'와 'D'는 시발비용(소비)의 결과이며 시작점이다. 중요하지도 급하지도 않는 것에 돈을 지불하면 급하거나 중요한 것에 쓸 돈이 부족하게 되고, 그러면 스트레스가 증가하고 그러면 또 중요하지 않지만 급한 것에 돈을 지른다. 악순환의 시작이다.

김문태, 『소비자 행동의 이해』, 도서출판 청람, 2015.

비계획적 구매에는 4가지 유형이 있는데 순수충동구매(pure impulse buying), 상기(reminder)충동구매, 제시(suggestion)충동구매, 계획적(planned)충동구매이다.

시발비용이란 비속어 '시발'과 '비용'의 합성어로, 내가 스트레스를 받지 않았으면 쓰지 않았을 비용을 말한다.

8주 체험으로 완성되는 사회초년생의 내 돈 내 맘대로 쓰기

수고하셨어요. 4주차 미션 체험소감을 적어보세요.

1단계 지출패턴 파악하기 정리와
2단계 지출계획하기 도전

지출파악하기는 자기를 성찰하는 과정이다.

　체험 참여자들은 1단계 4주 동안 자기의 지출패턴을 파악하면서 소비와 관련된 자신의 행동을 성찰한다. 지출 속에서 자기의 모습을 파악하는 일기와 같은 것이다. 아무 생각 없이 습관적으로 소비했던 자신의 생활을 돌아보면서 일상의 소비패턴을 분석한다. 일상의 소비생활을 객관적으로 관찰한 뒤 분석을 함으로써 소비의 주체가 된다.

지출 속에서 나의 진짜 모습을 파악하게 된다.

　자급자족이나 물물교환 시대와 다르게 지금은 돈(화폐)를 통한 거래와 교환으로 모든 생활이 유지된다. 또한 돈은 소중한 물건이어서 꼭 필요하고 중요하다고 생각하는 곳에 돈을 쓰려고 한다. 돈을 쓰는 곳에 마음이 가고, 생각이 가고, 몸도 움직인다. 즉, 돈은 생각하는 방향으로 지출이 이뤄지기 때문에 지출기록만 단순하게 보더라도 자기의 한 달 동안의 생각, 행동, 성격이 모두 나타난다. 식생활, 음주량, 취미, 낭비벽, 독서량, 건강상태, 인간관계까지, 더 나아가 행동반경까지 볼 수 있다. 지출 만족도와 충동소비 진단까지 실행하게 되면 지출 속에서 나의 진짜 욕구와 욕망을 찾을 수도 있다. 이렇게 돈을 쓰면서 생활하는 지출패턴에 익숙하고 평안을 느낀다면 그 사람이 나의 진짜 모습이다.

지출계획하기는 자기주도적인 소비결정 과정이다.

지출파악 이후에는 특별히 고안된 가계부를 통해 지출계획하는 방법을 경험하게 된다. 지출계획을 한다는 것은 쉽지 않고 많은 사람들이 실망하고 지친다. 무한히 내재해 있는 지출욕구를 사용가능한 돈(자원)의 범위로 한정하는 과정이기 때문이다. 대부분은 계획세우는 것을 포기하고 그때그때 판단으로 돈 쓰는 방식으로 돌아가기도 한다. 또 지출을 계획하는 과정에서는 쓸 수 있는 돈이 많지 않다는 것을 다시 확인하게 되는데 이것은 우울한 경험이다. 그러면 지출계획 이전에 더 많은 돈을 벌어야한다는 생각을 하게 되면서 다시 지출계획하는 것을 미루게 된다. 그러나 자기성찰형 지출관리에서는 1단계에서 무한한 지출욕구와 사용가능한 돈의 한계를 비교하는 경험으로 자기의 지출패턴을 파악했기 때문에 지출예산을 계획하는 것이 자연스럽게 진행될 수 있다.

1단계 지출패턴파악하기 4주간	자기성찰	2단계 지출계획하기 4주간	자기주도적인 소비결정

5주차 미션 : '2갈래로 지출구분하기'를 한다.

- 미션기간 : 월요일~일요일까지
- 지출항목들을 2갈래로 구분하여 기록한다.
- 2갈래는 '매월 지출되는 항목'과 '매월 지출되지 않는 항목'으로 구분한다. 구분하는 기준은 예시를 참고하여 주관적으로 판단하면 된다.
- 제공된 2갈래 가계부 파일을 다운받아 작성한다.
- 미션사진을 찍어서 업로드한다.

매월 지출되는 항목	매월 지출되지 않는 항목
월세, 관리비, 가스/전기/수도, 렌탈제품, 휴대폰, 인터넷, 케이블, 학교급식, 학원, 용돈, 국민연금, 건강보험, 보장성보험, 저축성보험, 회비, 종교/기부, 적금, 대출상환, 주유비, 대중교통비, 식재료비, 간식, 생활용품, 여가비, 외식, 의료비, 책, 헤어컷, 반려동물	재산세, 등록금, 자동차세금, 보험, 수리비, 생일, 명절, 경조사, 옷, 신발, 액세서리, 미용실, 화장품, 레져, 가구, 가전, 기부, 회비, 휴가, 의료비, 건강식품, 수선비, 부모님용돈

2갈래로 지출구분하기 미션을 실행하는 동안
"5장 부채: 과거지출 관리"편을 읽으세요.

2갈래로 지출구분하기와 체험 소감

5주차 미션

매월 지출되는 항목			매월 지출되지 않는 항목		

예시) 월세 관리비 가스 전기 수도 휴대폰 인터넷 케이블 집전화 학원비 국민연금 건강보험 보장성보험 저축성보험 회비 종교 기부 적금 대출상환 주유비 교통비 식재료비 간식 생활용품 여가비 외식 의료비 책 애여동물 반려동물 | 자녀교육 자동차 생일 명절 경조사 옷 신발 액세서리 미용실 화장품 렌즈 가구 가전 기부 회비 세금 휴가 의료비 건강식품 수선비 부모님용돈

날짜	지출항목	금액	날짜	지출항목	금액
00/2	청약저축	20,000	00/8	햄스터 용품	22,500
	한식비	12,900		페인트 외	14,000
00/3	식비	22,000	00/9	미용실	30,000
00/4	지빈	24,500			
	커피	3,000			
	생수	1,000			
00/6	대중교통비	49,000			
	회비	20,000			
00/7	저축	200,000			
	소계	352,400		소계	66,500

참여자: 매월 지출되는 항목과 매월 지출되지 않는 항목으로 나누는 방법은 처음이라 흥미 있었다.

멘토: 자주 사용하는 물건과 가끔씩 사용하는 물건을 구분해서 보관하는 것은 찾아 쓰는 편리를 위해서죠. 지출구분도 그런 목적이에요. 익숙하지 않은 지출에서 문제가 발생할 수 있거든요

참여자: 정리해보니 매월 나가는 고정 비용이 생각보다 많았다. 방법을 생각해 봐야겠다. 매월 지출되는 항목이 꽤나 많은 비중을 차지하여 매월 지출되지 않는 항목을 줄여야 한다.

멘토: 간식으로 사용된 지출은 아무래도 매월 발생하는 지출로 분류하면 어떨까요? 지출구분하기 미션은 생일, 명절, 휴가, 경조사 등 연간 발생할 수 있는 지출들을 별도로 분류하려는 기초과정이거든요.

참여자: 평소에는 가계부에 그냥 지출만 적다보니 돈을 얼마 지출하지 않은 것 같은데도 금방 몇 십 만원이나 지출이 이루어 져서 항상 저의 지출 습관을 자책하곤 했다. 그런데 매월 지출되는 항목과 아닌 항목을 나눠 보니, 나쁘지 않은 지출을 하고 있구나 생각하고 안심이 되었다.

멘토: 2갈래로 구분하는 지출이 처음이죠? 매월 지출되는 성격과 연간 지출되는 성격으로 구분할 수 있는 것으로도 지출계획을 세우는데 많은 편리를 제공할 거에요. 습관적인 것과 이벤트적인 것 중에서 지출의 만족도 균형을 만들어 가는 기회가 될 수도 있겠죠?

참여자: 사용내역을 보고 계획적이지 않은 지출과 더불어서 불필요한 내역이 많다는 것을 깨달았다. 하지만 늘 이렇게 지출 기록을 한눈에 보고서야 지출에 대한 후회를 하는 제 자신은 여전히 부끄럽다.

멘토: 여전히 지출을 바라보면서 행복함과 후회가 동시에 있다는 것도 반갑네요.ㅎㅎ 매월 지출되는 항목에서 실수하는 일은 별로 없는데 특별하게 또는 가끔씩 지출되는 영역에서는 신경 쓸 필요가 있겠지요?

참여자: 이 체험을 하면서 느낀 게 지출이 많이 줄었다는 것이고 원래 충동구매도 많이 하는 편인데 그것도 줄어든 것 같아 좋다.

멘토: 다행이네요. 지출마다 금액도 다르고 사용 시기도 다르지요? 지출을 2갈래로 구분한 의미가 이런 지출의 성격을 파악하는데 도움이 될 거에요. 매월 지출되는 것들은 습관 되어서 친숙하나 화장품이나 미용실 비용 또는 생일이나 명절은 가끔씩 발생하나 지출금액은 목돈이 발생하지요. 깨달음이 있는 즐거운 지출체험 화이팅!!!

'2갈래로 지출구분하기' 미션에 대한 멘토의 뒤풀이

가계부를 쓰는 목적은 결산보다는 예산을 잘 세우기 위한 것이다. 지출계획하기의 다른 말은 예산짜기이다. 공부할 때 예습과 복습이 있듯이 돈 쓸 때도 예산과 결산이 있다. 지출항목을 두 갈래로 구분하는 기준이 무엇인가? 교통비, 식비, 핸드폰요금, 관리비 등 매월 발생하는 지출이 있고 명절, 생일, 휴가·여행, 경조사, 자동차보험 등 연간 발생하는 지출도 있다. 매월 발생하는 지출은 비용도 일정하고 관리하는 것도 친숙하지만 1년에 한 번이나 몇 번 발생하는 지출들의 시기를 예측하고 비용을 준비하는 것은 쉽지 않다. 이런 지출 때문에 지출관리가 복잡해지는 것이다.

결산만 잘해도 되지 않을까? 돈 관리를 잘 하려면 결산보다는 예산중심으로 관리해야 한다. 대부분 가계부를 작성하다 멈춘 사람들의 경우는 결산방식의 가계부를 썼던 경우이다. 영수증을 모으고 지출을 기록하는 것으로 가계부를 작성하는 방법인데, 장점은 내가 어디에 얼마의 돈을 썼는지를 파악하기 좋다는 것이다. 그러나 3가지의 단점이 있다.

첫째, 번거롭고 귀찮다는 것이다. 지출 후에 항상 영수증을 모으고 기록하고 계산해야 한다. 두 번째, 다음 달 지출을 예측하기 어렵다.(물론 1년 동안 지출기록을 꾸준히 한다면 쉽다). 한 달 지출결과로는 파악하기 힘든 생일, 명절, 미용실, 자동차보험 등 연간 지출들이 산재해 있기 때문이다. 세 번째 단점이 가장 안 좋다. 바로 반성을 많이 하게 된다는 점이다. 지출기록하고 결산하는 방법으로 가계부를 작성하면 결과는 적자인 경우가 많다. 의도적으로 과다지출을 한 것도 아니고, 또 애써서 지출할 때마다 신경을 썼더라도 결과는 적자인 경우가 많다. 그리고 다음 달은 아껴서 잘 써봐야지 결심을 하지만 역시나 적자로 끝난다. 한 두 번의 반성은 좋은 경험이지만 계속되어도 개선되지 않는다면 결국 자기비하로 옮겨갈 수 있다.

돈 쓸 때는 즐겁게 썼는데 월말 평가에서 매번 고통스럽다면 가계부 쓰는 방법을 의심해봐야 한다. 예측하여 예산을 세우지 않으면 한 달 내내 긴장 속에서 소비지출을 하게 되거나 월말 결산에서 또다시 반성할 확률이 많아진다. 결산만 잘 하기는 매우 어렵다. 예산과 결산이 모두 진행되어야 한다.

수고하셨어요. 5주차 미션 체험소감을 적어보세요.

8주 체험으로 완성되는 사회초년생의 내 돈 내 맘대로 쓰기

6주차 미션 : '3갈래로 지출구분하기'를 한다.

- 미션기간 : 월요일~일요일까지
- 지출항목들을 3갈래로 구분하여 기록한다.
- 3갈래는 '월고정지출', '수시지출', '연지출'로 구분한다. 구분하는 기준은 예시를 참고하여 주관적으로 판단하면 된다.
- 제공된 3갈래 가계부 파일을 다운받아 작성한다.
- 미션사진을 찍어서 업로드 한다.

월고정지출	수시지출	연지출
월세, 관리비, 가스/전기/수도, 렌탈제품, 휴대폰, 인터넷, 케이블, 집전화, 학교급식, 학원, 용돈, 국민연금, 건강보험, 보장성보험, 저축성보험, 회비, 종교, 기부, 적금, 대출	주유비, 대중교통비, 식재료비, 간식, 생활용품, 여가비, 외식, 용돈, 의료비, 책, 헤어컷, 반려동물	자녀교육, 자동차, 생일, 명절, 경조사, 옷/신발, 액세서리, 미용실, 화장품, 레저, 가구가전, 기부, 회비, 세금, 휴가, 의료비, 건강식품, 수선비

3갈래로 지출구분하기 미션을 실행하는 동안
"6장 13월의 급여? 연말정산"편을 읽으세요.

3갈래로 지출구분하기와 체험 소감

6주차 마련

● 오도선 가계부

	매월 지출되는 항목					매월 지출되지않는 항목		
월1회고정지출			월수시지출			연지출		
월세 관리비 가스 전기 수도 핸탈제품 휴대폰 인터넷 케이블 집 전화 학교급식 학원 폰료 국민연금 건강보험 보장성보험 지속성 보험 회비 종교 기부 적금 대출			주유비 대중교통비 식재료비 간식 생활용품 여가비 외식 용품 의료 비 책 헤어컷 반려동물			자녀교육 자동차 생일 명절 경조사 옷 신발 액세서리 미 용실 화장품 렌저 가구 가전 기부 회비 세금 휴가 의료 비 건강식품 수선비		
날짜	지출항목	금액	날짜	지출항목	금액	날짜	지출항목	금액
00/10	통신비	59,000	00/10	외식	39,500	00/17	생일축하	20,000
00/15	월세	150,000	00/11	생활용품	12,000	00/17	신발	50,000
			00/11	헌금	3,000			
			00/12	커피	3,500			
			00/13	쓸데	4,000			
			00/15	친정집	30,000			
			00/15	커피	4,000			
			00/17	헌금	3,000			
	소계	209,000		소계	99,000		소계	70,000

참여자: 3갈래로 구분해놓으니 고정지출, 수시지출, 연지출까지 같이 파악할 수 있어서 소비패턴을 확인하기 쉽다.

멘토: 잘하셨어요.. 이렇게 지출구분 하는 것도 괜찮지요? 3갈래로 지출을 구분하면서 더 정확하게 나의 지출패턴을 파악할 수 있었을 거예요. 이제 이런 패턴에 맞게 지출계획을 세우면 OK^^

참여자: 3갈래로 지출을 나눠서 작성해본 건 처음인데, 제가 평소 어떻게 지출하는지 지출 습관을 한눈에 볼 수 있는 것이 장점인 것 같다. 평소에 그냥 지출만 줄줄 적었던 것보다 훨씬 효율적으로 지출관리 할 수 있을 것 같다.

멘토: 역쉬~~평소 지출관리 하시는 내공이 있으시네요. 고정지출은 항상 같은 날짜에 지출되니까 다음달도 변동이 없을 것이고 수시지출도 전체금액은 별로 변동이 없지요. 그런데 연지출에 대한 변동성이 크다는 것을 알게 되면 이제 지출관리는 내 손안에 있는 거죠.

참여자: 카드 값이 나가는 것에 맞춰서 생활했었는데 이렇게 고정지출이나 연지출을 미리 예상한다면 지출을 계획하여 사용할 수 있을 것 같다.

멘토: 맞아요~~ 3갈래 구분이 명확하니 주간 지출패턴도 저절로 인식되지요. 3갈래로 지출을 구분하는 이유는 지출계획을 위한 필수과정이지요. 같은 성격으로 나눠보면 다음 달 지출예산을 계획할 때 쉽게 예측할 수 있겠지요?

참여자: 월급에서 얼마를 고정지출로 사용하고 생활비로 사용하는지 알 수 있어서 좋다. 그냥 날짜가 되서 빠져나가는 것보다 미리 계획해서 지출을 할 수 있을 것 같다.

멘토: 3갈래 지출구분의 중요한 것은 계절별로 옷을 구분하여 정리하듯이 지출도 성격에 따라 별도로 관리를 한다는 점이지요. 다음 달 지출예산을 편성할 수 있는 능력을 확인할 때 스스로를 더 많이 자랑스러워하겠지요. 화이팅!!!

참여자: 고정지출 수시지출 연지출을 나누어서 작성해보면 통장도 3개를 준비해서 평균치를 잡고 돈을 쓸 수 있을 것 같다는 생각이 들어서 꾸준히 해봐야겠다고 생각했다.

멘토: 오호~~진화가 발생하고 있군요. 지출성격별로 3갈래로 구분하고 지출통장도 그렇게 분리하여 운영하면 지출관리 시스템을 갖추는 거네요. 월고정지출통장. 수시지출통장, 연지출통장 멋져요^^

'3갈래로 지출구분하기' 미션에 대한 멘토의 뒤풀이

지출항목을 3갈래로 구분하여 기록하는 것이 여전히 낯설다는 반응이 많다. 지난주에 2갈래로 기록을 한 경험이 있지만 당연한 느낌일 것이다. 다행인 점은 미션을 매주 실행해 온 체험참여자들이 점차로 지출계획에 대한 자신감을 가지게 되었고, 어떻게 해야 잘 계획할 수 있을지 알 것 같다는 개인들의 소감이 많아지고 있다는 것이다. 주어진 미선대로 실행하는 것이지만 이런 체험과정에서 스스로에게 맞는 방법을 찾아간다는 것은 본인의 성과이고 멋진 일이다. 지출을 성격별로 구분하는 것은 옷장에 옷을 구분하여 정리하는 것과 같은 이유이다. 정리하여 수납하는 것은 또한 간편하고 정확하게 옷을 꺼내 입을 수 있게하기 위함이다. 마찬가지로 지출을 최대한 정밀하게 구분하는 것의 목적은 지출계획을 간단하고도 정확하게 하기 위해서다.

　3갈래로 구분되는 지출들의 특징은 무엇인가? 시기와 지출빈도와 금액의 크기를 기준으로 갈래를 구분한다. 핸드폰 요금은 월1회 납부하면 종료되니까 월1회 고정지출 항목, 출퇴근 대중교통비는 매월 자주 발생하니까 월수시지출, 생일이나 경조사는 1년 중 발생하니까 연지출이다.

　적금도 지출로 포함해야 하는가? 적금도 지출이다. 적금은 필요한 목돈을 만들기 위해 지금 쓰지 않고 모아가는 돈이다. 없어지진 않지만 미래를 위해 써버린 돈이다. 지금 소비하는 것은 아니지만 적금으로 입금해버리면 지금 당장 다른 소비지출에 사용할 수 없기 때문에 저축도 지출에 포함한다. 정기적금은 월고정지출로 구분하면 된다. 일단 그렇게 정리했다가 순수 소비지출과 저축을 구분할 필요가 있을 때 별도로 계산하면 좋다.

수고하셨어요. 6주차 미션 체험소감을 적어보세요.

8주 체험으로 완성되는 사회초년생의 내 돈 내 맘대로 쓰기

7주차 미션 : '다음달 지출예산 세우기'를 한다.

- 미션기간 : 월요일~일요일까지
- 다음 달 지출예산을 계획한다.
- 지난달 지출패턴을 보면서 다음달 지출예산을 계획한다.
- 제공된 3갈래 가계부 파일을 다운받아 작성한다.
- 미션사진을 찍어서 업로드 한다.

월고정지출			수시지출		연지출		
날짜	지출항목	금액	지출항목	금액	날짜	지출항목	금액
소계			소계		소계		

다음달 지출예산 세우기 미션을 실행하는 동안
"7장 가족과 돈"편을 읽으세요.

다음달 지출예산 세우기와 체험 소감

7누가 마련
오도선 가계부

월1회고정지출			월수시지출			연지출		
월세 관리비 가스 전기 수도 렌탈제품 휴대폰 인터넷 케이블 집전화 학교급식 학원 용돈 국민연금 건강보험 보장성보험 저축성보험 회비 종교 기부 적금 대출			주유비 대중교통비 식재료비 간식 생활용품 여가비 외식 용돈 의료비 책 헤어컷 반려동물			자녀교육 자동차 설빔 명절 경조사 옷 신발 액세서리 미용실 화장품 제례 가구 기부 회비 세금 휴가 의료비 건강식품 수선비		
날짜	지출항목	예산	날짜	지출항목	예산	날짜	지출항목	예산
00/2	청파여관	20,000		착유비	80,000	00/15	신자성	30,000
00/6	교가	70,000		대중교통비	50,000	00/15	정생정	50,000
00/6	콘비	70,000		식재료비	150,000	00/31	자동차세금	330,000
00/7	저가	200,000		간식	30,000			
00/10	탕세비	59,000		생활용	200,000			
00/12	전	50,960						
00/15	득세	150,000						
00/31	차 격자	243,000						
소계		882,960	소계		510,000	소계		410,000

참여자: 한 달 예산을 계획해 보면서 앞으로 어떻게 예산을 사용해야 할지 미리 생각해 보는 계기가 되었다. 월급이 들어오면 첫 주에서 두 번째 주에 필요한 걸 다 소비하는 습관을 고쳐야겠다.

멘토: 자주 해보지 못한 경험이지요? 이제부턴 자연스럽게 받아들일 수 있을 거에요. 계획 후 사용하는 것은 같은 돈을 사용하더라도 과정과 결과가 다르거든요. 3갈래 지출구분도 익숙해지셨고 이제 마지막 미션 연지출 계획하기만 남았네요.

참여자: 한 달 치를 미리 구분해서 정리해보니 한 달의 예상 금액이 나와서 이번 달에 어느 부분에서 절약하고 써야 하는지 알 수 있어서 좋았고 돈을 미리 예산하고 준비하고 대비 할 수 있는 부분이 크다보니 매달 시간을 내서 정리하는 시간을 가져봐야겠다고 생각했다.

멘토: 예산을 세우다 보면 어떤 달은 적은 금액으로 생활해야 하는 상황이 답답할 수 있어요. 어떻게 생활해 갈지 고민이 많이 생기지요. 그러나 많이 쓸 때나 적게 쓸 때도 항상 나의 삶을 안정적으로 유지할 수 있도록 만들어가는 것이 최고의 지출관리지요. 이런 경험도 나중엔 추억이 될 거에요.

참여자: 5월에는 가정의 달이라 연휴와 행사가 많다보니 지출도 다른 달에 비해 많을 것 같다. 그래서 이번 달부터 개인 적금을 들어 내년 5월부터 한번 대비해보려고 한다.

멘토: 좋은 생각이에요. 단지 5월이기 때문에 지출되어야 하는 항목이 생기지요. 3갈래 구분으로 지출패턴을 파악할 때 연지출은 매월마다 금액편차가 크다는 점을 발견하면서 1년의 지출을 예상하는 힘이 생긴 거네요. 금액이 부담되는 연지출을 미리 저축해서 준비할 수 있다면 지출관리는 완성이에요.

참여자: 처음으로 지출을 예상하고 기록해보니 낯선 부분이 많았다. 평소에는 한 달 생활비를 대략 정하고, 매달 한 계좌에 입금하고 지출을 시작해도 자꾸 초과되어서 다른 계좌에서 돈을 메꾸기에 바빴다. 구체적으로 지출을 예상하면 그만큼 지출이 훨씬 계획적이고 줄어들 것 같다.

멘토: 멋져요. 그동안 파악해온 지출패턴을 알게 되니까 예산계획도 할 만하지요? 월고정지출은 지난달과 거의 변동 없을 거니 그대로 적으시고, 수시지출은 식비, 간식비 등으로 항목을 통합하여 금액을 예측해서 적으면 되겠네요. 그리고 연지출만 다음 달에 생길 것을 찾아보면 될 거예요.

참여자: 다음달 지출을 예상해보는 미션을 하니까 그동안 어떻게 나갔는지 정리되지 않았던 지출들이 정리되면서 내가 한 달 동안 어떤 것에 지출을 하고 고정지출은 얼마나 되는지 수시지출은 얼마나 되는지 알 수 있어서 좋은 미션이었던 것 같다.

멘토: "계획은 세우는 것으로 의미가 있다"는 말은 특히 지출예산에 따라 지출을 진행할 때 실감할 수 있을 거예요. 예산대로 실행해보고 틀리면 다시 수정하면 되죠. 예산세우고 지출하는 멋진 도전이 시작되었네요. 화이팅!!!

참여자: 월별 지출계획을 세워놓고 예산 안에서 생활하기 위해 불필요한 소비를 줄이려고 신경 쓰게 되었다. 이전보다 카페와 간식 비용이 줄어들었고 도시락을 집에서 싸가면서 밖에서 사먹는 비용도 절감되어 좋았다.

멘토: 예산 세우는 것이 쉬운 일은 아니죠. 기술적으로 어려운 것도 있지만 심리적으로 더 힘든 일이거든요. 한정된 돈으로 이것저것 쓰고 싶은데 금액이 모자라는 것을 계획을 세우며 먼저 경험하게 되니까요ㅠㅠ. 그래서 사람들은 예산을 미루고 그냥 돈을 쓰는 것을 선호하는 듯해요. 그러나 결과는 좋을 수 없지요. 돈을 버는 것도 고통이지만 지출을 결정하는 것도 똑같은 고통으로 생각하시면 좋아요. 잘 될 거예요.

'다음달 지출예산 세우기' 미션에 대한 **멘토의 뒤풀이**

지출파악이 된 다음에서야 지출을 계획할 수 있다. 영수증 모으기에서부터 시작한 지출파악하기 과정은 3갈래 구분으로 지출기록하기까지 실행했을 때 실질적으로 완료된다. 그러면 예산계획도 3갈래 지출패턴에 따라 예측해서 기록하면 된다.

좋은 계획은 실현 가능한 것이어야 한다. 그러려면 구체적이어야 하고 기존 생활모습과 차이가 크지 않아야 한다. '다음 달에는 최대한 아껴 쓸 것이다'라는 계획보다는 '다음 달에는 100만원 미만으로 생활비를 지출할 것이다'라는 계획이 더 낫다. 더 현실적인 것은 다음 달의 연지출 내용을 파악해서 예산에 넣는 것이다. 월고정지출과 수시지출은 적금을 새로 가입하거나 대출을 받는 등의 특별한 경우가 아니면 월마다 지출금액의 변화가 거의 없다.

예산을 세우고 지출을 해도 지켜지지 않을 경우가 많다. 그래도 예산세우기는 필요한가? 당연히 필요하다. 사람이니까 미래의 일을 완벽하게 예측할 수 없다. 좀 더 친숙한 분야이거나 충분히 숙달되었다면 차이가 덜 하겠지만, 물론 결산에서 제대로 맞으면 더 좋은 일이다. 다른 계획과 달리 지출 예산을 세우는 것은 결과에서 얼마나 정확하게 맞느냐의 문제가 아니다. 지출예산을 세우는 것은 주어진 돈의 크기에 맞게 나와 가족의 소비욕구를 먼저 제한하는 행위이다. 이런 점이 어렵고 힘들다. 사람의 욕구는 무한한데 자원(돈)이 한정되었던 것에서부터 경제적인 고민이 생긴 것이니까. 부족해 보이거나 적은 돈을 가지고 여기저기 필요한 지출을 배분하는 과정에서 신세한탄을 하거나 상대적인 박탈감을 느낄 수도 있다. 계획 없이 지출하면서 돈 관리 때문에 걱정이 늘어가는 것도 고통이고 이렇게 예산계획을 하는 과정도 괴로움일 수 있다. 선택이 필요하다. 그래도 예산계획하기를 먼저 하는 것이 옳다. 예산짜기는 한 달간의 소비욕구를 줄여야 한다는 점에서 한 번의 고통일 수 있지만 그 이후에는 일상적인 작은 돈 때문에 스트레스를 받는 일은 줄어든다. 점심으로 6천원 또는 7천원 음식을 먹을지 고민하더라도 단 돈 천원 때문에 받는 스트레스는 덜 할 것이다.

　예산을 세워서 생활하는 것의 좋은 점은 또 무엇인가? 돈이 흩어지지 않고 모인다는 것이다. 그동안 돈 관리 교육을 하고 고객들과 상담을 하면서 경험으로 확인해왔다. 사람들이 갑자기 돈을 많이 쓰는 경우는 기쁘거나 슬프거나 화나거나 소외당했을 때다. 한마디로 기분이 좋을 때나 나쁠 때처럼 감정의 변화가 급격할 때 돈에 대한 통제가 안 된다. 물론 이 경우에도 기쁠 때보다는 부정적인 감정상태일 때 돈을 쓰는 양과 빈도는 훨씬 많다. 그럼 언제 돈을 안 쓰거나 적게 쓰게 될까? 당연히 편안하고 안정된 마음 상태일 때이다. 슬플 때나 화날 때 혼자 있으면 더 우울해지니 친구를 만나러 나가는 나를 상상하는 건 어렵지 않을 것이다. 예산을 세우는 것의 가장 큰 장점은 돈에 대해서 평온한 마음을 유지할 수 있도록 해준다는 점이다.

수고하셨어요. 7주차 미션 체험소감을 적어보세요.

8주차 미션 : '1년간 연지출 예산 세우기'를 한다.

- 미션기간 : 월요일~일요일까지
- 작년 지출을 생각하면서 내년에 발생할 연지출을 파악한다.
- 월별로 연지출을 기록하고 예상금액도 파악한다.
- 제공된 연지출 예산 가계부 파일을 다운받아 작성한다.
- 미션사진을 찍어서 업로드 한다.

월별 연지출 예산	1월	2월	3월	4월	5월	6월	7월	8월	9월	10월	11월	12월	소계
자동차보험세금 등	40			60		10					20		130
세금(재산,소득)							15		15				30
생일			10				10					10	30
명절		50								50			100
경조사		10			10			10			10		40
옷,신발			20			20			20			20	80
미용화장	15			15			15			15			60
휴가,여행	50						50						100
의료비 (성형,교정)				100									100
가구,가전			20						30				50
등록금							20						20
소계	105	60	50	175	10	30	110	10	65	65	30	30	740

1년간 연지출 예산 세우기 미션을 실행하는 동안

"8장 돈의 교양"편을 읽으세요.

1년간 연지출 예산 세우기와 체험 소감

오도선 가계부

월별 연지출 예산

구분	1월	2월	3월	4월	5월	6월	7월	8월	9월	10월	11월	12월	소계
자동차(보험,세금)	세금33						보험55						88
자동차수리				10		10				10			30
세금(재산,소득)													8
명절		설30							추석30				60
생일	동생5		친93		친93		엄마40	친93			아빠10		34
부모님 비용													
경조사(축하,조의)						10				10			20
옷,신발			10		10				10		10		40
미용,화장			10			10			10		10		40
휴가,여행								80				30	110
의료비(성형,교정)													
가구,가전													
등록금 등													
소계	38	30	23	10	13	20	155	3	50	20	10	50	422

참여자: 이미 지출한 뒤에 가계부를 적는 건 해봤어도 이렇게 미리 연지출까지 계획해 보는 건 처음인데, 당장의 지출이 아니라 미리 연말까지 지출을 한눈에 들어오게 적어놓고 나니까 앞으로 어디에 돈이 나가는지 미리 계획할 수 있어 좋았다.

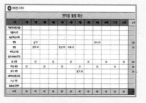

멘토: 월소득이 일정한데 매달 지출이 달라지면 관리하기 복잡해지고, 그러면 짜증나고 지출관리를 포기하고 그냥 신용카드 쓰고 갚고 하는 생활이 될 가능성이 높지요. 연지출을 월별로 작성하면 도움이 될 수 있어요. 처음이라 어색할 수 있지만 몇 개월만 노력하면 바로 익숙해질 거예요.

참여자: 그 동안 지출했던 데이터를 바탕으로 연지출을 계획하여 보았는데 꾸준히 나가는 지출을 생각하고 수시지출을 맞춰 사용하면 저의 소비를 통제할 수 있을 것 같다.

멘토: 연지출을 월별로 작성하는 일이 잘되었네요. 생일 옷 구입 등 구체적으로 파악하고 있구요. 연지출 통장을 구분하여 관리하는 것이 꼭 필요해요. 그러면 남을 때 이월하고 부족할 때 꺼내 쓸 수 있을 거 에요. 3갈래 가계부로 자기주도적인 지출관리를 잘 유지해 갈 수 있겠죠?

참여자: 연지출 예상 항목을 작성해보니 연계획이 보이고 충당해야할 곳과 절약해야 할 곳이 보여서 미리 대책을 세울 수 있는 것 같아서 좋다.

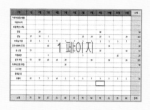

멘토: 연지출 예산은 누구나 하기 힘든 과정인데 정말 잘 하셨어요. 이렇게 보니 1년 지출과정이 눈에 확 들어오죠? 과소비한 적도 없는데 적자가 생기는 달이나 어쩌다 돈이 남게 되는 달이 있었겠죠. 이젠 비밀이 밝혀진 건가요?

참여자: 내 지출항목에서 휴가, 취미, 여가생활을 찾아보기 힘들었다. 거의 식비 대중교통비로 이루어지고 있었다. 어찌 보면 당연한 거지만 조금 씁쓸했다. 앞으로는 자신을 위해서 시간과 돈을 계획 있게 지출을 해보려고 한다.

멘토: 제일 중요한 사실을 발견하셨어요. 나를 위한 지출을 꼭 만들어야 해요. 지출은 나의 행복을 만들기 위한 과정이니까요. 고생하고 애써서 번 돈들이 행복을 만드는 우선순위에 따라 자리를 잡아가겠네요. 축하해요.

참여자: 그 동안 미션수행하면서 달라진 점은 개인만의 비상금 통장을 만들었다는 것이다. 그 동안에는 그냥 아끼면 된다는 생각 뿐 이었는데 미래를 생각하게 되서 별도의 비상금통장을 만들 생각했다는 것이 큰 발전이다.

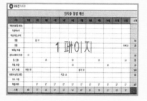

멘토: 비상금 통장을 만들었다는 것은 놀라운 발전이네요. 더 멋진 일은 지출파악을 하는 과정에서 비상금 통장의 필요성이 자연스럽게 인식된 것이죠. 자기주도적으로 만들어가는 지출관리가 시작되었네요. 축하해요.

참여자: 연지출 예산은 처음이라 막막하고 어려웠다. 1년의 큼직한 행사나 큼직한 지출들을 미리 생각해보고, 예산을 미리 짜게 되니 미리 여윳돈을 준비해두거나 수시지출들을 줄여갈 수 있을 것 같아 좋은 방법인 것 같다. 삶에 정말 도움이 되는 미션이다.

멘토: 연지출을 월별로 정리한 것 너무 잘하셨어요. 이게 필요한 이유는 첫째 연지출은 고정지출과 수시지출과는 다르게 매달 변화성이 많기 때문에 미리 예측하고 있어야 한다는 점이고 둘째는 매월 급여는 일정한데 지출금액 편차가 크기 때문에 필요한 비상금의 크기를 미리 준비할 수 있게 하는 점이죠. 연지출가계부와 월가계부로 간편하게 지출관리해요.

'1년간 연지출 예산 세우기' 미션에 대한 멘토의 뒤풀이

월별 연지출 예산 세우기 미션으로 지출파악에서 지출계획하기까지 8개의 모든 미션들이 종료되었다. 보통 지출관리를 한 달 단위로 하는 것이 일반적인데 1년 단위로 확장하고 연간 예산계획을 세운다는 것에 도전한다는 것은 매우 낯설었을 것이다. 매월 지출예산을 계획하는 것과 연간지출을 계획하는 것의 차이는 무엇인가?

일상생활에서 돈이 쓰이는 모습을 보면 쉽게 이해할 수 있다. 예를 들어 연소득이 6천만 원이고 저축 없이 6천만 원을 다 소비하는 가구의 경우를 살펴보면 연간소득 = 연간소비로 균형이 이뤄진다. 그런데 12개월 각각의 달을 살펴보면 월소득의 평균이 500만 원이지만 매월 들어오는 급여는 적게는 300만 원 이하일 수 있고 많은 달은 900만 원일 수도 있다. 소비지출 또한 매달 정확하게 500만 원이 지출되는 건 아니다. 등록금을 내는 달이거나 휴가여행을 가는 등 큼직한 연지출이 있는 달엔 1천만 원이 넘을 수도 있다. 1년 중 매월 수입과 지출의 차이가 발생하게 된다.

지출관리는 1년 단위를 기준으로하고 월간 예산과 결산을 진행해가야 한다. 연소득과 연지출이 균형을 이루도록 예산을 세우고, 매월 수입과 지출의 차이를 조정할 수 있도록 연지출 통장(비상금통장)을 준비하여 운영하면 대부분의 돈 문제 돈 걱정을 예방할 수 있을 것이다.

수고하셨어요. 8주차 미션 체험소감을 적어보세요.

체험 참여자들의 이야기

"희망으로 가득채운 창고"

-김 * 영

나의 20대는 작은 물고기 같았다. 조건이 좋지 않은 직장이었지만 대학교를 졸업하자마자 일을 시작했기 때문에 나는 열심히 일하면 꽤 많은 돈을 모을 줄 알았다. 그러나 늘 돈이 부족했다. 부채가 있던 것도, 해외여행을 간 적도, 아주 멋들어진 레스토랑에 간 것도, 신용카드를 쓰는 것도 아니었고 저축도 한다고 생각했는데...

그래서 나와는 달리 돈 걱정 없어 보이고 자유롭게 사는 친구들이 부러웠다. 친구들이 한 것과 내가 못한 것을 비교하며 스스로를 초라하고 작다고 느꼈다. 돈이 만능이라고 생각한 순간부터 돈이라는 미끼에 꿰인 것처럼 별 것 아닌 일에도 쉽게 이리 저리 이끌려 다니고 지치게 됐다. 거의 매일 밤 베개에 까만 눈물자국이 얼룩졌다. 행복은 돈으로 살수 없다는 말은 그다지 위로가 되지 않았다. 난 앞으로 남들처럼 즐거운 걸 누리며 살아보지도 못하고 밑 빠진 독에 돈만 붓다가 정말 내일이라도 죽을 것처럼 살았다. 이 때, 8주간의 온라인 지출관리 프로그램을 만나게 되었다.

첫 주 영수증을 모으는 미션이 재밌었다. 영수증을 모으는 버릇이 없었던 때라 이 주머니, 저 주머니, 쓰레기통에 흩어져 있던 영수증을 모으는 것이 '사혼의 구슬조각' 모으는 듯한 난이도였다. 한주 한주가 지날수록 부담 없는 난이도의 미션 덕분에 점차 지출내역을 효율적으로 정리할 수 있게 되었고, 간식이 많았던 나의 한 달을 반성할 수 있게 되었다. 힘든 걸 잊기 위해 잠깐의 달콤한 시간이 반복되면서 돈이 안 모이게 되는 부분이 수치화되고 중요도와 만족도를 체크하면서 아낄 수 있는 부분이 보이게 된 것이다. 미션이 끝나도 개인적으로 영수증 모으기와 가계부 쓰기는 계속했는데, 내가 느꼈던 또 다른 장점은 구매했던 물건들을 통해 그 날 어떤 일이 있었는지 일기를 쓴 것처럼 소중했던 하루를 기억할 수 있다는 점이었다. 영수증을 가계부 미션과 함께 보관하게 되니 같은 커피여도 어느 지점에서 먹었던 커피였는지를 알면 누구와 함께 어떤 대화를 하고 시간을 보냈는지 떠오르는 것처럼 기억이 났다.

1년 예산계획하기 미션은 어려웠던만큼 미래에 대해 중요하고 긍정적인 느낌을 가지게 됐다. 지금까지는 돈 되는대로 살아왔다면, 처음 짜보는 1년 예산과 '3갈래 가계부'는 어느 순간에 얼마의 금액이 필요하니 어떤 것은 과감하게 버리거나 넉넉하게 조율하게 했다. 돈을 내 상황에 맞게 관리하는 능력을 배움으로써 미끼에 물린 물고기처럼 돈에 이끌려 다니는 것이 아니라 어부, 진짜 사람, 진짜 어른이 되는 느낌이 들었다. 있다가도 없고 없다가도 있는 돈에 휩쓸려 다니면서 나를 잃어버렸던 경험을 하게 되니 나의 재무상황을 정확히 파악하고 앞을 대비하는 것이 얼마나 중요하고 사람을 사람답게 살게 하는 것인지 마음에 새기게 되었다는 것이다. 앞으로 나는 더 잘 벌고, 내가 하고 싶은 것들로 가득한 미래를 기대하고 있다.

더 이상 '돈이 없다'는 말은 하지 않게 되었다.

-기 * 선

사회생활을 시작한지도 꽤 됐는데, 왜 아직도 나는 모은 돈이 없을까?에 대한 고민이 끝없이 이어지고 있던 중에 지출체험 미션들은 나로 하여금 여러 가지 생각을 해보는 시간을 마련해 줬다. 첫 번째로는 '영수증을 보는 습관'이다. 종이를 아낀다는 명목으로 영수증을 받지 않던 나에게 첫 번째 미션을 통해 영수증을 보게 하고, 어떻게 1천원, 2천원이 모여서 십만 원, 1백만 원이 되는지를 직접 확인하게 만들었다. 두 번째로는 '이러한 지출이 과연 얼마나 필요했으며, 얼마나 가치 있었는지'를 생각하게 했다. 친구를 만나고, 좋아하는 음식을 사먹는 것에 돈을 아끼지 않는 편이었고, 주유비나 병원, 휴대폰 요금 등 생활전반에 필요한 돈들이 나의 의지와는 상관없이 발생하고 있는 상황을 인식하게 되면서 지출의 구조가 잘못되어 있다는 것을 알게 되었다. 이어 세 번째로는 '이러한 구조를 바꾸기 위해 어떻게 해야 할지 우선순위를 연구하는 습관'이 생기게 됐다. 특히 이 과정에서는 부수적으로 얻어지는 깨달음들이 있었는데, 먼저는 좋아하지 않는 친구를 '돈이 없다'는 핑계로 만나지 않게 되면서 자연스럽게 인간관계가 정리되었고, 다음으로는 그렇게 인간관계를 줄여나가다 보니 본의 아니게 다이어트의 효과도 얻게 되었다. 또한 우르르 몰려가서 음식을 먹고 노는 것을 좋아했으나, 이제는 비싸지 않아도 오롯이 나만을 위한 음식을 충분히 즐기는 취미가 생겼으며, 이러한 과정을 반복하면서 자신을 사랑하는 또 하나의 방법을 배우게 된 것 같다. 이처럼 지출의 흐름을 파악하고, 그 중요도를 결정하며, 스스로의 만족을 위한 계획을 세워 실천해 나가면서, 여전히 수입은 비슷하지만 더 이상 '돈이 없다'는 말은 하지 않게 되었다. 왜? 이유는 단순하다. 나는 지금 이정도 수입으로 스스로의 지출을 충분히 제어하고 감당할 수 있고, 무엇보다도 이러한 상황에 따른 마음의 여유가 생겼기 때문이다.

돈은 안 쓰는 것이 아니라 잘 쓰는 것이다.

-장 * 린

 유난히 더웠던 2018년 여름, 나는 당시 입사 2개월 차 신입사원이었다. 버는 돈은 크진 않았지만 쓸 곳은 어찌나 많은지. 대학생활에서 쥘 수 없었던 큰돈을 맛보게 된 나는 소비에 흠뻑 젖어들었다. 아이패드, 새 옷, 새 화장품, 콘서트표 등 갖고 싶었던 것들을 다 구매했고 월급 이틀 전엔 만 원 정도만 간당간당하게 남아있을 정도였다. "하루 벌어 하루 먹고 산다"는 말이 어울릴 정도로 딱 그랬다. 아마 별다른 일이 없었다면 나의 일탈은 좀 더 길게 이어졌을 지도 몰랐다. 그러던 어느 날, 사랑니가 아파서 치과에 갔다. 사랑니만 뽑으면 괜찮을 줄 알았는데 생각보다 치아상태가 안 좋았다. 총 60만 원 정도의 큰돈이 갑자기 필요하게 되었다. 눈앞이 깜깜했다. 치료 계획보다 돈 걱정이 앞섰다. '아.. 돈 없는데 어쩌지.' 난 항상 건강하고, 아플 일 없을 줄 알았는데 이렇게 막상 닥쳐보니 미리 돈을 모아두지 않은 것이 너무 후회됐다. 저축을 실감한 순간이었다.
 그때쯤 지출관리 프로그램에 참여하게 되었다. 영수증을 모으고, 지출을 기록하면서 생각보다 내가 돈을 아낄 수 있는 곳을 발견하게 됐다. 컨설팅을 받으면서 "돈은 안 쓰는 것이다"라고 말해주기보다 소비 만족도를 체크하면서 내가 좀 더 '가치 있는 곳'에 '후회 없이' 쓸 수 있는 방법을 알려줘서 더 현명하게 돈을 쓰는 습관을 들일 수 있었다. 습관이 생기고, 자신감이 붙으니 적금통장도 시작했다. 이왕 시작한 김에 "1년 내에 1,000만 원을 만들어보자"는 마음으로 목표를 높게 잡아 실천해봤다. 실행력이 약한 나에겐 월급을 받자마자 통장에 넣는 방법으로 했더니 효과가 좋았다. 저축학개론을 참고하면서 적금 외에 친구들과 함께 모으는 공금통장, 소액을 자동으로 저축해주는 토스 자동저축, 베트남 여행통장 등 여러 적금 통장을 관리하면서 '소소하지만 확실한 실천력'을 가질 수 있었다. 어렵게 모은 돈을 쉽게 쓰기 아까웠기 때문이다.

돈에 대한 생각이 변하면서 꿈도 변했다. 내 미래에 투자하기로 했다. 현재 직장이 계약직이기 때문에 늘 고용의 불안함이 있었다. 그래서 더 좋은 직장을 빨리 가져야겠다. 그래야 저축도, 내 꿈도 더 멀리 갈 수 있겠다는 욕심이 생겼고 더 머뭇거리지 않기로 결심했기 때문이다. 얼마 전에는 치료를 할까 미룰까 망설일 만큼, 사람 초라하게 만들었던 돈이 지금은 내 꿈을 이루는 원동력이자 안전장치가 되었다. 우리는 항상 완벽할 수 없다. 걸음마를 배우는 것처럼. 더운 여름 어느 날, 무리에서 떨어진 코끼리처럼 위태위태하던 나를 아주 부드러운 방법으로 더 나은 선택을 할 수 있도록 "넛지"가 되어준 광주시와 청년비상금통장, 청년금융복지지원센터와 멘토 선생님께 감사의 말씀을 드린다.

8주 체험으로 완성되는 사회초년생의 내 돈 내 맘대로 쓰기

돈을 버는 즐거움과 쓰는 즐거움

-김 * 은

　돈이라는 것은 벌 때는 힘드나, 쓸 때는 마치 내 손에 없었다는 듯 홀랑 가버리고 없다. 나는 '돈'이 내 손을 떠나는 것이 두려웠었다. 어릴 적부터 돈을 내 맘대로 써본 적이 없었던 것 같다. 물론 돈을 마음대로 쓰는 사람이 어디 있겠냐마는 나는 유독 그게 심했었다. 돈을 쓰는 것이 무서웠다고 해야 하나? 그리 부족하지도, 그렇다고 넉넉하지도 않은 형편이었지만 부모님은 종종 돈 때문에 다투고 언성을 높이셨다. 가계부를 뒤적이면서 계산기를 두드리고, 돈이 없다고 늘 말씀하시는 부모님의 하소연이 어린 시절에도 늘 마음에 걸렸던 것 같다. 기억하기로 7살, 8살의 코흘리개 시절 엄마가 운동화를 사주신다고 백화점에 간 적이 있는데, 갖고 싶었던 캐릭터 신발 대신에 세일을 하고 있던 만 원짜리 운동화를 집었다. 이런 불편함이 마음 한켠에 자리 잡아 몸만 어른이 된 나는 아직도 돈을 쓰는 것에 쩔쩔 매고 있었다. 그냥 써도 되는데, 이제 아르바이트도 하고 내 스스로 용돈 정도라도 벌이를 할 수 있는 형편에도 나는 늘 돈을 쓸 수 없었다. 벌면 통장에 묵혀두기 일쑤였고, 쓰는 날에는 충동적으로 돈이 쓰고 싶어 계획 없이 쓰는 것이 전부였다.

　'쇼미더머니'라는 지출관리체험은 돈을 잘 쓰는 것에 대한 전환점이 되었다. 가장 기억나는 미션은 영수증을 모아서 사진을 찍어 올리는 거였다. 내 영수증을 공개하는 것이 조금 부끄럽기도 하고 고민 끝에 영수증을 올렸는데, 멘토 선생님이 하신 말씀이 아직도 떠오른다. '돈을 버는 것도 중요하지만 쓰는 것도 중요하다'라고 말씀하시면서 청년들이 올린 영수증 하나하나 살펴보시고 칭찬해주셨다. 그때 참 단순하지만 중요한 원리를 알게 되었다. '쓰는 것도 중요하다'는 것. 돈이라는 게 균형이 참 중요해서 벌기만 하는 사람은 쓸 줄 모르고, 쓰기만 하는 사람은 돈을 벌 줄 모른다. 돈을 '버는 것' 돈을 안 쓰고 '모아'만 놓는 것만 할 줄 알았던 나에게 조금 변화가 생긴 것 같았다. 돈을 씀으로써 얻는 행복이 조금씩 보이기 시작한 것이다. 어릴 적 엄마 눈치를 보며 갖고 싶었던 캐릭터 운동화를 사지 못했던 토라진 꼬마 아이의 모습이 점점 사라지는 것 같았다.

만기저축을 받은 지금, 나는 엄마 자전거를 사기 위해 여기저기 알아보고 있고, 또 남은 돈도 즐겁게 사용하기 위해 어떻게 하면 '잘' 쓸 수 있을지 고민 중이다. 물론 습관이 아직 남아있어서 아직 돈 쓸 때 살이 떨리긴 하지만, 그래도 변화하고 있는 내 모습이 즐겁다. 엄마 자전거를 사야겠다를 시작으로 그동안 외면했었지만 갖고 싶은 것들이 하나하나 떠올라 하나하나 적어가나기 시작했다. 자전거, 책, 가방 등... 이상하게 갖지도 않았는데 그냥 떠올리기만 해도 즐거웠다.

지출은 가치기준을 비추는 거울

-이 * 선

지출은 가치기준을 비추는 거울과 같은데 자세히 들여다보지 않으면 볼 수 없고 의미가 없다. 기록만 하고 내 지출의 지향점을 들여다보지 않으니까 나의 지출을 객관적으로 판단하기 어려웠다. 이번 지출관리 미션은 지출 데이터를 보면서 내가 이 시기엔 어떤 지출을 했고 어떤 가치를 가지고 움직였고, 혹시나 내가 이런 가치를 가지고 달리고 있었는데 중간에 잊어버리고 조금 다른 방향으로 갔을 때 나를 돌아볼 수 있는 계기가 될 수 있었다. 이게 내 미래를 위한 중요한 기초가 되겠다라는 생각을 했다. 돈을 아끼고 모으고 이걸 넘어서 내가 어떤 것에 방향을 두고 살아가는지에 대한 가치를 느낄 수 있었으면 좋겠다. 쇼미더머니는 그것을 확인하고 또 앞으로 어떤 가치를 두고 살지를 생각할 수 있게 해주는 그런 프로그램이었다.

행복할 수 있는 방법을 알게 해 준 지출관리 미션

-노 * 경

　지출관리체험 미션은 자신을 위한 즐거운 소비를 알게 되는 의미 있는 프로그램이었다. 자신이 만족하고 행복할 수 있는 소비에 대해 자세히 알 수 있었고, 매주 마다 실천하는 미션을 통해서 스스로의 소비패턴이 이랬었구나 깨달았을 뿐만 아니라, 자신에 대한 성찰도 할 수 있었던 시간이었다. 지속된 자기점검 시간을 통해 조금씩의 변화가 쌓이고 쌓여 자신이 어떻게 하면 행복할 수 있는지까지 점차 알 수 있게 되었다. 지출관리미션 후에는 즐거운 소비와 즐거운 저축이라는 행복을 알 수 있게 되어 뿌듯했다. 프로그램뿐만 아니라 매달의 저축은 저를 설레도록 만들었다. 규칙적인 한 달 한 번이 쌓여, 미래에 미소 짓는 자신이 상상되는 듯해, 저축에 대한 부담보다는 기대가 앞섰다. 통장에 한 줄씩 적어지는 스스로의 노력에, 성취감도 스르륵 올라왔다.

체험일지에 수록된 미션사진이나 체험소감은 광주광역시 청년13(일+삶)통장 참여자들의 체험내용이다. 체험 참여자들의 이야기는 '청년비상금통장 수기 공모전' 작품집 『청년비상금통장은 나에게 □□ 이다』(청년금융복지지원센터, 2019)에서 김*영, 기*선, 장*린, 김*은, 이*선, 노*경 청년의 동의를 얻어 수록하였다.

자기성찰형 지출관리

오도선머니클리닉
https://odsun.
modoo.at/

자기성찰형 지출관리는 오도선머니클리닉에서 개발한 사회초년생들의 지출관리역량을 강화하는 체험형 지출관리 프로그램이다. 개별적으로 참여한 교육생들과 체험 프로그램을 운영하는 것이 일반적이지만 집단적인 체험프로그램으로도 활용되고 있다. 특히 청년 자산형성지원사업인 '경기도 일하는 청년통장'에 2017년 처음 적용한 이후 광주광역시 '청년13(일+삶)통장'의 후속 프로그램으로 활용하고 있다. 2020년 8월 현재 연인원 2,500여명이 체험에 참여하였다.

지출관리 체험과정은 1단계 '지출패턴 파악하기'와 2단계 '지출계획하기'이다. 각 단계마다 4개의 실행미션으로 구성되어 있다.

1단계	지출패턴 파악하기	'영수증 모으기'
		'지출 기록하기'
		'지출 만족도 평가하기'
		'충동소비 진단하기'
2단계	지출계획하기	'2갈래 지출기록하기'
		'3갈래 지출기록하기'
		'다음 달 예산계획하기'
		'연지출 예산계획하기'

체험 참여자들이 매주 주어진 미션을 실행하면 전문가는 간단한 피드백을 개인별로 제공한다. 이때 피드백은 성과측정이 아니다. 지출내용에 대해 구체적으로 지적하거나 평가하지 않는다. 미션 형식에 맞게 실행했으면 잘 한 것으로 인증해준다. 전체 미션과정을 경험하도록 하는 것이 일차적인 목표다. 참여자들은 계속 이어지는 미션 체험을 통해 지출관리의 필요와 방법을 스스로 이해해 간다. 특히 단체로 참여하는 경우에는 동료 참가자들의 지출모습을 보면서 비슷하다는 동질감을 느끼거나 각자의 좋은 점에 자극받아서 서로 배우는 효과가 매우 크다.

자기성찰형 지출관리는 경쟁적이고 소비지향적인 문화가 만들어 낸 복잡한 소비시장에서 소비생활을 주도할 수 있게 해주는 금융기술이다. 특히 사회초년생들에게 유용하다. 지출과정에서 자신의 욕구, 능력, 신념, 견해, 가치 등을 종합적으로 인식하면서 자기주도적으로 지출을 결정하게 한다.

재무상담과 돈 관리 교육을 진행하면서 사회초년생들의 돈 관리 태도를 관찰해 볼 수 있었다. 저축과 지출관리방법에 많은 관심이 있고, 금융투자는 필요성을 느끼지만 조심스럽게 접근하려는 경향이 있었다. 당장 급여소득에 대한 관리 방법으로 저축과 지출관리가 필요했고, 투자는 지식과 경험이 부족하여 당장 적극적으로 도전할 형편은 아니었기 때문이다.

비대면이고 개별적으로 진행되는 지출관리 체험환경도 청년의 특성에 적합하다. 돈을 쓰는 과정은 철저히 개인적인 영역이기 때문에 노출되지 않으면서도 개별적으로 지원되는 소통구조가 필요하고, 온라인 체험방식은 밤늦은 활동을 선호하는 청년들의 생활패턴에도 잘 어울린다.

자기성찰

교육학자 존 듀이는 자기성찰(省察)은 자기 자신의 마음을 돌아보며 반성하고 살피는 과정으로 성찰이 이루어지기 위해서는 성찰하는 습관을 발달시키는 것이 중요하다고 했다.

1단계 지출패턴 파악하기

◦ 첫 번째 미션: 영수증 모으기

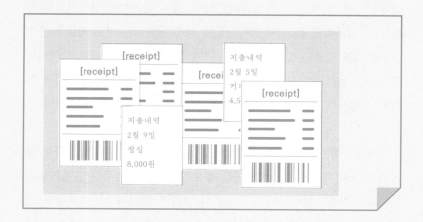

◦ 두 번째 미션: 지출 기록하기

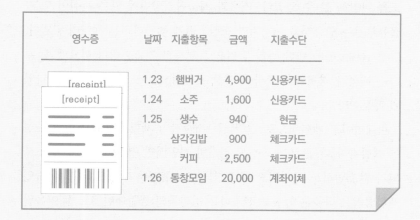

영수증	날짜	지출항목	금액	지출수단
	1.23	햄버거	4,900	신용카드
	1.24	소주	1,600	신용카드
	1.25	생수	940	현금
		삼각김밥	900	체크카드
		커피	2,500	체크카드
	1.26	동창모임	20,000	계좌이체

8주 체험으로 완성되는 사회초년생의 내 돈 내 맘대로 쓰기

。세 번째 미션: 지출만족도 평가하기

영수증	날짜	지출항목	금액	지출수단	만족도
[receipt] [receipt]	1.27	햄버거	4,900	신용카드	상
		휴대폰요금	89,000	신용카드	하
	1.28	생수	940	현금	하
		친구와저녁	24,000	체크카드	중
	1.29	후불교통비	78,000	체크카드	싱
	1.30	커피	2,500	계좌이체	상

。네 번째 미션: 충동소비 진단하기

영수증	날짜	지출항목	금액	지출수단	만족도	급함, 중요도
[receipt] [receipt]	2.1	실비보험	35,000	자동이체	상	A
		야식	18,000	현금	중	C
	2.2	월세	200,000	계좌이체	하	A
	2.3	정기적금	300,000	자동이체	상	B
	2.4	코트	145,000	신용카드	중	B
		모자	20,000	신용카드	상	D

2단계 지출계획하기

° 다섯 번째 미션: 2갈래로 지출구분하기

매월 지출되는 항목			매월 지출되지 않는 항목		
날짜	지출항목	금액	날짜	지출항목	금액
12.2	식재료	56,000	12.2	옷(등산용)	133,000
12.5	간식	3,000	12.4	영화	12,000
12.6	외식	38,000			
12.7	휴대폰 요금	51,000			
소계		148,000	소계		145,000

° 여섯 번째 미션: 3갈래로 지출구분하기

월고정지출			수시지출			연지출		
날짜	지출항목	금액	날짜	지출항목	금액	날짜	지출항목	금액
12.7	휴대폰요금	51,000	12.2	식재료	56,000	12.2	옷(등산용)	133,000
			12.4	간식	3,000			
			12.6	외식	38,000			
소계		51,000	소계		97,000	소계		133,000

◦일곱 번째 미션: 다음달 지출예산 계획하기

월고정지출			수시지출		연지출		
날짜	지출항목	금액	지출항목	금액	날짜	지출항목	금액
1.5	청약저축	50,000	식재료	200,000	1.1	신정,해맞이	200,000
1.5	휴대폰요금	49,000	생활용품	50,000	1.9	동생생일	50,000
1.20	관리비	150,000	교통비	80,000	1.10	옷,신발	200,000
1.20	도시가스	100,000	간식비	50,000	1.30	경조사	50,000
1.20	보험료	67,000	여가,외식	100,000			
1.25	청년통장	100,000	의료비	20,000			
1.25	적금	300,000	미용,목욕	15,000			
소계		817,000	소계	615,000	소계		500,000

◦여덟 번째 미션: 연지출예산 계획하기

월별 연지출 예산	1월	2월	3월	4월	5월	6월	7월	8월	9월	10월	11월	12월	소계
자동차보험세금등	40			60		10					20		130
세금(재산,소득)							15	15					30
생일			10				10					10	30
명절		50								50			100
경조사		10			10			10			10		40
옷,신발			20			20			20			20	80
미용화장	15			15			15			15			60
휴가,여행	50						50						100
의료비(성형,교정)				100									100
가구,가전			20						30				50
등록금							20						20
소계	105	60	50	175	10	30	110	10	65	65	30	30	740

제2부

금융지식과
기술

제1장

소비심리와
지출환경

인간은 돈에 관련한 잘못된 선택을 하는데
아주 천부적인 재능을 가지고 있습니다.

– 행동경제학자 댄 에리얼리 –

재미있게(?) 당하는 소비심리

즐거운 쇼핑낚시터 '대형마트'

일요일 오후 대형마트에 가는 날이다. 가족들과 함께 쇼핑도 하고 맛있는 닭볶음탕을 만들기 위해 쇼핑리스트와 예산을 준비한다. 생닭 한 마리, 감자, 당근, 양파, 간장, 고추장, 고춧가루, 참기름 그리고 소주 1병까지 예산은 3만원이다.

마트도착→쇼핑카트→식료품코너 ... ??

마트에 도착했고 쇼핑카트를 끌어온다. 카트가 너무 크다. 구매물건이 많지 않을 땐 좀 작은 카트가 있으면 좋겠는데 단 한 종류뿐이다. 크고 튼튼해서 좋긴 하다. 아이들을 두 명이나 태우고 다녀도 끄떡없을 정도다. '설마 물건 잔뜩 사라고 이렇게 큰 것만 놓아둔 것은 아니겠지? 그런 꼼수는 어림없어'라고 생각하며 카트를 밀고 간다.

식료품 매장으로 가는 길에 상큼 달콤한 과일 코너를 지난다. 천연색의 향긋한 과일 향이 가득하다. 본능적으로 싱싱하고 달콤한 과일을 한바구니 넣고 싶어진다. 하지만 오늘은 과일 사러 온 게 아니다. 아쉽지만 다음에... 유혹을 뿌리치고 닭 사러 간다. 고소한 기름 냄새가 후각을 자극한다. 아들 녀석이 바로 달려간다. 만두를 굽고 있는 무료 시식 코너가 앞이다. 카트를 끌고 아이를 뒤따라간다. 아이는 벌써 두 조각 째 먹고 있다. '가족들이 만두를 좋아하는데... 한 봉지 사갈까. 안

돼! 만두는 쇼핑리스트에 없어' 냉정하게 시식코너도 통과한다. 오늘 난 닭 사러 마트에 온 것이다. 식품 매장으로 향한다.

새우버거 1+1 할인광고가 눈에 띈다. 마침 세일 시간도 지금이다. 아이들이 제일 좋아하는 새우버거다. 두 세트만 사면 두 아이들 일주일 간식은 충분하다. '갈등이다. 과일코너, 시식 코너 잘 넘어왔는데 새우버거 1+1. 어떡하지?' 하필 오늘 할인 행사하는 건 뭐야. 아 짜증난다. 그래도 오늘은 참자. 질끈 눈 한 번 감았다 뜨고 닭 사러 전진한다. 과일과 만두와 1+1의 새우버거를 지나쳐온 아쉬움이 있지만 잘 넘어왔다는 생각으로 뿌듯하다. 그때 마트 스피커가 울린다.

"○○마트를 찾아주신 고객여러분께 잠시 안내 말씀드립니다. 강원도 횡성에서 갓 올라온 투 플러스 1등급(1++) 한우 등심을 지금부터 단 5분 동안만 10분의 고객에게 10분의 1가격으로 파격 세일합니다."

귀에 확 꽂힌다. "1등급 한우˘5분˘10명˘10분의 1가격" 정육코너는 바로 옆이다. 지금 가면 3등은 할 수 있다. 절호의 찬스! 파~격~세~일. '난 역시 운이 좋아. 득템 성공. 오늘 쇼핑 최고였어. 쇼핑 끝!'

미끼상품, 낚이는 나?

제품의 진짜 가격은 얼마일까? 알고도 당하고 모르고도 당하는 것이 가격의 비밀이다. 할인 상품뿐만 아니라 시식 코너, 묶음 상품, 1+1, 한정 판매 등등 우리를 유혹하는 미끼들로 가득 찬 대형마트는 꼭 낚시터를 연상하게 한다. 우리는 물고기, 마트 사장님은 낚시꾼인 셈이다. 이런 미끼가 가득한 마트에서 소비 당하지 않으려면 어떻게 해야 할까?

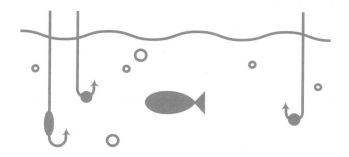

우선 집에서 가까운 동네마트를 이용한다. 대형마트에 비해 물건가격이 조금 더 비쌀 수는 있지만 불필요한 대량 구매를 방지할 수 있기 때문에 결과적으로는 합리적인 구매를 하게 된다. 조금 비싸더라도 필요한 것을 소비하는 것은 나쁜 소비가 아니다. 덜 필요한 것을 충동적으로 소비하게 되어 더욱 필요한 것을 소비할 수 없는 것이 나쁜 소비다.

'쇼핑리스트에 없는 것은 세상에 존재하지 않는 것이다'라고 생각한다. 지출예산에 맞는 쇼핑리스트를 준비하여 충동구매를 미리 차단한다. 지출 예산을 정하고 쇼핑리스트를 작성해야하는 이유는, 쓸 수 있는 돈은 한정되어 있지만 사야할 물건은 가격과 질에 따라서 선택할 수 있기 때문이다. 사람들은 유혹을 뿌리치기가 어렵고 계산대 옆에는 건

전지, 쵸콜릿 등 언제든 필요할 듯하고 저렴한 물건들이 카트에 담기기를 바라고 있다.

쇼핑을 갈 때는 예산만큼의 현금만 뽑아서 가면 좋다. 지갑에서 카드나 다른 결제 수단을 빼놓고 현금만 가지고 가면 가격비교를 더 꼼꼼히 해야 하고 추가구매나 충동구매는 거의 생각할 수 없다. 그러나 현금만 가지고 가는 방법을 실행하는 것은 정말 어렵다. 자신의 쇼핑계획이 틀릴 수도 있다는 불안감으로 신용카드를 슬며시 지갑에 넣는 자신을 발견할 수 있다. 이미 추가지출의 가능성을 열어두고 가는 것이다. 현금으로만 결제하는 경우가 요즘은 많이 줄어들었기 때문에 당장 실행하기엔 어려울 수 있지만 부득이하게 카드로 쇼핑하는 경우라도 현금밖에 없다는 생각을 하면 추가지출이나 충동소비를 줄이는데 도움이 될 수 있다.

하나만 사면 될 줄 알았니? 디드로 효과

"프랑스의 디드로라는 철학자는 어느 날 친구에게 선물을 받았다. 우아하고 멋진 붉은 색의 가운이다. 디드로는 자신의 서재에서 선물 받은 가운을 입고 책을 읽고 있었다. 주위를 살펴보니 이 멋진 가운과 자신의 낡은 물건들이 어울리지 않는다. 그래서 그는 붉은 색의 가운과 어울리도록 의자와 책상을 새로 구매하기 시작했다. 결국 서재 안의 모든 가구들을 새로 장만하게 되었다. 행복했다. 그러나 그 행복은 오래가지 않았고 자신이 붉은 색 가운의 노예가 되었다며 우울해 했다"고 한다. 이러한 소비의 연쇄작용을 '디드로효과' 라고 한다. 마음에 드는 재킷을 하나 샀을 때 재킷에 어울리는 셔츠를 사고, 그 셔츠에 어울리는 바지를, 또 어울리는 신발과 가방까지...하나의 소비로 인해 연속적인 구매가 이루어지는 현상이다. 이런 디드로효과로 인해 연속적인 구매와 과잉소비를 하게 되고, 밀려오는 후회에 괴로워하는 경우가 많다. 어떤 물건의 구매를 결정할 때 가성비 외에 연쇄구매가 일어날 수 있는 소비인지도 신중하게 검토해야 한다. 그리고 연쇄구매가 필요한 경우라면 추가예산을 세워서 계획적인 구매를 준비하는 것으로 디드로효과를 어느 정도는 대비할 수 있다.

귀찮으면 지는 거다. 현상유지 편향

핸드폰 요금이 평소와 다르게 많이 나왔을 때, 요금 내역을 보면 나도 모르는 부가서비스가 가입되어 있던 경험이 한 두 번은 있었을 것이다. 가입 당시에 3개월은 무료로 이용하고 그 다음엔 해지하면 된다고 했던 것 같은데, 귀찮아서 해지하지 않고 그냥 이용하고 있었던 경우이다. 이렇듯 사람들은 한 번 결정된 사항에 대해 현재 상태를 유지하려고 하는 현상유지 편향을 가지고 있다. '귀차니즘'이라는 말로 대신하면 직감적으로 이해된다. 마케팅에서는 이런 인간의 성향을 적극적으로 활용하고 있다. 요즘 늘어나고 있는 다양한 월정액 서비스도 같은 원리를 이용한 것이다. 우선 무료로 이용해 보고, 필요 없으면 해지하면 된다는 가벼운 생각을 가지고 월정액을 신청하지만, 관심을 기울이지 않아 무료기간이 지난 후에도 요금이 계속 빠져나가는 경우도 있고, 해지를 하려고 마음을 먹더라도 해지 절차가 귀찮기 때문에 차일피일 미루며 요금을 계속 내는 경우도 있다. 이런 엉뚱한 지출을 방어하는 제일 좋은 방법은 꾸준하게 가계부를 쓰는 것이다. 가계부는 지출예산을 계획하고 결산하는 것이나 매우 귀찮은 일일 수 있다. 돈 관리를 위해 이렇게 귀찮은 일도 하는데 귀한 돈이 엉뚱하게 버려지는 것을 두고 볼 사람은 아무도 없을 테니까. 귀찮은 가계부 버리고 간단하게 쓰는 방법은 9장의 "3갈래 가계부"에서 소개한다.

디드로효과나 현상유지 편향 외에도 다양한 소비심리현상에 대한 정보는 〈넛지〉, 〈상식밖의 경제학〉, 〈생각에 관한 생각〉, 〈똑똑한 사람들의 멍청한 선택〉 등 행동경제학 관련 서적을 읽어보면 좋다. 경제학과 심리학이 결합된 분야로 기존 경제학이 실제 거래현실과 차이를 나타낸다는 문제의식에서 시작되었고, 일상생활 심리사례가 중심이어서 '맞아 맞아 내가 그래'라고 쉽게 공감되고 흥미진진하다. 예를 들면 "작은 그릇에 먹으면 보다 효과적으로 살을 뺄 수 있는 이유는? 소변기 밖으로 새어나가는 소변량을 80%나 줄일 수 있었던 이유는?" 등 수수께끼 같은 일상 경제생활의 주제를 많이 다룬다.

학습확인하기

1. 쇼핑리스트를 작성하고 마트에 가더라도 현금대신에 (   )를 들고
   가면 추가구매나 충동구매를 멈추기 어렵다.

2. 새롭게 구입한 물건으로 인해 연쇄적인 필요가 발생하여 깔 맞춤하려는
   사람의 심리를 프랑스 철학자 이름을 따서 (   )라 한다.

3. 핸드폰 개통 시 최초 몇 개월은 최대 요금제를 사용해야 하거나
   부가서비스를 무료로 사용할 수 있는 조건이 있는데, 기간이 지나고도
   계약변경을 하지 않아 고정비용이 되어버리는 경우가 많다. 이것은 소비
   심리 중에서 (   )특성을 활용한 마케팅이다.

나의 생활에 한 가지씩 적용하기

무료 시식코너, 1+1세일, 디드로 효과, 귀차니즘 등 다양한 마케팅을 접
하게 되었을 때 실행하는 나만의 방어행동이나 소비방법을 적어보세요.

현금, 체크카드, 신용카드 잘 활용하기

　요즘은 물건이나 서비스를 구매한 후 대부분 카드로 결제한다. 아예 현금 없이 다니는 경우도 많다. 과거 현금으로만 결제를 했었던 시절엔 단순했다. "얼마인가요?/00원입니다". "돈 여기 있습니다/감사합니다". 그러나 결제수단이 다양해진 현재는 "결제를 어떻게 도와 드릴까요?/현금이나 카드". "현금영수증 해드릴까요? 일시납인가요, 할부인가요?/네, 아니오, 할부로 해 주세요". "몇 개월 할부로 해드릴까요?/몇 개월입니다". "현금영수증, 카드 여기 있습니다/감사합니다".

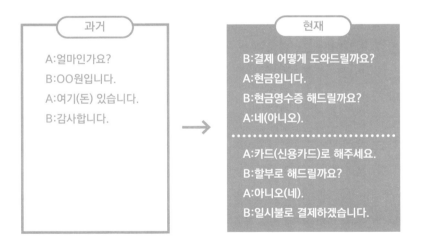

　'친구와 점심으로 돈가스를 먹었다. 점심 값은 16,000원이고 내가 결제 한다. 지갑에는 현금 3만 원과 신용카드가 있다면 무엇으로 결제할 것인가?' 응답자의 70% 이상이 신용카드라고 답했다. 이유는 다양하게 보이는 신용카드 혜택 때문이었다. 포인트 혜택, 연말정산, 잔돈이 없는 편리함 등. 그런데 어느 순간부터는 그냥 습관적으로 사용하고 있다고 덧붙여 말한다. 현금이든 카드든 결제수단에 따라 소비지출에 어떤 변화가 생길까?

신용카드의 장점과 단점

장점이 너무 많다. 역설적이게도 그래서 단점이다. 1달간 외상거래, 휴대 편리, 도난카드 사용중지, 포인트 적립, 무이자 할부, 현금서비스, 리볼빙서비스 등 당장 이용하기 편리한 서비스가 너무 많다.

첫 번째 신용카드는 즉각적인 지출의 고통을 줄여준다. 신경학자들에 의하면 우리는 무엇을 구입할 때 구입의 기쁨과 지출의 고통을 저울질한다고 한다. 그런데 신용카드로 결제하게 되면 지출의 고통이 줄어든다. 현금으로 결제하면 돈이 사라져 버리는 것을 직접 보고 느끼지만 신용카드는 돈이 사라지는 것이 보이지 않는다. 결제하고 물건을 구입했으나 아직 내 통장에 돈이 남아있다. 이런 착시현상이 지출에 대한 고통감정을 무뎌지게 하면서 동시에 소비에 대한 자신감을 향상시킨다. MIT대학교 프레렉과 시메스터(D. Prelec and D. Simester) 연구팀은 지급수단에 따라 얼마큼 금액차이가 나는지 확인하려는 목적으로 미 프로농구(NBA)경기 입장권을 이용한 입찰경매 실험을 진행하였다. 실험참가자 절반에게는 반드시 현금으로 입장권을 사야 되지만, 나머지 절반에게는 신용카드로 요금결제를 할 수 있다는 조건을 달았다. 실험 결과 현금으로 입찰한 학생이 적어낸 금액 평균은 28달러였지만, 신용카드를 이용할 수 있었던 학생은 이 금액의 두 배에 달하는 60달러를 지급할 용의가 있다고 답했다. 실험에서 신용카드는 지출의 고통

8주 체험으로 완성되는 사회초년생의 내 돈 내 맘대로 쓰기

을 줄이는 것이 장점이면서 과소비로 이어질 수 있다는 점에서 치명적인 단점이 있음을 보여준다. 누구든 현금대신 신용카드를 가지고 다니면 더 많은 금액을 지출할 수도 있다.

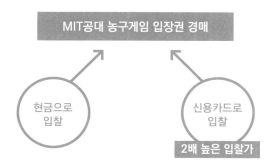

클라우디아 해먼드, 『돈의 힘』, 도지영 옮김, (서울: 위너스북, 2017). 62-63P

신용카드의 다른 장점은 원하는 소비를 먼저 할 수 있다는 것이다. 소비를 먼저하고 결제를 나중에 하는 편리함이다. 더불어 이자도 이익이다. 미리 사용하고 나중에 갚아도 이자를 내지 않는 신용카드 시스템은 매력적이다. 특히 무이자에 할부를 더하는 "무이자 할부"는 우리의 뇌를 자극하기에 충분하다. 지출의 고통 경감이 장점이면서 과소비하게 하는 단점인 것처럼 선소비 후결제의 단점은 구매시점과 결제시점의 혼돈을 가져와 '소비에 대한 감각 장애'를 일으키게 된다. 이 점이 신용카드 사용의 가장 심각한 문제이다. 소비의 자기결정이나 계획역량이 심각하게 손상될 가능성이 많고 저축을 못하게 하는 주요원인이다. 저축은 현재의 소비를 참고 미래를 대비하는 것인 반면 신용카드는 미래의 수입을 담보로 현재를 소비하는 행위이다. 즉 대출해서 소비를 하는 것이다. 정리하면 신용카드의 단점은 과도한 지출을 하게하고 저축을 방해하며, 먼저 쓰고 벌어서 갚는 악순환 생활구조로 만들어버릴 수 있는 가능성이 다분하다는 것이다.(IMF외환위기 이후 2003년 발생한 신용카드대란에서 서민가구 400만 명 이상이 파산했다.)

현금사용의 단점과 장점

현금은 일단 휴대하기 불편하고 잔돈 관리 불편하고 도난 위험도 있지만 가장 불편한 것은 '지갑에 얼마를 넣고 다녀야 할지 모르겠다'는 점이 아닐까? 외출할 때 마다 돈 쓸 일을 예측해서 현금을 준비해서 나간다는 것이 여간 불편한 일이 아니다.

또 현금은 카드에 비해 돈 쓰는 과정도 불편하다. 현금사용은 구입과 결제가 동시에 이루어진다. 현금이 사라지는 손실의 고통이 있고, 그 대가로 구매한 물건을 바로 손에 쥐게 된다. 한편 할인한 금액을 물건값에서 차감하고, 거스름돈도 정확하게 계산해서 지불할 현금을 건네주어야 하기 때문에 신경써야할 일들이 많다. 당장 영수증을 확인하고 챙겨두어야 상품 불량이나 마음 변화로 환불을 요구할 수도 있다. 결제할 돈을 지갑에서 꺼내서 전달하는 과정도 당당해야 한다. 혹시 돈을 건넬 때 미세하게라도 떨림이 있으면 왠지 부끄러울 수도 있다고 생각한다. 아무래도 카드보다 현금을 사용할 때는 안전과 품위를 유지하기 위해 사소하게 신경 쓸 일이 많다.

그러나 역설적이게도 이런 현금의 단점이 최고의 장점으로 작용하는 것은 아닐까? 신용카드와 다르게 직접 눈으로 보면서 돈의 가치를 폭넓게 느끼고 경험할 수 있다는 점이다. 우선 돈을 잘게 쪼개서 사용하는 훈련이 자연스럽게 가능하다. 통장에 들어있는 돈에 비해 지갑이나 주머니에 들어있는 돈의 액수는 대부분 소액이다. 보통 사람들이 큰 돈보다는 적은 돈을 다양하고 가치 있게 사용해보는 연습이 부담 없고 자연스럽다. 이러한 일상적인 과정이 돈을 적절하게 사용할 수 있는 역량을 키워준다. 특히 사회생활이후 본격적으로 돈 관리를 시작하는 사람들에게는 일정기간을 정해서라도 현금을 의무적으로 사용하는 것이 꼭 필요한 경험이다. 전반적으로 현금사용이 불안요소와 불편한 점이 있지만, 세밀히 계산하고 신중하게 돈을 쓰는 과정이 불편하기 때문에 오히려 돈 쓰는 경우를 피하려 한다는 점도 어쩌면 장점이다. 당장의 불편을 피해 카드사용으로 돌아가기 보다는 현금사용을 '스스로 선택한 불편'으로 삼아보는 용기도 돈 관리에서 의미 있는 일이다.

체크카드의 장점과 단점

체크카드는 즉시 결제되는 점에서 현금사용과 같고 현금을 갖고 있지 않아도 결제된다는 점에서는 신용카드와 기능이 같다. 통장 잔고 내에서만 결제되는 것은 좋은 점이다. 도난의 경우 피해 확대를 방지할 수도 있고, 신용카드에 비해 무의식적인 충동지출 피해를 막을 수도 있다. 그러나 통장잔고 범위 내의 모든 돈들이 지출 가능한 돈으로 인식될 수 있어서 지출억제기능면에서는 신용카드와 큰 차이가 없을 수 있다.

체크카드를 사용할 때는 하나의 카드로 모든 지출을 결제하기 보다는 두 세 개의 카드를 용도별로 구분해서 사용하는 것이 좋다. 예를 들면 월수시지출 전용 체크카드, 연지출 전용 체크카드, 개인용돈 전용 체크카드 등 이다. 또 체크카드 결제 시에 사용금액과 통장 잔액이 핸드폰으로 표시되는 기능을 활용하는 것도 도움이 된다.

현금, 체크카드, 신용카드 어떻게 사용할까?

언제나 현금으로 결제한다고 생각하면 좋다. 신용카드나 체크카드를 사용할 때도 내 주머니에서 현금이 사라지고 있다는 이미지를 그리면서 결제를 한다. 의식적으로 현금이 사라지는 고통과 상품획득의 기쁨을 비교하는 것이다. 체크카드와 달리 적어도 한 달 후 구매금액이 결제되는 신용카드를 주로 사용한다면 이번 달에 지출한 금액은 이번 달 소득(급여)에서 결제한다는 것을 원칙으로 삼아야 한다. 예를 들어 이 달 1일~31일 동안 사용금액 50만 원이 다음달 23일에 결제된다면 이 달 급여에서 50만 원을 남겨두어서 다음달 정해진 결제 일에 인출되도록 해야 한다. 다음달 급여를 받아서 이번 달에 지출한 금액을 결제하는 것은 좋지 않는 소비습관일 뿐더러 작은 소득변화에도 가정경제는 위험한 상태가 될 수도 있다. 이미 결제금액만큼이 부채이기 때문이다. 부채의 속성은 어느 순간 폭발적으로 불어난다는 것이다. 그래서 위험하다.

어떤 지출수단을 사용하더라도 예산 계획하기를 먼저 하는 것이 제일 중요하다. 적은 돈이든 많은 돈이든 귀하고 소중하다. 돈 쓰기는 편하지만 상대적으로 돈 쓰기를 계획하는 것은 불편한 과정이다. 그러나 돈 벌기는 이보다 더 무척 힘들고 불편하다. 아무래도 돈 버는 불편보다는 돈 쓰는 계획하기가 덜 불편하지 않을까? 예산을 세우고 쇼핑리스트를 작성하고 지출 후에는 결산하는 등 스스로가 지출과정을 더 불편(?)하게 만드는 것이 현금과 체크카드와 신용카드를 가장 잘 사용하는 방법이다.

달콤한 신용카드 서비스와
굴레 벗어나기

월급고개와 신용카드 굴레

　보릿고개라는 말이 예전엔 있었다고 한다. 작년 가을 농사지은 식량은 이미 다 떨어지고 아직 보리는 익지 않아서 매년 5월은 배고팠던 시기이다. 요즘 직장인들 사이에선 보릿고개 대신 월급고개가 있다고 한다. 월급날이 돌아오기 전에 지난달 월급이 다 떨어져서 신용카드를 사용해야만 생활할 수 있는 처지를 의미한다고 한다.

　포인트나 할인혜택이 좋아서 사용하게 된 신용카드인데 나중에는 현금이 없어서 사용하게 되는 경우가 많다. 실제로 한 조사결과에 의하면 월급 소진 시까지 평균 17일이 걸리고, 직장인의 75%가 월급고개를 겪어봤다고 한다. 또 월급고개를 어떻게 넘기느냐는 질문에는 69%가 신용카드로 해결한다고 했다.

〈월급고개를 넘기는 방법〉

출처:사람인/
직장인 603명
'월급고개' 조사

투잡알바	현금서비스	친구/동료	기타(대출)	부모님	비상금	신용카드
6.3%	6.8%	7.1%	8.8%	10.3%	27.7%	69%

결과적으로 신용카드 굴레에 빠지는 경우는 거의 자동화되어 있다.

"신용카드 막 씀→월급이 카드 대금으로 다 빠짐→현금이 없어서 신용카드 막 씀→월급이 카드 대금으로 다 빠짐→현금이 없어서 신용카드 막 씀→월급이 카드 대금으로 다 빠짐→현금이 없어서 신용카드 막 씀→월급이 카드 대금으로 다 빠짐→무한 반복"

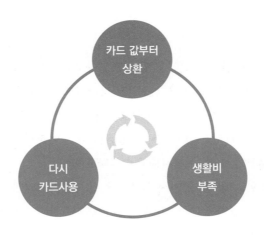

달콤하지만 치명적인 3가지 신용카드 서비스

달콤하지만 많이 먹으면 건강에 안 좋은 설탕처럼, 달콤하지만 가정경제에 치명적인 신용카드의 서비스는 무이자 할부, 리볼빙 서비스와 카드대출이다. 첫 번째, 무이자 할부를 경계해야 한다. 무이자 할부는 무이자 대출과 같은 말이다. 할부로 물건을 구매하는 것은 결제 시 마음의 부담을 줄이는 것인데 여기에 더해 무이자라니... 할부이자가 없기 때문에 느끼는 넉넉한 안도감과 할부로 나누어진 부담 없어 보이는 월 결제금액으로 인해 과소비에 노출되기 시작한다.

예쁜 옷 30만 원짜리가 3개월 무이자 할부인 경우 10만 원으로 보이는 착시현상을 경험하기도 한다. 경제적으로 합리적인 사람이라면 바로 결제할 것을 3개월로 할부했기 때문에 할부금을 모두 지불하는 3개월 동안에는 다시 물건을 구매하면 안 된다. 그러나 우리의 뇌는 10만 원에 옷을 산 것으로 생각하고 나머지 20만 원을 다른 소비에 사용해도 되는 것으로 착각할 수 있다.

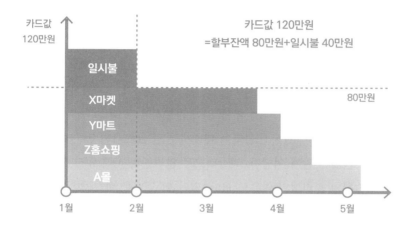

다음은 리볼빙 서비스를 피해야 한다. 급한 불 끈다고 생각하나 오히려 부채질 하는 것과 같다. 즐겁고 합리적인(?) 무이자 할부를 사용한 후에도 변함없는 사실은 카드 값을 상환해야 한다는 거다. 그런데 이번 달 급여로 해결이 안 되는 상황까지 진행 되었다면 돈맥경화가 심각해진 것이다. 과감하게 적금통장을 깨거나 대출받아서 갚아야 한다. 이렇게라도 조치를 하면 더 이상 큰 문제는 생기지 않는다. 그러나 한 달 밀린 카드 값 상환하려고 이렇게 빨리 적금을 깨는 사람은 거의 없다. 아직은 그럴 정도로 심각하지 않다고 생각한다. 선택할 대안이 있다. 바로 리볼빙서비스를 소개 받았으니까.

돈맥경화

피가 막히는 동맥경화를 비유하여 돈의 흐름이 막힌 상황을 의미하는 신조어

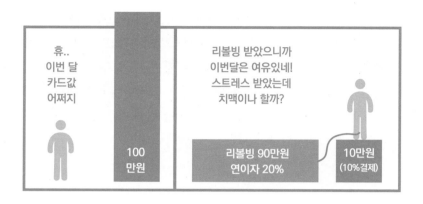

리볼빙 서비스는 최소 비용(전체 금액 중 5%~10%)만 결제하고 나머지 금액을 다음 달로 이월시키는 서비스다. 일시적으로 상환의 부담을 낮춰주는 효과가 있어서 별 부담 없이 카드사용을 계속하게 되는 경향이 있다. 하지만 이월시킨 금액에 대해서는 연 20%대의 높은 이자가 붙는다는 사실은 알기 어렵다. 적극적으로 알려주려 하지 않고, 스스로도 알려고 하는 심리적인 여유도 없다. 일단 이 위기를 피하기만을 바라는 심정이다. 이런 순간에 카드 상환액은 눈덩이처럼 불어갈 준비를 차근차근 하고 있다. 100만 원→180만 원→260만 원→340만 원......돈맥경화가 계속되면 끝내는 돈의 흐름이 멈추게 된다. 파산이다.

카드대출까지는 가지 않아야 한다. 무이자 할부와 리볼빙이 헬게이트로 향하는 문이라면 단기 및 장기 카드대출은 이미 헬게이트로 들어가 버린 거다. 현금서비스를 단기대출이라 하고 카드론을 장기대출이라 한다. 리볼빙으로 카드 값을 상환하기 어려워질 때 사용할 수 있는 다음 단계다. 전화만 하면 쉽게 빌려주는 간편한 대출이기 때문이다. 일단 받게 되면 당장 신용카드 비용을 상환하고 한숨 돌릴 수 있겠지만 고금리 이자와 함께 원금상환을 해야 하고 신용등급에도 큰 타격을 주게 된다. 이후로 은행권 대출이 거의 불가능하게 되는 건 당연하다.

무이자 할부→소비금액 증가→리볼빙서비스→현금서비스와 카드론의 과정은 신용카드사용의 부정적인 결과이다. 무이자 할부 혜택에 잠깐 한 눈 파는 사이에 하나 둘 할부원금이 쌓여간다. 이젠 급여로도 간단히 결제할 정도를 넘어섰다. 결제 마감은 다가오는데 '리볼빙서비스를 이용하면 안심할 수 있다'는 친절한(?) 안내 전화가 있었다. 또 한 달이 지난다. 몇 번 반복하면 이젠 리볼빙 서비스로 결제를 조정할 수가 없다. 사용한도가 넘어간 것이다. 리볼빙 서비스를 받는 순간부터는 신용카드 신규사용을 중단했어야 한다. 그러나 당장 결제할 현금이 없으니 어쩌랴. 이런 핑계 저런 사정 때문에 신용카드를 사용할 수밖에 없었던 거다. 이젠 상황이 더 악화되었다. 카드 값 때문에 적금을 깨든지 보험약관대출이라도 받아야 한다. 겨우 이정도의 카드 값도 결제할 수 없는 현실이 답답하고 두렵다. 그러나 더 이상 카드대출로 전이되는 것은 막아야 한다.

카드의 굴레에서 벗어나기

카드 값 한 번에 정리하기가 좋은 방법이다. 비상금이나 저축이 있다면 한 번에 갚아버리고 선순환 구조를 만든다.

자산		부채	
비상금	~~100~~	S 카드	~~150~~
적금	~~120~~	H 카드	~~70~~
청년통장	120	학자금대출	500
보증금	1,000		
순자산		620	

자산을 이용해서 부채를 덜어내는 것이다. 결과적으로 순자산에는 변화가 없다. 순자산은 620만 원이고 부채정리 후에도 620만 원 이다. 변화가 있는 것은 매월의 현금흐름이다. 지금까지의 현금흐름은 월급을 받으면 곧 바로 신용카드 결제로 사용되고 현금이 부족해서 다시 신용카드를 사용하는 흐름이었다면 이제부턴 급여를 받으면 통장에 돈이 그대로 남아있다. 카드 값 결제 없는 월급날이 되었다.

정상적인 현금흐름이 이제 시작된다. 통장에 현금이 있다. 필요할 때 돈을 꺼내서 사용한다. 다시 급여가 들어온다. 다시 돈을 꺼내서 생활한다. 이렇게 현금흐름은 유지된다. 소중하게 모아온 적금을 깨는 심적인 고통과 스스로에 대한 배신감의 아픔을 딛고 섰다. 그러나 누구에게나 이런 과정이 쉽지 않다. 주변 사람들과 나의 돈 문제를 이야기하고 지지자를 찾아야 한다. 돈 문제가 생기는 것은 누구에게나 발생할 수 있다. 건강한 몸이 어느 날 갑자기 감기에 걸리는 것이나 마찬가지다. 감기에 걸리면 불편하다. 병원에도 가야하고 약도 먹어야 하고 출근도 하루 이틀은 못할 수도 있다. 그러나 감기를 부끄럽다고 숨기고 건강한 척 생활하는 것이 더 어리석은 행동이다. 우리들은 돈 문제에서는 바보처럼 행동할 때가 너무 많다. 어떤 가치실현에 목적을 두고 모았던 적금이라도 결정적인 위기를 극복하기 위해 사용하는 것만큼 중요한 목표는 없다.

　다음은 카드 값 서서히 정리하기 방법이다. 비상금도 없고 적금도 없고 보험 약관대출도 받을 수 없다면 신용카드를 계속 사용하면서 서서히 정리하는 방법을 찾아야 한다.

　㉠ 카드 개수 줄이기다. 우선 가장 자주 쓰는 카드 1장만 남겨놓고 나머지 카드는 당장 잘라버린다. 지갑에서 빼내는 정도가 아니라 가위로 아예 자르는 거다. 사용하지 않은 카드는 결제완료가 바로 다가온다. 그때 카드사에 전화해서 완전히 해지한다. 이미 납부했던 연회비가 아까울 수 있다. 포인트나 이 카드만의 특별 할인혜택이 생각날 수 있다. 아쉬워 하지말자. 그런 혜택들은 단순히 주어지는 것이 아니라 오직 나의 엄청난 카드사용이 있어야 가능하다는 것을 잊지 않았을 것이다. 신기하게도 카드 개수가 들어들면 카드 값도 줄어들게 된다. 1개 있을 때나 10장 있을 때나 쓰는 사람에 따라 다르지 않겠는가. 물론 그렇지만 카드가 많을 때 더 많은 지출이 발생한다. 이유는 지출 부담을 각각의 카드로 분산하기 때문이다. 하나의 카드에 100만 원이 쌓여가는 것과 10개의 카드에 10만 원이 분산되어 있을 때 카드사용자의 마음은 어느 쪽이 편안할까? 덧셈으로는 똑 같다. 그러나 우린 매번 전체 10개의 카드를 펼쳐놓고 덧셈을 하지 않는다. 보고 싶은 데로 보고, 생각하고 싶은 데로 생각한다. 단지 100만 원이라는 숫자와 10만 원이라는 숫자만 뇌가 기억할 것이다. 개수를 줄이는 것으로도 효과는 발생한다.

ⓛ 카드 한도 줄이기다. 자주 사용하는 카드만 남겨 놓았다면, 이젠 한도를 줄여본다. 병원비 등 갑작스러운 지출이 발생할까봐 한도를 못 줄이겠다는 저항이 있을 수 있다. 돈을 생각하면 우린 항상 걱정과 불안으로 가득하니까. 하지만 병원비, 자동차 구입 등 특정 목적을 위해 사용한도를 임시적으로 상향하는 서비스가 있으니 너무 걱정하지 않아도 된다. 카드회사는 돈을 쓸 수 있는 고객에게는 너무나 친절하다. 당장 오늘 없는 서비스도 내일은 출시할 수 있다. 최소한으로 카드한도를 줄인다. 강제 축소를 스스로에게 명령하는 것이다. 카드 사용의 주범은 카드가 아니라 내 마음속 무한한 욕망이다. 욕망을 줄이기는 어렵지만 일정기간 동안이라도 제한해본다고 생각하면 누구나 어느 정도는 가능하다. 개수를 줄이는 성과를 냈다면 다음 단계로 한도를 줄이는 것은 어렵지 않을 것이다.

ⓒ 마트 가지 않기다. 홈쇼핑이나 인터넷 쇼핑도 마트 가는 것과 같다. 마트 중에서 유독 돈을 많이 쓰게 되는 장소에 가지 않는 것이다. 백화점이나 대형마트 특히 새로 오픈한 대형쇼핑몰에 가지 않는 것이다. 특별히 구매할 것이 없어도 한 두 개의 물건 구매를 핑계로 새로운 물건을 염탐하러 가는 것도 습관이다. 그곳엔 언제나 나를 유혹하는 물건이 준비되어 있다. 그리고 항상 믿음을 저버리지 않고 만족시켜 준다. 그러나 이미 우리 집 드레스 룸에는 유행에 뒤지지 않을 정도로 자신감이 있고 냉장고와 식품 간에는 음식이 가득하다.

돈 버는 일이 제일 어렵다고들 한다. 그러나 이보다 더 어려운 일이 있다. 돈 벌어서 소비를 참고 빚 갚는 것이 더 어려운 일이다. 신용카드 들고 다니면서 절제하면서 사용할 수 있다는 것을 믿는 사람이 너무 순진한 거다. 합리적인 행동은 가장 편리한 만능 신용카드를 가장 불편하게 사용할 수 있도록 열심히 노력하는 것일 뿐이다.

학습확인하기

1. 현금과 체크카드는 즉시 결제수단이고 신용카드는 1달간 외상거래수단 이다. (○ , ×)

2. 신용카드는 (   )을 못하게 하는 주범이다. (   )은 현재의 소비 를 참고 미래를 대비하는 것이다.

3. (   )도 결국은 이자 없는 대출을 받은 거나 동일하다. 당장은 부 담 없는 지출이겠지만 점차 이미 깔려있는 할부원금 때문에 갚아도 갚아 도 오히려 줄어들지 않는 이상한 경험을 하게 될 것이다.

나의 생활에 한 가지씩 적용하기

신용카드를 사용하고 있다면 월사용기간을 1일에서 말일까지로 조정하 고, 이번 달 카드 사용금액은 이번 달 통장에 남겨두고 다음 달 결제 일 에 나가도록 만들자.

알아두면 쓸모 있을 지출관리 방법들

자동이체, 나에게 이익되게 활용하기

"불편하시면 자동이체를 신청해드릴까요?" 휴대폰을 개통할 때도, 보험을 가입할 때도, 전기요금이나 대출 원리금을 납부할 때도 항상 들어왔던 질문이다. 자동이체는 매우 편리하다. 너무나 당연하고 친숙한 지출결제방식이 되었다. 요즘은 직접 은행에 가서 순번대기표를 뽑아서 기다리다 납부하는 경우는 거의 없다. 결제 날짜를 놓칠 걱정도 없고 심지어는 요금 할인까지 해주는 경우도 많으니 더 좋다. 다만 주의해야할 경우가 있다.

자동이체에는 '현상유지편향'과 '디폴트옵션'이라는 고도의 심리적 장치가 설계되어있다. 현상유지편향(status quo bias)이란 특별한 문제가 없는 한 현재 상태를 그대로 유지하는 것을 좋아한다는 사람들의 특징을 말한다. 신문사나 잡지사들은 결제할 때 지로보다는 자동이체를 많이 유도한다. 구독료를 깎아 주거나 선물을 주면서까지. 그 이유는 자동이체를 하는 독자들은 신문이나 잡지를 쉽게 끊지 않기 때문이다. 자동이체를 해지하지 않으면 구독은 계속 유지된다. 디폴트 옵션도 현상유지편향과 같은 성향을 이용한다. 조건을 변경하지 않으면 자동으로 선택되는 옵션인데 마케팅에서 디폴트 옵션을 사용하는 이유는 사람들은 익숙한 현재 상태 그대로를 받아들이는 경향이 있기 때문이다. 휴대폰 개설 시에 3개월간 최고요금제를 사용하는데 3개월 후 조건을 해지하지 않으면 그대로 최고 요금제가 적용되는 경우나, 무료로

1개월 체험하는 행사에 참여하지만 1개월 후 해지하지 않아서 돈을 내고 계속 사용하는 경우를 쉽게 경험할 수 있었을 것이다.

자동이체가 편리하지만 치명적인 문제가 될 수 있는 것은 돈 나가는 것을 바라보기만 하는 것이다. '그래 이번 달에도 결제가 잘 되었구나, 다행이다'라고 생각하면서 출금 결과만 신경을 쓰게 된다. 매월 발생하는 지출에 대해 구체적인 평가를 하지 않게 된다. 이 지출이 왜 생겼고 앞으로도 계속 돈을 써야하는 것인지에 대한 판단과정이 생략된다는 뜻이다. 특히 신용카드와 함께 사회초년생들이 자기주도적으로 지출관리를 경험할 수 없게 하는 주범이다. 돈이 사라지는 손실의 아픔을 경험하지 못한다. 휴대폰 요금을 자동이체 할 경우, 평상시와 다르게 요금이 나올 때 계좌이체 하는 경우에는 자세히 살펴본다. 그러나 자동이체로 납부하는 경우는 납부 후 영수증을 받는 경우라도 이미 지난 일이라 신경쓰려하지 않게 된다. 적금, 보험료, 대출 원리금 등 계속 지출되면 이익이 되는 경우에는 자동이체를 적극 활용해도 좋지만 휴대폰 요금, 소비재 할부금, 구독료 등 이익이 되기도 하고 손실이 될 수도 있는 지출항목은 자동이체 대신에 매월 고지서를 받고 계좌이체 하는 과정을 실행하면 좋다. 급여 관리를 처음으로 시작하는 사회초년생들은 가능하면 종이로 된 청구고지서를 받는 것을 추천한다.

새로 발생한 지출에 대해서는 처음 몇 개월 동안은 계좌이체로 납부하는 것이 좋다. 과거엔 무조건 종이로 된 청구 고지서를 받았으나 요즘은 이메일로 받는 것을 권유하거나 문자로 안내하는 경우도 많다. 돈 낼 고지서를 우편함에서 꺼내서 읽어보는 것이 썩 기분 좋은 일은 아니지만 사용내역을 구체적으로 살펴보면서 지출의 가치를 평가하고 조정하는 것도 생각할 수 있다. 지출을 결정할 때 기대했던 것과 다를 수도 있고 한 건 한 건의 지출 때문에 전체적으로 적자가 될 수도 있기 때문이다. 또 휴대폰 요금처럼 변동성이 있는 경우는 적어도 3개월 동안 평균 사용금액을 평가하는 시간도 필요하다. 이런 과정 후에 특별관리가 필요한 지출을 중심으로 자동이체를 개설한다. 판매업체에서 자동이체 신청을 적극적으로 권장하는 경우는 당장 신청하지 않는 것이 좋다. 대표적으로 휴대폰요금이나 렌탈 제품료 또는 구독료 등은 다소 불편하더라도 매월 계좌이체를 하면서 지출에 대한 가치평가를 계속해야 할 필요가 있다.

그리고 자동이체 날은 월급날이 아니라 최소 5일후로 지정한다. 대부분 자동이체는 월급날로 지정하는 경우가 많은데 업체에서도 월급날을 은근히 권유하고 소비자도 돈 있을 때 지불하는 것이 편리하다고 생각하기 때문이다. 월급을 받고 최소 5일 동안 지출계획도 다시 점검해서 매달 자기주도적인 지출이 이루어지도록 관리해야 한다.

대출 먼저 갚을까? 버는 대로 저축할까?

첫 월급! 설레고 기쁘다. 부모님께 근사한 선물도 하고 싶고, 사고 싶었던 것도 눈에 아른거린다. 그러나 세상 사람들은 말한다. "월급타면 일단 적금부터 들어야 한다." 또는 "돈 벌면 무조건 빚부터 갚아야 한다." 무엇부터 해야 하나?

'저축'과 '빚 갚기'가 먼저가 아니다. 사회초년생의 돈 쓰기 순서는 "현재 생활 유지비→ 비상금 준비 → 빚 갚기→ 미래를 위한 저축"이다. 현재 생활을 안정적으로 유지하는 것이 우선이다. 식생활 주거생활

사회생활에 필요한 생활비를 지출한다. 현재 생활이 안정되어야 과거 부채도 해결하고 미래 희망도 준비할 수 있다. 다음은 비상금 100만원 적금하기이다. 비상금은 나만의 친구이다. 마음이 편안해지고 여유를 만들어준다. 다시 빚지지 않게 해준다. 이렇게 삶이 안정되고 미래에 대한 희망을 꿈꿀 수 있다면 다음 과정이 가능하다. 이제는 빚 갚기를 시작한다. 빚 갚으면서도 생활이 흔들리지 않으면 빚 갚기에 올인 하여 신속하게 부채를 상환한다. 저축은 미래 희망이고 빚 갚기는 과거 해결이다. 내 미래를 갉아먹는 빚부터 처리한다. 빚 갚기도 처음 시작이 어렵지 점차 가속도가 붙으면 고역이 아니라 즐거운 경험이 될 수 있다. 그리고 마지막은 저축을 한다. 미래 희망을 구체적으로 만들어 간다. 미래를 위한 돈 모으기를 하는 것이다.

무이자 할부 vs 일시불 결제

무이자 할부가 경제적으로 이득 아니냐고? 이론적으로는 물론 그렇다. 돈을 수중에 오래 가지고 있으면 적은 금액이라도 이자 수익이 생긴다. 그래서 무이자 할부는 특별한 혜택처럼 느껴진다. 100만 원이 넘는 명품가방 "10개월 무이자 혜택, 한 달에 10만 원!" 바로 그때 100만 원은 어디론가 사라지고 '10만 원'만 뇌리에 남아 전화기를 붙들고 주문을 하는 자신을 발견할 수 있다. 무이자는 미끼이다. 덥석 물면 곤란하다. '지름신'만 내리는 게 아니다. 스마트폰 3만 원, 냄비세트 3만 원, 벽걸이 TV 10만 원... 무이자 할부는 매달 나가는 고정비지출을 늘려 현금흐름을 악화시킨다. 아무리 돈이 많아도 현금흐름이 안 좋으면 기업이나 개인이나 사는 게 그냥 고달프다. 무이자 할부의 본질은 빚이다. 빚으로 소비하는 것은 당장에는 공짜 같아서 좋지만 언젠가는 원래 가격 이상의 것을 지불해야 할 때가 반드시 온다. 뭐든지 일시불로 사는 것을 원칙으로 삼는다. 당장에 돈이 없으면 사지 않는 것이 좋다. 돈을 모아서 산다.

문제는 돈은 쉽게 불어나지 않지만 빚은 빛의 속도로 늘어난다. 병원비로, 차수리비로 이번 달 카드결제금으로 당장 200~300만 원이 필요한데 돈이 없다는 것에서부터 문제는 시작된다. 당장 급하니까 '리볼빙서비스'를 이용하고, 현금서비스를 이용하고, 카드를 돌려막다가 결국 대부업체로 이어지면 빚은 눈덩이처럼 불어난다. 혹시라도 무이자 할부 때문에 카드 돌려막기나 현금서비스를 이용할 상황이라면 더 이상 빚을 늘리지 말고 차라리 연체이자를 내면서 해결방법을 찾는 것이 좋다.

마이너스통장 vs 신용대출

은행에서는 마이너스 통장을 미리 개설하면 좋다고 한다. 여유도 있고 신용도 좋을 때 마이너스 통장을 개설해두고 필요할 때 현금처럼 쓸 수 있다. 마이너스 통장은 어쩌면 개설할 자격이 있는 사람들을 위한 금융혜택이다. 혜택을 누리지 않으면 그만큼 손해라고 강권하기도 한다. 심지어 공무원 임용 연수에서 집단적으로 급여통장 개설 할 때 마이너스통장을 개설하는 사례를 개인 재무상담에서 들었던 적이 있다. 생활하다 보면 급히 목돈이 필요할 수도 있다. 또는 비상금이 없는 경우도 있다. 이럴 때를 위해 평소에 마이너스통장 하나 가지고 있으면 굳이 사용하지 않아도 마음의 위안이 될 것이다.

반면에 신용대출은 위험하니 활용해서는 안 된다고 한다. 마이너스 통장과 신용대출의 공통점은 똑같이 대출이라는 점이다. 다른 점은 마이너스통장은 비상금처럼 생각하고 신용대출은 심각한 대출로 생각한다는 점이다. 당장 원금과 이자를 갚지 않아도 되고 필요할 때 요긴하게 쓰고 돈 생기면 다시 채워 넣으면 되고 이보다 더한 편리를 주는 금융상품이 있을까? 마이너스 통장이 좋은 듯하다. 그러나 어쩔 수 없이 선택해야 한다면 차라리 신용대출을 받고 빨리 갚는 것이 좋다. 신용대출은 당연히 위험하고 손해가 많다. 이런 사실을 누구나 다 안다. 그래서 철저하게 대출을 계산하고 상환을 준비한다. 오래 갈수록 이자에 이자가 더해가는 것을 알기 때문이다. 그래서 어쩌면 신용대출은 마이너스통장보다 덜 위험하다. 그러나 마이너스 통장에 대한 사람들의 생각은 다르다. 일단 개설할 때부터 부채라는 인식이 없다. 주거래 은행에 대한 내 권리이고 내 돈이라는 생각이 강하다. 그래서 상환에 대한 부담 없이 편안하게 사용한다. 그러나 문제는 마이너스 통장은 이런저런 이유로 어느 사이에 최대한도 금액을 사용하고 있게 된다. 누구나 쓸 돈이 없어서 문제지 돈 쓰고 싶은 마음이 부족한 사람은 없다. 사용 후에도 부채라는 인식이 약하기 때문에 완전 상환을 생각하지도 않는다. 그냥 습관처럼 월급 받으면 마이너스가 줄어들다가 월말이 되면 다시 늘어나는 현상을 당연하듯이 두고 본다. 급여통장에 개설되어있다면 이자에 대한 부담도 잘 느끼지 못한다. 이자상환방식은 복리구조다. 이자에 이자가 붙어서 늘어나는 것이다. 예를 들어 1,000만 원 한도를 10년간 유지할 때 지출했던 이자는 연10%로 생각하면 대략 원금 1,000만 원을 넘어간다. 특히 급여통장에 마이너스통장을 개설하는 것을 경계해야 한다. 대출이 필요하다면 신용대출을 조심스럽게 받아서 신속하게 갚는 것이 좋다.

충동소비가 위험할까 vs 고정지출이 위험할까?

　아껴 쓰고 사는데 왜 늘 부족할까? 하는 의문이 든다면 대부분은 고정지출 때문이다. 고정지출은 월세, 보험료, 공과금 등 매월 같은 날짜에 지출되는 비용이다. 특징은 내가 만져보지도 못하고 빠져나가는 돈이고 수입이 줄거나 끊겨져도 인정사정 봐주지 않고 없어져 버리는 돈이다. 스스로가 과소비를 해서 돈이 부족하고 쪼들린다고 생각하는 사람은 별로 없다. 반대로 나름 아껴 쓴다고 쓰는데 왜 늘 통장 잔고는 금세 바닥을 드러내는지 모르겠다며 하소연하는 사람이 훨씬 더 많다. 차라리 펑펑 쓰기나 하고 돈이 없으면 억울하지는 않을 텐데 말이다. 실제로 과소비를 했다하더라도 이 사실을 알고 있다면 문제는 확장되지 않는다. 과소비를 하는 사람은 수입이 줄었을 때 소비만 줄이면 문제가 해결된다. 그러나 고정지출이 많으면 상황은 달라진다. 특히 주택담보대출이나 연금, 사교육비 같은 지출은 일단 시작하면 장기간 지속되는 고정지출이라 수입이 줄어드는 위험이 닥치면 가정경제에 커다란 타격을 주게 된다. 지출은 늘어나기는 쉬워도 줄어들기는 어려운 속성이 있다. 고정지출은 특히 그렇다. 소득이 지속적으로 유지되고 증가되는 상황을 만들지 못하면 언제 터질지 모르는 시한폭탄을 안고 사는 것과 다름없다. 고정지출을 늘리는 것은 일시적인 충동소비보다 더 위험하다.

은행 바로 알기(업자냐? 공공기관이냐?)

　은행은 "남의 돈으로 돈을 버는 곳이다."
　-금융사학자 존 스틸 고든(John Steele Gordon)-

은행은 기업이다. 민간 영리회사이고 대부업자이고 주주의 이익을 최우선으로 하는 주식회사이다. 은행이란, 돈을 맡아주고, 이 돈을 다른 사람들에게 빌려주면서 생기는 이자의 차이로 생존하는 기업이다. 고객의 돈을 저렴하게 매입해서 또 다른 고객에게 비싸게 팔아서 생기는 이익으로 먹고사는 기업이다. 예금과 대출의 차이가 예대마진이고 은행의 이익금이다.

- 은행은 우리의 돈을 안전하게 보관하고 돌려준다. 각자의 집에 돈을 보관하기 위해서 금고를 구입하고 경비원까지 고용하려면 얼마나 많은 비용이 들어가는가? 그런데 은행에 가면 아무 조건 없이 내 돈을 맡아서 잘 보관해주고 내가 달라할 때 친절하게 돌려주기까지 한다.

- 이자도 준다. 적은 금액이지만 이자를 꼬박꼬박 챙겨준다. 얼마나 고마운 은행인가? 이런 기능 때문에 은행을 공공기관으로 착각하는 사람들도 예전엔 많았다. 은행을 특히 믿을 수 있는 금융기관이라고 생각하는 것도 알고 보면 국가가 예금자보호를 해주는 특혜를 제공하기 때문이다.

- 대출도 해준다. 대출조건이 가능하면 돈도 빌려준다. 대부분의 대출은 아파트와 토지 같은 담보가 있을 경우에 이루어지고 담보가 없는 신용 대출은 쉽지 않다.

- 통장개설도 공짜고 카드도 만들어준다. 은행에서 만들어준 통장을 통해서 입금, 출금, 계좌이체 등 여러 가지 은행서비스를 활용할 수 있다. 여기에 체크카드, 신용카드는 덤이다. 참고로 미국에서는 통장 유지비용도 있다. 경제취약계층은 이 비용이 부담되어 은행에 가길

꺼린다고 한다. 요즘에는 통장을 개설하는 것이 매우 까다롭다. 대포 통장을 막기 위한 규제라고 하는데 은행으로서는 이익 안 되는 통장 개설에 드는 비용을 줄이기 위한 이유가 더 크다고 생각한다.

위와 같은 은행의 금융서비스를 우린 상황에 맞게 잘 활용할 수 있다.

- 은행의 돈 보관 잘 하는 장점을 활용한다. 은행의 제1장점은 돈을 보관하는 기능이다. 내 돈을 안전하게 보관하는데 은행금고를 무료로 활용하면 좋다.

- 은행의 원금보장 장점을 활용한다. 은행상품의 특징은 원금을 보장하는 것이다. 적금할 때도, 큰돈을 예금해둬도 안심된다. 5천만원까지 원금과 이자에 대해서 국가에서 예금자보호를 해주는 혜택도 있다.

- 단기 적금할 때는 이자가 없는 것으로 생각하고 은행을 활용한다. 단기 적금의 목적은 단기에 확실하게 사용하기 위한 돈을 준비하기 위한 것이다. 하지만 사람들은 원금보다는 이자에 관심을 두는 경우가 많다. 이자율은 은행마다 고객의 조건마다 다를 수밖에 없다. 특히 단기 적금에서는 금액차이가 사소하다. 이런 문제로 필요한 원금을 모아야 하는 원래목적을 잃어버리면 안 된다. 이자에 대한 생각을 버리고 적금하는 목적만 생각하면 저축하는데 도움이 된다.

- 은행에서 저축할 때 대출 받을 때 이자를 흥정한다. 이자를 더 달라하고 대출할 땐 이자를 낮게 해달라고 주장하는 것은 당연하다. 거래는 상호 이익을 위해 자유롭게 흥정하는 거다. 내가 저축하면 은행은 내 돈을 적극적으로 사용하면서 수익을 얻는다. 그리고 나에게 약속된

작은 이자를 준다. 쉽게 말해 내 상품(돈)을 은행에 판매하는 거다. 싸게 팔 것이냐 비싸게 팔 것이냐? 반대로 대출받는 것은 은행으로부터 돈을 사는 것이다. 은행의 물건을 팔아주는 진짜 소비자다. 당당하게 말할 수 있다. 대출이자를 싸게 해 달라! 그런데 이렇게 주장했는데 안 들어주면 어쩌지? 인정하면 된다. 거래 상대방도 거래기준이 있는 거라 당연한 거다. 이렇게 은행과 흥정을 통해 가격을 정하고 거래하는 것을 의도적으로 노력해야 한다. 그동안 우린 그렇게 하지 않았으니까. 마지막으로는 공식적으로 정해진 금리인하 요구권을 활용할 수 있다. 금리는 대출받고 난 후라도 매년 재협상할 수 있다. 승진을 하거나 소득이나 재산이 늘 경우나 거래실적이 좋다거나 신용등급이 상향되었을 경우에 은행에 금리를 낮춰 달라고 요구할 수 있는 제도이다. 연 2회까지 사용할 수 있고 요구가 받아들여질 경우 통상적으로 1%안팎의 금리인하를 기대할 수 있다.

다음으로 은행 서비스를 활용하는데 좀 더 신중을 기해야 할 상황이다.

• 마이너스통장개설을 매우 신중하게 한다. 일명 줄여서 '마통'이라 하고 한도대출이라고도 한다. 1,000만 원 마이너스통장이라 하면 1,000만 원 한도에서 언제든 사용할 수 있고 실제 사용한 금액만큼 이자를 내는 상품이다. 만들어 놓으면 결국은 알게 모르게 1,000만 원 한도를 모두 사용하게 되는 경우가 많고 최소 예금이자의 2~3배는 높은 고금리이자를 복리로 갚아야 한다. 그런데 더 중요한 것은 사람들은 마이너스 통장을 대출로 생각하지 않고 비상금으로 생각하는 경향이 있어서 상환하려 하지 않는다. 그래서 그냥 10년 이상을 유지하게 된다. 예시) 1,000만 원을 10년간 사용했다면 그동안 냈던 이자는? 연8%로 계산해보면 10년이면 이자만 800만 원이다.

- 은행에서 펀드, 저축성보험 가입하는 건 신중하자. 은행에서 보험상품이나 펀드를 권유하고 판매하는 것은 문제가 아니다. 문제가 되는 것은 "은행은 원금보장을 해준다."는 평소의 신뢰관계이다. 은행에서 판매하는 것은 원금 보장되는 예·적금으로 이해하고 있는 고객의 신뢰를 은행은 상품판매의 수단으로 활용하고 있는 것이다. 직원이 권유했던 보험상품의 설명도 들었고 자필서명도 했지만 대부분의 고객의 마음속에는 여전히 금리 높은 적금을 가입하고 온 것으로 믿고 있는 것이다.

광고 유혹을 차단하는 방법

돈 사용을 결정하는 데 있어서 광고와 언론매체, 연예인, 동료나 친구에 의해서도 은연중에 영향을 받고 있다. 다른 사람들이 가진 것을 부러워하고 유명인의 패션이나 행동을 따라하려하는 것은 인간의 본성이다. 광고는 우리가 물건을 원하게 하고 돈을 쓰도록 하기 위해 매년 수조 원을 쓴다. 여기에 영향을 받고 계획에 없는 충동적인 구매로 이어질 수 있다. 외부영향을 차단하는 원칙은 계획하지 않았던 것에 대해 지출을 억제하는 것이다. 다음은 미국예금보험공사(FDIC)에서 소개하는 방법이다.

The Federal Deposit Insurance Corporation (FDIC), 『Money Smart for Adults』, 〈www.fdic.gov/moneysmart.〉

- '오늘만 50%세일'처럼 근거 없는 광고가 있다. 오늘이 지나고 보면 대개 그런 물건은 다른 가게에서 더 싸게 구입할 수도 있고 바로 그 가게에서 다음 날 더 싸게 판매할 수도 있다.

- 아무 생각 없이 물건을 사게 하는 경우를 경계해야 한다. 계산대 옆에

는 건전지, 쵸콜릿 등 사소하고 저렴한 물건들이 진열되어 있다. 이미 쇼핑을 다 끝낸 고객들이 구입한 물건을 계산하는 도중에도 카트에 담아지기를 바라고 있다.

- 나는 언제 어떤 상황에서 충동구매에 쉽게 유혹되는지를 파악해야 한다. 친구나 유명인의 SNS 게시물인가? 문자로 받은 할인 쿠폰인가?

- 사람들은 유혹을 뿌리치기가 어렵다. 가능하면 유혹적인 환경이 되지 않도록 조정할 필요 있다. 미리 광고성 사이트를 차단한다.

- 쇼핑리스트를 꼭 챙겨라. '쇼핑리스트에 없는 것은 세상에 존재하지 않는 것이다'라고 생각한다.

- 온라인 사이트에 회원가입 정보를 남기는 것을 주의해야 한다. 회원가입 정보를 남기면 다음에 즉시 구매할 수 있는 위험이 커진다. 구매할 필요가 있을 때 귀찮더라도 다시 등록한다.

- 잠시 멈춰라. 온라인 사이트에서 구매하고 있다면 물건을 오늘은 꾸러미에만 넣어둔다. 다음 날에도 필요하다면 구입하면 된다.

- 스스로에게 자세하게 질문해라. 계획에 없던 지출을 생각하고 있다면 이것은 필요한 것인지 원하는 것인지, 돈을 모아서 나중에 구입해도 되는 것인지, 여기에 돈을 쓰면 목표성취가 되는 것인지를 스스로에게 질문한다.

학습확인하기

1. 자동이체에 심리적기제로 작용하는 것은 (   )과
   (   )이다.

2. 사회초년생의 돈 쓰기 순서는 "현재생활유지비 → 비상금 준비 →
   (   ) → 미래를 위한 저축"이다.

3. (   )과 신용대출의 공통점은 똑같이 대출이라는 점이다.
   다른 점은 (   )은 비상금처럼 생각하고 신용대출은 심각한
   대출로 생각한다는 점이다.

나의 생활에 한 가지씩 적용하기

현재 자동이체로 신청된 지출항목을 파악하고 자동이체를 해지하고 계
좌이체로 바꿔보고 싶은 지출항목은 무엇인지 파악한다.

확인학습하기 정답) 1. 현상유지편향, 디폴트옵션 / 2. 빚 갚기 / 3.마이너스통장

-제2장-

저축:
미래지출 관리

저축의 중요성은 어릴 적부터 늘 들어와서 당연하다고 생각하지만 그
럼에도 저축을 하는 일은 생각보다 어렵다. 지금 당장 돈을 쓰는 즐
거움을 절제할 수 있어야 하고 스트레스 해소를 위한 충동적 소비나,
'조금 더 아낀다고 달라질 것 없다'는 생각과도 싸워야 한다. 또는 지
금보다는 좀 더 안정된 직장을 갖게 되었을 때 저축을 시작하겠다는
마음으로 미루거나 상환해야 할 학자금 대출이나 주택보증금 대출 때
문에 시작을 보류하거나, 설령 시작하였더라도 경험 부족으로 저축유
지에 어려움을 겪을 수도 있다.

저축을 하기 전에 해야 할 일들

저축이란 돈을 벌거나 받은 돈의 일부를 미래에 사용하기 위해 따로 두는 것이다. 미래에 사용하기 위해 오늘 지금 사용하지 않고 모으는 돈이다. 저축은 예상치 못한 지출이 발생할 때 잘 대처할 수 있도록 도와줄 수 있는 비상금이 되기도 하고, 주택 보증금, 결혼비용, 대학원 또는 여행비, 자동차구입비, 노후생활비가 되기도 한다.

저축을 시작하기 위해서는 먼저 수입과 지출의 정확한 내용을 파악해야 한다. 생활에 필요한 금액은 얼마인지, 저축은 언제부터 가능한지를 알아보는 것이다. 저축의 중요성만을 강조하여 저축액에 욕심을 내면 쓸 돈이 부족해서 저축을 깨는 일을 반복하게 된다. 꼼꼼하게 수입을 파악하고 현재의 생활을 하기 위한 예산을 세워야 저축 가능한 금액을 정할 수 있다.

[수입과 지출파악]

00년 1월

수입		지출					
		월1회고정지출		수시지출		연지출	
구분	금액	지출항목	예산금액	지출항목	예산금액	지출항목	예산금액
급여	2,000,000	청약저축	50,000	식재료비	200,000	신정,해맞이	200,000
상여금	1,000,000	휴대폰요금	49,000	생활용품비	50,000	동생생일	50,000
세뱃돈	100,000	관리비	150,000	교통비	80,000	옷,신발	200,000
		도시가스	100,000	간식,군것질	50,000	경조사	50,000
		보험료	67,000	여가,외식비	100,000		
		청년통장	100,000	의료비	20,000		
		적금	300,000	이발,목욕	15,000		
		학원비	150,000				
소계	3,10,0000	소계	967,000	소계	615,000	소계	500,000

8주 체험으로 완성되는 사회초년생의 내 돈 내 맘대로 쓰기

다음은 더 많이 저축할 돈을 찾아야 한다. 방법은 적게 쓰는 것밖에 없다. 흔히 수입을 늘려야 더 많이 저축할 수 있다고 생각하지만 거의 실현되지 않는다. 절약하는 방법은 여러 가지 지출에서 조금씩 줄이는 것이 합리적이다. 휴대폰 요금제나 TV케이블 또는 인터넷 요금제를 조정할 수도 있고, 외식 횟수를 줄이고, 주유비를 줄이기 위해 가끔은 대중교통을 이용할 수도 있다. 지출을 줄여서 더 많이 저축하는 방법이 성공하기 위해서는 반드시 어렵게 절약한 돈이 쌓여가는 모습을 확인할 수 있어야 한다. 이때 절약된 비용이 푼돈에 불과할 지라도 반드시 돼지저금통에라도 넣어야 한다.

특별하게는 공적인 저축 지원정책을 활용하는 것도 좋다. 최근에는 자산형성 지원 사업처럼 저소득 가구나 청년계층에게 정부나 지방자치단체에서 저축이나 근로를 조건으로 매칭저축을 지원하는 다양한 통장 사업들이 있다. 서울시 희망두배 청년통장과 경기도 청년 노동자 통장 그리고 광주광역시의 청년13(일과 삶)통장 등이 있고, 중앙정부의 청년 희망키움 통장, 청년 내일채움 공제 등 다양한 저축지원 정책들이 있다.
마지막으로 부채가 있는 경우엔 저축보다는 부채를 먼저 정리하는 것을 생각해봐야 한다. 대출이자가 저축이자보다 크기 때문이다. 그러나 대출이 있더라도 대출상환과 동시에 비상금마련을 위한 저축도 시작해야한다. 비상금저축이 준비되어 있지 않으면 예상치 못한 상황에서 추가적인 대출이 더 생길 수 있기 때문이다.

저축하는 여러 방법들

직장생활 4개월째인 청년이다. 급여를 3번 받았다. 부모님과 가족들에게 선물도 했고 친구들과 즐거운 시간도 보냈다. 이제부턴 저축을 해야 할 것 같다. 부모님께서도 그런 말씀을 하신다. 돈을 모아야 된다는 건 당연히 생각하고 있다. 여행자금, 자동차구입자금, 주택자금, 결혼자금 그리고 노후연금까지... 부모님이 권하는 대로 은행 저축이 좋은가? 아니면 주식이나 펀드에 장기간 투자하는 것이 좋은가? 또 급여에서 얼마를 저축해야 정상인가? 일단 취업 하면 돈 벌고 돈 쓰고 돈 모으는 것이 자연스럽게 이뤄지는 것이라 생각했는데 결정하기가 쉽지 않다.

저축은 일단 돈을 쓰지 않고 남기는 것이다. 그리고 모은 돈을 사용하는 것이다. 사람들마다 저축하는 방식이나 모은 돈을 사용하는 방법은 다양하다. 돈을 모으는 과정 자체가 즐거워서 저축하는 사람들이 있고, 돈이 불어난 것을 바라보는 재미로 저축하는 사람들이 있다. 또는 아끼고 줄이고 쓰지 않고 모아서 목돈으로 사용하기 위해 저축하는 사람들이 있다. 저축은 벌고 모으고 쓰는 돈 관리 과정 중의 하나이다. 단순해 보이지만 쉬운 기술은 아니다. 누구나 처음부터 쉽게 잘 하는 것은 어려울 수 있다. 만족할 기술을 익히기 위해서는 적절한 경험과 연습이 필요하다. 이 책에서는 "모아서 잘 쓰는 것"을 중심으로 저축의 기술을 적용한다.

저축방법1.
스스로 넉넉한 스타일, 무계획이 계획이다.

　'월급통장에 쓰다가 남는 돈이 저축이다'라고 생각한다. 가장 단순한 방법이다. 쓰기 전에 돈을 먼저 모으는 것이나 쓰지 않고 남기는 방법이나 별 차이는 없어 보인다. 직장생활 처음이라서 저축을 이렇게 하는 사람도 있지만 의외로 직장생활을 오래한 사람들도 이런 방식을 선호하는 사람들이 많다.

　장점으로는 일단 저축하는 방법이 간단하고 전체 수입보다 무조건 덜 쓰면 된다. 남겨진 돈만 많으면 하고자 하는 어떤 것도 할 수 있다. 단점이 있다면 통장에 남는 돈이 생각처럼 많지 않다는 점이다. 그리고 소비할 때마다 돈을 남겨야한다는 부담 때문에 소비 즐거움이 감소할 수 있다. 가장 큰 문제점은 수입이 적은 것인지 지출이 많은 것인지 원인 파악이 안 된다. 몇 개월 반복되면 허탈해지고 무감각해진다. 결국은 돈 관리에 대한 생각이 사라지게 된다. 이런 저축 방법이 가능하려면 쓰는 돈보다 훨씬 많은 돈을 벌 수 있거나 반대로 돈을 거의 안 쓰는 경우여야 한다.

저축방법2.
스스로 압박 스타일, 나도 나를 못 믿어.

무조건 먼저 남긴다	남은 돈 소비

　월급 받으면 먼저 저축으로 남기고 남은 돈으로 소비하는 방식이다. 흔히 볼 수 있는 방법이고 사회초년생에게 부모님들이 많이 권유한다. 이러면 확실한 건 저축한 돈은 무조건 남는다고 생각하는 것이다.

　장점은 방법이 간단하다. 저축 금액이 눈에 들어오고 불어가는 것도 곧 바로 계산된다. 금방 부자 될 것 같다. 급여에서 저축 후에 남는 금액을 걱정 없이 자유롭게 쓰면 된다. 단점은 저축 후에 쓸 돈이 너무 부족한 경우가 많다. 그래서 저축을 오래 지속하는 것이 어려울 수 있다. 문제점은 취업해서 스스로 돈 벌면 자유롭고 넉넉하게 쓰고 싶었는데 오히려 용돈 받거나 알바 할 때 보다 더 못하다는 생각이 든다. 일하고 돈 버는 재미가 없고 쓰지도 못하는 돈을 버는 모습이 허무하다. 내가 스스로 돈을 모으지 못할 거라는 염려에서 선저축 후지출 방식을 적용한 것이다. 일시적으로 돈이 모이는 것은 확실하지만 지속적이고 즐거운 저축을 하는 것은 어렵다. 내가 나를 인정하고 믿는 마음이 없다는 것에서 문제는 시작되는 것이다. 개선하기 위해서는 저축하기 전에 나의 지출패턴을 파악하는 것을 우선해야 한다. 그리고 현재 소비만족과 미래 지출이 안정적으로 유지되도록 현재 소비금액과 미래 저축금액을 결정해야 한다.

저축방법3.

나름 합리적인 스타일, 목적에 맞게 여러 개로 분산한다.

01 저축	02 저축	03 저축	04 저축	05 저축	남은 돈 소비

목적별로 여러 개로 나누어 먼저 저축하고 남는 금액으로 소비한다. 필요한 곳에 필요한 만큼의 돈을 모으는 저축방법이다.

장점을 정리해보면 여행비나 주거독립자금처럼 돈 쓸 재미를 구체적으로 그려보면서 돈을 모으는 즐거움이 있다. 기간이 짧은 저축들도 있어서 저축 만기가 자주자주 다가오고 지루하지 않다. 실직이나 이직기간에 소득이 중단되어도 모든 저축이 한꺼번에 중단되는 일은 없다. 이런 저축방법의 가장 큰 단점은 저축계획 하는 것이 어렵다는 것이다. 문제점은 사회초년생처럼 스스로의 결정으로 다양하게 돈 쓰는 경험이 부족한 상태에서는 '하고 싶고 즐기는 일' 보다는 '해야 하고 의무적인 일'을 중심으로 저축계획을 세우는 경향이 있다. 완벽한 저축계획을 세워야한다는 강박감으로 저축을 어렵게 생각하고, 심하면 회피하는 결과로 이어질 수도 있다. 모든 계획들이 그렇듯이 사람들의 저축계획도 틀릴 경우가 더 많을 수 있음을 받아들여야 한다. 돈을 쓰고 싶은 욕망은 무한대인데 저축계획으로 어떻게 다 담을 수 있겠는가? 원대하고 장기적인 인생전체의 계획보다는 3개월, 6개월의 짧은 기간 저축이나 100만 원 이하의 적은 금액을 모으는 저축계획을 세우는 것부터 시작하면 좋다.

저축방법4.
색다르고 독특한 저축방법, 저축하는 재미를 더하다.

한 달에 한 번하는 저축보다는 매주 한 번씩 하는 저축이 더 즐거울
수 있다. 아니면 매일매일 저축할 수도 있다. 저축하는 과정을 즐기길
바란다면 다양하고 새로운 방식을 찾으면 더 좋다.

카카오뱅크 26주 적금

출처: 카카오뱅크

매주 마다 정한 금액을 26동안 증액해서 적금하는 방법이다. 처음
3,000원으로 시작했을 때 26주(약 6개월)후 만기 원금은 1,053,000원
이 된다. 부담이라면 1,000원으로 시작해보는 것도 좋고 저축 목적에
따라 3개로 나눠서 진행해도 괜찮다. 모아가는 재미와 일주일 단위 지
출 습관까지도 잡아볼 수 있다. 짧은 만기와 모은 돈 쓰는 재미는 보너
스다.

매달마다 만기 돌아오는 풍차돌리기 적금

　1월달: 5만원 적금시작-적금통장 1개,

　2월달: 5만원 적금시작-적금통장 2개,

　3월달: 5만원 적금시작-적금통장 3개,

　4월달: 5만원 적금시작-적금통장 4개

　...

　11월달: 5만원 적금시작-적금통장 11개,

　12월달: 5만원 적금시작-적금통장 12개

　13개월차 부터는 매월 만기적금을 받는다.

　적금하는 재미는 만기를 기다리는 것! 매달 1년 만기 정기적금을 한 개씩 만들어서 1년에 12개 적금통장을 만드는 것이다. 12개월이 지나면 매월마다 만기가 돌아온다. 또 다른 장점은 매월 늘어나는 저축만큼 강제적인 소비통제를 낮은 수준부터 점점 강화해 갈 수 있다. 지출통제와 저축하는 습관도 기르고 매달 월급 외 또 다른 수입이 생긴다고 생각하니 벌써부터 신날 것 같다. 그러나 무리한 욕심은 금물이다.

크리스마스 저축클럽

　매년 11월에 1년 만기 적금통장을 개설하고 매주 저축한다. 입금한 돈은 1년 이내 찾을 수 없으며 크리스마스 직전에 돌려받을 수 있다. 그러나 이자는 없다. 미국에서 한때 유명했던 저축이라고 한다. 당연히 이 저축의 목적은 오직 '즐거운 크리스마스 보내기'위해 비용을 모으는 것이다. 이자를 얻기 위해서 저축하는 것이 아니다. 중도에 해지할 수도 없다. 행복한 크리스마스축제를 위해 모든 불리한 조건을 스스로 설

정하는 일명 '배수의 진 저축'인 셈이다. 매년 정기적인 여름휴가 저축
과 기념일 파티를 위한 저축으로 사용할 만하다.

저축하기 어려운 이유

저축은 일반적으로 절약하여 모아두는 것이라고 말한다. '저축을 해야 부자 된다' 혹은 '저축하기 위해 절약해라'라는 말은 어릴 적부터 잔소리처럼 들었던 말이다. 저축의 의미를 모르는 사람들은 없겠지만, 저축이 좋은지 모르는 사람들도 없겠지만 아무나 저축을 잘하는 건 아니다. 저축은 단순한 기술이 아니다. 소득이 지속적으로 있어야 하고 예산을 계획할 수 있어야 하고 소비를 절제할 수 있어야 한다. 이외에도 저축하기 어려운 이유는 더 많다.

저축이 어려운 이유1.
안 쓰거나 절약해서 남겨 두어야하기 때문이다.

돈 쓰기는 너무도 달콤한 마시멜로 같은 일이다. 오늘 쓰기에도 돈은 부족하다. 미래도 중요하지만 당장의 현재도 중요하다. 현재의 즐거움과 만족을 포기하거나 줄이고서도 멀쩡하게 생활할 수 있는 사람이 얼마나 될까? 그러나 저축은 오늘 쓰지 않고 절약해서 모아두는 것이다. 그래서 저축하기 어렵다.

저축이 어려운 이유2.

나를 위로해 주는 멋진 광고 때문에?

"부러우면 지는 거야", "열심히 일한 당신 떠나라!" "이자는 가라. 무이자 할부시대다!"

아침에 눈을 뜨자마자 보고 듣는 광고들은 내가 숨 쉬고 있음을 확인하게 해주는 공기의 존재감이다. 항상 공손하고 예쁘거나 새롭고 싱그럽고 건강한 모습으로 다가온다. 전달하는 메시지는 나를 위해 의미 있고 가치를 더해 줄 듯하다. "이자도 낮은데 언제 저축해서 사나요? 지금 바로 무이자 할부로 구입하세요." 단지 하나의 조건. 구매만 결정하면 된다. 구매 후 지불 조건도 모두 가능하도록 준비되어 있다. 즐기기만 하면 된다. 돈을 모아서 욕구를 실현하기엔 기회는 너무나 빨리 사라진다고 염려해준다. 당신의 우선순위가 잘못되었다고 항상 말한다. 우선순위는 지금 바로 구매하는 것이다. 그러면 쾌적한 환경에서 어쩌면 돈도 더 많이 벌 것이기 때문이다. 돈을 모아야 쓸 수 있다는 기본생각이 싹틀 여지가 없다.

저축이 어려운 이유3.
낮은 이자와 이자계산법

신탁해서 늘려봅시다!
손에 쥐면 쓰기마련,
신탁하면 늘기마련
신탁은행의 금전신탁으로
자녀의 학자금 걱정을 없앱시다.

자녀의 출생기념으로
10,000원을 신탁하면?
만25세 때(결혼 때)
3,775,000원이 됩니다.

1971년 7월
월간산 은행 광고

연이자25.2%
이고 25년 동안
377배의 수익이
있다는 광고

　　100만 원을 예금했다면 3억7천만 원이 넘는다는 계산인데 지금도
이런 저축상품이 있을까? 당연히 없다. 그래서 지금은 저축을 안 하는
거다(?). 이자율이 낮아진 것도 있지만 예금과 적금에 대한 이자계산법
을 잘못알고 있는 것도 저축을 방해하는 요소다. 적금하는 사람들은 처
음 생각하는 것보다 받는 이자액수가 너무 작아서 실망한다. 이것은 오
해다. 적금이자율을 잘못 생각하고 있기 때문이다. 예를 들어 연이자율
이 3%인 120만 원을 예금했을 경우 이자금액은 세금 전 36,000원이
지만 월10만 원씩 1년간 적금을 했을 경우 이자금액은 19,500원에 불
과하다. 예금은 1월부터 12월까지 120만 원에 대한 이자가 붙지만 적
금은 1월에 낸 10만 원은 12개월 동안 이자가 붙고, 2월에 낸 10만 원
은 11개월 동안만 이자가 붙는다. 그리고 12월에 낸 돈은 단 1개월의
이자만 붙는다. '으으 어찌 이럴 수가. 최고 높은 이자상품을 찾고 찾아
1년 내내 저축했던 보상이 겨우 치킨 한 마리도 못 사먹는 돈이라니..

저축이 어려운 이유4.
신용카드 때문이다.

　신용카드는 저축과 돈 사용법이 정반대다. 저축은 필요한 돈을 모아서 사는 행위이고 신용카드는 먼저 구매하고 모아서 갚는다. 저축은 현재의 소비를 참고 미래를 대비하는 것이다. 반면 신용카드는 미래의 수입을 담보로 현재를 소비하는 행위이다. 대출해서 현재 소비를 하는 것이다. 결국 신용카드는 과도한 지출을 하게하고 저축을 방해하며, 쓰고 벌고 갚는 악순환 생활구조로 만들어 버린다. 신용카드를 쓸 때마다 우린 대출계약서를 작성하는 것이다. 우린 매일 돈 빌리는 사람이다.

저축 잘하는 방법

    저축하기 힘든 이유를 다시 정리해보면 미래에 돈 쓸 계획이 명확하기 않았기 때문에 소비를 억제하기 힘들었고, 신용카드 유혹에 넘어갔고, 낮은 이자 핑계를 댔다고 할 수 있다. 저축을 잘 하기 위해서는 '돈을 모으는 것'과 '모은 돈을 쓰는 것' 보다 먼저 '돈을 써야할 일'을 찾아내는 것이다. 미래에 돈 쓸 계획이 있고 이를 준비해가는 과정을 무리 없이 잘 진행해 가는 것이 저축 잘하는 기술이고 방법이다.

저축 잘하는 방법1.
지금 당장 저축을 시작한다.

    저축은 지금 바로 하는 것이다. 돈 벌고 나서 시작하는 것이 아니다. 굳이 말하면 돈을 쓰는 사람은 누구나 저축을 할 수 있다. 용돈 받는 학생이나, 취준생이나, 이직을 고민 중인 불안한 직장인이라 하더라도 저축은 바로 지금 시작하는 것이다. 저축은 돈을 지출하는 방법 중의 하나이다. 오늘 쓸 돈과 내일 이후 쓸 돈을 나누고, 내일 이후 쓸 돈을 모아두는 것이 저축이다. 지출과 저축은 항상 같이 있다. 스스로 돈을 버는 사람만 돈을 쓰는 것은 아니다. 소득이 없어도 우리들은 돈을 쓰고 산다. 심지어 어릴 때부터도. 지극히 상식이지만 이 부분을 간과하곤 한다. 누구라도 현재가 있고 미래가 있다. 지금 써야할 돈이 있고 나중에 써야할 돈이 있다. 적든 많든 나중에 써야할 돈을 절약하고 남기는 것이 저축이다. 돈을 쓰는 방향은 세 갈래다. 과거에 쓴 돈(빚), 지금 쓸 돈(삶), 내일 쓸 돈(꿈). 지금 삶을 위해 쓸 돈을 남기고 저축해서 과거에 쓴 빚도 갚고, 내일 쓸 돈도 준비하는 것이다. 지금 이순간이 바로 돈을 쓰는 시간이고 저축도 할 수 있는 때이다.

저축 잘하는 방법2.
연지출 여윳돈을 준비하는 저축이 1순위다.

연지출은 지출항목 중에서 명절, 생일, 휴가, 경조사처럼 1년에 한두 번 거의 고정적으로 지출되는 비용이다. 지출시기가 일 년 중 어느 날로 정해져 있거나 갑자기 알려오는 경조사도 있지만 필수적인 지출이다. 명절, 휴가처럼 1회 지출비용이 상당히 목돈이라는 것도 특징이다. 목돈을 해결할 방법은 저축하거나 빌리는 방법이다. 미래의 지출을 준비하는 것이 저축이지만 사람들은 미래의 일을 정확히 예측할 수 없다. 다행히 먼 미래보다는 가까운 미래를 준비하는 것이 더 쉽다. 이보다 매년 봄 여름 가을 겨울을 반복하는 1년을 준비하는 건 어렵지 않을 것이다. 1년을 기준으로 수입과 지출과 저축을 관리하는 것이 합리적이다. 1년 단위로 생활 패턴이 비슷하게 반복된다. 올해 8월의 비용을 예측하려면 작년 8월을 살펴보고 비교분석하는 것이 더 낫다. 1년의 생활을 안정되게 지냈다는 것은 다음의 1년도 안정된 생활을 할 수 있다는 의미이다. 이런 생활을 보장하는 것이 연지출 여윳돈 저축이다. 이런 경우의 연지출 여윳돈을 비상금 저축으로 생각해도 괜찮다. 여윳돈의 크기는 각자의 지출패턴에 따라 다르겠지만 청년들의 경우는 대략 100만 원이면 충분하지 않을까?

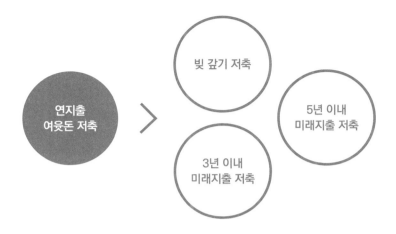

저축 잘하는 방법3.
5년 이내 저축과 빚 갚기 저축에 집중한다.

　연지출 여윳돈 저축이 마무리 되면 빚 갚기와 3년에서 5년 이내 저축
을 시작한다. 개인 취향에 따라 빚 갚기와 저축금액을 배분하면 된다.
빚 갚기를 선호하면 빚에 집중해도 되고 5년 이내 저축이 중요하면 그
쪽으로 많은 금액을 배분하면 된다. 똑같이 나눠서 저축해도 되고 한곳
에 집중해도 된다. 이때는 빚 갚기와 저축에 금액이 많이 들어가는 것
이 최선이다. 왜냐하면 이미 연지출 여윳돈 즉 비상금저축으로 안정적
인 생활이 유지되고 있기 때문이다. 만기가 10년 이상인 장기 저축은
사회초년생 시절에는 시작하지 않는 것이 좋다. 연금보험처럼 이미 부
모님이 가입해둔 상품이 있더라도 본인이 받아서 납부하는 것은 최소
5년 이후로 미루는 것을 부모님과 협의하면 좋다.

　확인할 내용은 빚 갚기 저축도 일종의 저축으로 생각해야 한다. 현재
를 위해 소비하지 않고 아껴서 과거 빚에 사용하기 때문이다. 빚을 갚는

것과 단순 지출을 구분해야 한다. 빚 갚기 저축은 학자금 대출이나 자동차할부처럼 원금이 줄어드는 것을 말하고, 전세대출 이자상환 같이 원금이 줄어들지 않는 것은 빚 갚기가 아니고 주거비 지출일 뿐이다.

저축 잘하는 방법4.
나의 지출패턴을 파악한다.

　나의 지출패턴을 파악하는 것이 저축 잘하기 위한 필수과정이다. 어떤 것에, 어떤 환경에서 행복하고 만족하는 지출이 있는지를 파악해야 한다. 우리는 현재도 살고(소비) 미래도 살고(저축) 과거에 걸려서도(빚 갚기) 생활한다. 어느 지점이 충분하고 부족한지가 지출패턴에서 나타난다. 현재도 만족해야 하고 미래에 대한 희망이 있어야 한다. 지금 있는 돈을 현재의 삶을 위한 지출과 미래를 위한 저축으로 구분해야 한다. 현재소비가 적절한가? 사용금액은 적당하고 소비생활에 만족한가? 적절함을 유지하면서도 줄일 수 있는 금액은 얼마 정도일까?를 파악한 후 저축 금액을 정해야 한다. 미래의 행복을 위해 저축하면서 현재를 희생하는 것이 바람직한 일인지 신중하게 살펴봐야 한다.

월고정지출	주거생활비, 통신비, 보장성보험료, 공공보험료, 자녀교육비, 회비, 기부, 대출상환, 저축, 용돈
월수시지출	식비, 생활용품비, 자녀비용, 외식비, 여가비, 교통비
연지출	자동차유지비, 병원비, 의류피복비, 미용, 화장품, 가구가전, 세금, 경조사, 명절, 교육비, 여행, 휴가

저축 잘하는 방법5.
신용카드 없이 5년을 생활 한다.

신용카드는 돈에 대한 문명사에서 가장 인간적인 창조물이다. 지니의 요술램프 같이 환상적인 것이다. 누구에게나 돈 쓸 자유를 선물한 것처럼 보인다. 그러나 돈 관리 근육이 탄탄해지기 전에는 신용카드 사용을 가능한 멀리해야 한다. 돈 쓰기에서 항상 행복하기를 원한다면 먼저 돈 버는 불편과 저축하는 불편이 있어야 한다는 진리를 또 다시 생각해 본다. 인간은 생각하는 동물이라 했지만 실제로 인간은 생각하는 걸 싫어한다고 한다. 생각하는 것에는 에너지 소모가 많기 때문이라고 하는데 그래서 그런지 웬만하면 생각 없이 관성대로 살려는 것이 유전적 특질인가보다. 돈을 쓰는 것도 그렇다. 돈쓰고 싶지만 돈쓸 계획을 세우는 건 귀찮다. 적어도 사회초년시절에는 5년 정도는 신용카드 없이 현금중심으로 소비하는 연습을 해보면 좋다.

저축 잘하는 방법6.
이자를 생각하지 않기, 은행에 감사하기

적금을 하기 위해 은행에 간다면 원금을 확보하는 것이 중요한가? 이자를 조금이라도 많이 받는 것이 중요한가? 물론 두 가지 다 중요하다. 그러나 적금의 본질에 충실하기 위해서는 선택을 해야 한다.

적금의 본질은 목돈으로 쓰기위해 필요한 원금을 모아가는 것이다. 여기에 이자가 도움 되는 금액이라도 된다면 좋겠지만 현재는 그렇지 못하다. 사람의 심리정서에 공돈으로 인식되는 이자의 영향성이 적지 않지만 적금할 때는 마음정리를 해야 한다. '나의 돈을 보관료도 받지 않고 안전하게 보관해주는 것을 감사한다. 적은 이자나마 잊지 않고 챙겨주는 것도 감사한다.' 이렇게 마음정리를 한 후 매달 원금이 불어나는 것에 집중한다. 이자율보다 더 중요한 것은 월 저축 원금에 1천원이라도 더 늘리는 것이다. 다만 이자에 대한 관심은 목돈을 예금할 때는 필수적으로 필요하다.

저축 잘하는 방법7.
저축에 대한 공부와 경험을 넓히는 것이다.

사실 저축을 하는 것은 어렵다. 인간으로서 미래를 정확하게 예측하는 것이 어려운 일이고, 돈이 그대로 있는 것이 아니라 변하기 때문이다. 지금 여윳돈 1천만 원이 있다면 어떤 방법으로 저축해야 하는가? 돈을 모으는 과정에서 혹시라도 돈의 가치가 현저하게 줄어들어 버린다면 이런 저축은 너무도 잘못된 저축이다. 지금 1천만 원과 30년 전 1천만 원의 가치를 생각해보면 쉽게 이해할 수 있다. 목돈이 없을 때는 절약해서 모으는 것이 힘들고, 돈이 있으면 유지하고 관리하는 것이 힘들다.

저축은 목적에 따라 크게 두 가지로 구분할 수 있다. 지출을 효율적으로 관리하기 위한 지출관리형 저축과 돈의 교환가치를 계속 유지하고 증가시키기 위한 투자형 저축이 있다. 다시 투자형 저축은 현금저축과 실물자산저축으로 구분할 수 있다. 흔히 시작하는 종자돈 모으기 저축은 투자형 저축에 속한다. 종자돈을 모으는 과정은 지출관리형 저축을 통해 모았지만 그 이후는 투자형 저축으로 운용해야 한다.

투자형 저축은 어떻게 운용해야 하는가. 전문가에게 무조건 맡기면 되는가. 진짜 전문가를 어떻게 알아낼 수 있을까. 전문가가 나의 돈을 잘 관리해줄까? 이처럼 종자돈을 모으는 데는 성공하였더라도 그 다음 저축하는 방법(예금이나 투자)을 알지 못하면 만족한 결과를 내기 어렵다.

실제로 일생동안 우리들은 현금과 실물로 된 자산을 소유하고 유지하고 처분하면서 삶을 영위해 간다. 실물자산들이 보이지 않고 멀리에 있는 투자대상이 아닌 것이다. 일명 투자라고 말할 수 있는 실물자산저축에 대한 기초지식과 경험을 쌓는 것은 모든 사회초년생들에게도 지속적으로 필요하다.

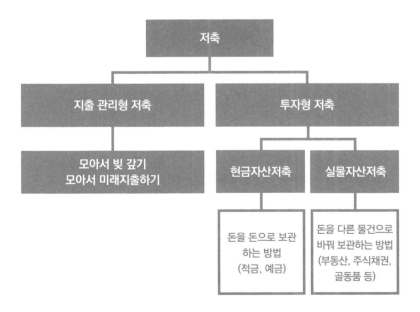

[에피소드] 냉장고 교체하기: 저축이냐 vs 할부냐

'냉장고가 10년이 넘었다. 가끔씩 덜덜거리는 소음이 난다. 청소를 열심히 해도 찌든 때 냄새도 난다. 친구 집에 새로 들여온 신형냉장고가 눈에 선하다. 빨리 교환하면 좋겠다. 당장 냉장고 구매를 위해 준비된 돈 200만 원이 없다. 다행히 세일 시즌이라 10개월 무이자 할부조건을 활용하면 좋겠다. 그런데 지난 번 들었던 "알면서도 당하는(?)소비"에 대한 교육내용이 생각난다. 시간이 걸려도 저축해서 구매하는 방식을 권했었다. 당장 가서 할부로 가져올까 아니면 10개월을 저축해서 구입해야 할까?'

저축	냉장고교체	할부
저축액=이익	소비자신감 행복적응현상 손실회피심리 통제력 성취감 선순환	할부금=손해

구매시점의 심리: 할부 구매는 소비자신감을 향상시킨다.

할부로 구매할 때 소비자신감이 높아지면서 구매 욕구를 활성화한다. 할부구매는 외상으로 구매할 때 느끼는 공짜심리가 발동하고 쇼핑기분을 상승시킨다. 여기에 더해 일시완납이 아닌 작은 금액으로 나누어 내는 할부조건은 소비자신감을 최상으로 올릴 수 있는 조건을 제공하는 것이다. 반면에 10개월 저축을 거쳐서 구매하는 시점이 너무 멀게 느껴진다. 구매욕구가 떨어진다. 쇼핑몰에서 무이자 할부라는 말을 듣는 순간 구매 욕구는 급상승한다. 무이자 할부로 구매하여 행복하다. 이제 3개월이 지났다.

3개월이 지난 후 심리: 행복적응현상 발동

쾌락적응현상이라고도 한다. 진화과정에서 형성된 심리적 면역체계라 할 수 있다. 무언가를 얻으면 영원히 행복할 것 같고, 무언가를 잃으면 영원히 불행할 것 같지만 인간의 심리는 행복이나 슬픔을 완화시켜 평상시의 상태로 돌아오는 것을 말한다. 새 냉장고를 무이자 할부로 구매하여 사용한 지 3개월이 지났다. 여전히 새 냉장고를 바라보는 행복한 감정은 남아있지만 처음의 행복감은 아니다. 어느 순간엔 원래 냉장고인가 하는 생각도 든다. 행복감이 줄어들면서 평범해진 감정이 되고 있는 것이다.

반면에 월 20만 원씩 저축을 하는 사람은 그동안 저축하는 행복을 느끼기보다 고통을 겪는 시간이었다. 앞에서 저축하기 어려운 이유를 살펴보았듯이 저축은 현재의 지출만족을 포기해야하는 일이다. 월저축 20만원의 의미는 매월 20만 원 만큼의 여유지출을 못하는 고통을 겪게 된다는 뜻이다. 새 냉장고에 대한 기대감으로 참고는 있지만 첫 달은 매우 힘들었다. 그러나 3개월이 지나니까 이제는 20만 원이 없어도 생활하는데 크게 불편하지는 않는 듯하다. 이렇게 고통도 적응이 된 것이다. 행복에도 적응하고 고통에도 적응하는 사이 또다시 6개월이 지났다.

6개월이 지난 후 심리: 손실회피심리 발동

새 냉장고를 구입한지 6개월이 지났다. 우편함에 할부 지로용지가 들어 있다. 냉장고 할부금을 내야한다. '지금까지 다섯 번 밖에 결제를 안했었나? 난 얼추 다 끝나가는 줄 알았는데...' 슬슬 할부결제가 부담으로 다가오고 있는 것이다. 10번 중에 5번을 결제했고, 저축을 하는 쪽은 10번 중에 5번을 똑같이 저축한 것이다. 행동경제학에서 사람은 할부결제를 하는 경우에는 손실로 받아들이고 적금을 하는 경우에는 이익으로 받아들인다고 한다. 또 손실은 민감하게 받아들이고 이익은 둔감하게 느낀다고 한다. 간단히 정리하면 사람은 이익을 보는 것 보다 손해를 보지 않으려 행동한다는 것이다. 이렇게 손해 보는 것을 싫어하는 심리를 손실회피심리하고 한다. '할부는 끝나는 게 너무 오래 걸려, 그런데 적금은 처음엔 지루했는데 어느새 끝났어'라는 소감을 어렵지 않게 들어볼 수 있다. 무이자 할부로 새 냉장고를 구입한 고객은 이제부터 남은 다섯 번의 결제 때마다 손실의 느낌을 경험하게 되면서 새 냉장고의 단점을 찾는데 익숙해져 간다.

10개월이 되었다: 통제력과 성취감

무이자 할부와 무이자 저축으로 구매하는 경우 어느 쪽이 성취감이 더 높을까? 저축하는 쪽이 더 높을 것 같다고 생각하는 것이 상식적일 것이다. 사람이 합리적이라면 두 가지 방법 모두 성취감은 동일할 것이다. 통제력에서도 그럴 것이다. 총량 200만 원으로 얻을 수 있는 성취감과 200만 원을 소모하면서 겪는 부정적인 욕구를 통제하는 것도 동일할 테니까. 문제는 사람이 고전 경제학에서 설정한 명확하고 욕구에 맞게 자원(돈)을 배분할 수 있을 정도로 합리적이지는 않다는 것이 많은 연구에서 밝혀지고 있다. 사람은 합리적이기도 하고 비합리적이기도 하다는 것이다.

돈의 흐름과 감정의 흐름은 순행한다.

마지막으로 살펴봐야 하는 부분은 어떤 선택이 선순환에 기여하는가이다. 돈의 흐름에 따라 감정의 흐름을 살펴볼 수 있다. 안정적인 돈 흐름에는 감정상태도 평온하다. 돈 흐름이 악순환일 때 감정 또한 복잡하다. 냉장고를 구입하는 10개월의 기간 동안 전체비용 200만 원의 경제적 계산 외에도 감정적인 요인도 항상 함께 하고 있다는 것을 확인 할 수 있었다. 이런 사실로도 지출관리를 잘 해야 하는 충분한 이유가 있다.

학습확인하기

1. '돈을 모으는 것'과 '모은 돈을 쓰는 것' 보다 먼저 생각해야 할 것이 있다. 바로 (   )을 찾아내는 것이다. 이렇게 저축이란 "쓰기 위해서 모으는 것이다."로 정리할 수 있다.

2. 저축하는 순서는 '연지출 여윳돈 저축' → '5년 이내 저축이나 빚 갚기 저축' 순서로 생각하고 저축금액을 배분하는 것이 바람직하다.
(○ , ×)

3. 사회초년생은 5천만원, 1억원 등 종자돈 만들기 저축을 우선적으로 시작해야 한다. (○ , ×)

나의 생활에 한 가지씩 적용하기

현재 저축하고 있다면 목적, 금액, 이자율 등 구체적으로 파악해보자.
또는 향후 저축계획을 세워보자.

사회초년생의 저축통장

저축상품1. 청년 우대형 청약저축

적정가입금액과 만기

- 월10만원으로 공공임대주택이나 행복주택 등에 청약할 때까지 계속 납입 유지한다.

구분		기존 주택청약종합저축	청년 우대형 청약통장
가입자격		누구나 가입 가능	나이,소득, 무주택 등 제한 있음
혜택	금리	연 최대 1.8%	연 최대 3.3%
	비과세	없음	이자소득 비과세
	소득공제	연간 최대 96만원	연간 최대 96만원

- 이자는 최대3.3%이고 이자소득세(15.4%)를 면제해준다. 매년 연말 정산할 때 최대 96만 원까지 소득공제를 받을 수 있다. 가입조건은 만19세 이상 34세 이하이고 무주택 세대주 청년이다.
- 공공임대주택에 입주하여 주거비를 낮춘다.
- 은행 및 보험저축상품보다 유리하다.
- 10년동안 주택자금 최대 5천만 원 만들기를 목표로 한다. 비과세와 소득공제조건을 활용한다. 다음 표는 매달 10만 원~30만 원씩 10년간 납입했을 때 기존 청약통장보다도 123만 원에서 352만 원까지 증가한다는 국토교통부 예시자료이다.

월 납입금액	10만원	20만원	30만원
이자	200만원	396만원	594만원
비과세	31만원	61만원	82만원
소득공제	72만원	144만원	144만원
총계	303만원	601만원	820만원
청약저축대비증가액	+123만원	+241만원	+352만원

주의사항

- 다른 저축대신에 청약통장에만 돈을 많이 저축해두면 정해진 만기가 없어서 돈을 꺼내 쓸 수 없다.
- 급전이 필요할 때는 저축담보대출을 활용하고 통장해약은 최후의 방법으로 써야한다. 그동안 납입한 기간의 이익이 사라진다.
- 이자조건과 소득공제를 이용해도 도움이 되지만 사용용도를 오직 임대주택청약을 위한 조건으로만 생각하고 평상시에는 월 10만 원으로 유지하고 비상시에는 최저 월 2만 원으로 조정한다.
- 가입조건이 안 될 경우 일반 청약저축가입 후 조건이 되면 전환한다. 은행에 가서 기존 통장을 해지하고 신규통장을 가입한다.

저축상품2. 은행적금

상품: 모든 은행 적금상품
주의사항

- 저축계획을 세운 후 실행한다.
- 목적별로 나눠서 여러 개를 동시에 저축한다.
- 처음엔 만기를 짧게 설정한다.
- 이자 때문에 멀리있는 은행에 가지 않는다.

주택보증금저축

통장이름: 나의 보금자리

목표금액: 1천만 원

월저축: 165,000원

저축기간: 5년

(1차:2년, 2차:3년 만기)

- 통장이름은 "나의 보금자리"
- 목표금액은 최소한의 보증금 1천만 원이다.
- 월 저축액은 165,000원
- 2년 3년으로 저축기간을 쪼개서 실행한다. 5년 저축은 장기저축이기 때문에 2년 만기 후에 다시 3년 만기 저축을 한다. 장기저축을 위한 연습저축이라고 생각하면 좋다.

결혼식비용저축

통장이름: OO's 웨딩

목표금액: 1천만 원

월저축: 165,000원

저축기간: 5년

(1차:2년, 2차:3년 만기)

- 행복하고 멋진 이름을 지어주세요.(OO's 웨딩)
- 목표금액 1천만 원, 월 저축액은 165,000원
- 2년 3년으로 저축기간을 쪼개서 실행하면 부담이 줄어든다.
- 결혼계획이 없으면 주택보증금으로 사용하면 좋겠죠?

의류 및 미용비 저축

통장이름: 나의 멋

목표금액: 80만 원

월저축: 65,000원

저축기간: 1년

(1차:6개월, 2차:6개월 만기)

- 6개월 적금기간
- 월 저축액 65,000원
- 옷 사고 미용하는 것도 저축해서 해야 하나요? 당장 사고 싶은데 어떻게 돈 모을 때까지 기다려요? 기분 풀이로 쇼핑도 해야 하고 미용도 해야 하는데~
- 적은 돈이라도 더 행복한 소확행 저축 강추!

통장이름: 혹성탈출 목표금액: 1백만 원 월저축: 80,000원 저축기간: 1년 (여행 없으면 다음 해 이월)	• 저축기간 1년 • 목표금액 100만 원 • 월 저축액 8만원 • 여행도 저축을 해서 가야하나요? • 당연하죠. 저축해서 가는 여행은 신용카드로 가는 여행보다 3배는 더 즐겁다. 계획하고 돈 모으는 과정이 즐겁고, 여행가서 여유 있고, 돌아와서 돈 걱정 없어서 좋다.

자동차구입저축

통장이름: 자동차 목표금액: 2천만 원 월저축: 320,000원 저축기간: 5년	• 목표금액 2천만 원 • 월 저축액 32만 원 • 저축기간 5년 • 저축할까 할부로 구입할까? 자동차는 또 하나의 부양가족이다. 비싸고 끊임없이 관리비용이 들어간다. 저축으로 구매하려는 생각은 좋다. 일단 저축을 시작하면서 자동차구입의 장단점을 구체적으로 파악해본다.

저축상품3.연금보험, 변액연금

권유단계: 일단 미룸, 직장생활 5년 후 가입 판단

상품특징: 노후자금과 목돈마련을 위한 장기상품이고 10년 이상 가입할 때 이자 소득세(15.4%)를 면세해주는 상품이다.

주의사항

• 보험설계사가 권유하고 은행에서도 판매하고 있는 보험 상품이다.

- 최소 20년 이상은 납입하고 유지해야 복리효과도 발생한다.
- 장기간 유지하기가 어렵다. 가입자 중 10년이 지나면 80%는 이미 해약하였다. 중간에 해약하면 손해가 클 수 있다.
- 노후문제는 연금상품 하나로는 해결하기 어렵다.
- 주택보증금, 결혼자금, 자동차구입 등 5년 이내 저축을 먼저 시작하면 좋다.

저축상품4. 연금저축보험

권유단계: 일단 미룸, 직장생활 5년 후 가입 판단
상품특징: 노후자금목적이고 매년 연말정산에서 세액공제를 받을 수 있는 상품이다.

주의사항
- 취업 후 주변 보험설계사가 가장 먼저 권유하는 상품이다.
- 은행에서 더 적극적으로 판매하고 있는 보험 상품이다.
- 매년 세액공제 혜택을 받을 수 있다고 홍보한다.
- 가입자의 근로소득에 따라 세액공제 혜택이 거의 없을 수 있고, 장기간 수익률도 낮다.
- 5년 이내 해약하면 그동안 받은 세액공제금액을 돌려주어야 한다.
- 주택보증금, 결혼자금, 자동차구입 등 5년 이내 저축상품이 우선이다.
- 비슷한 상품으로는 증권회사 연금저축펀드가 있다. 납입을 중단해도 해지되지 않는 특징이 있다.

저축상품5. 펀드투자

권유단계: 소액으로 ETF상품으로 경험

상품특징: 증권회사 상품으로 원금 손실 위험이 있는 투자 상품이다.

주의사항

- 펀드도 주식과 채권으로 구성된 금융상품이다.
- 먼저 공부와 경험이 필요한 금융상품이다.
- 분산투자, 장기투자, 간접투자 원칙을 지키면 안전하게 수익을 낼 수 있다지만 확실한 것은 아니다.
- ETF상품으로 소액투자 연습을 하면 좋다.

저축상품6. CMA통장

권유단계: 특별한 실익은 없음

상품특징

- 증권회사 통장으로 하루만 잔고가 있어도 이자가 붙는 통장
- 금융상품 투자의 출입문

주의사항

- 은행의 입출금 통장은 이자가 거의 없는데 CMA통장 연이자는 1.5~1.9%로 많은 것은 사실이다.
- 통장에 놀고 있는 잔고가 있는 사람들이 사용하면 좋다.
- 지금 당장 개설하지 않아도 손해날 일 없다.
- 증권회사에 가지 않고 비대면으로 개설가능하다.

저축상품7. 자산형성지원 저축

　자산형성지원 저축은 저소득 가구나 청년계층에게 저축장려금을 매칭(matching)해줌으로써 자산형성을 지원하는 복지정책이다. 지원하는 금액은 적게는 100만 원에서 많게는 3년 동안 2천여만 원까지 다양하다. 다음 표는 현재 시행하고 있는 통장사업이다. 조건이 되는 청년들은 적극적으로 활용하면 좋다.

청년지원통장	청년 내일채움공제	고용노동부
	청년재직자 내일채움공제	중소밴처기업부
	서울시 희망두배 청년통장	서울시
	청년희망날개통장	부산시
	청년희망적금	대구시
	청년13통장	광주시
	대전 청년희망통장	대전시
	경기도 청년 노동자 통장	경기도
	열혈청년 패키지사업	충남
	전남 청년 희망 디딤돌 통장	전남

학습확인하기

1. 여러 목적별로 저축통장이 나뉘어 있으면 소득의 변화에 대응해서 유연하게 조정할 수 있다. (○ , ×)

2. 저사회초년생일 때부터 노후 준비를 일찍 시작하면 적은 금액으로도 복리효과를 누릴 수 있어서 유리하다. 장기저축(투자)상품인 연금저축(연금보험, 변액연금)상품을 가장 먼저 가입해야한다. (○ , ×)

3. 최대이자는 3.3%이고 소득공제와 비과세혜택이 있고, 무주택 세대주인 만19세에서 34세 청년만 가입 가능한 통장은 무엇인가?

나의 생활에 한 가지씩 적용하기

청년 우대형 청약저축 가입조건을 자세하게 알아보고 가입해보자.

제3장

보험:
위험지출 관리

"

보험이란 질병이나 사고로 재산상 큰 손실이 발생할 때 약속된 금액 혹은 실제손해금액으로 손해를 보상하는 경제 제도다. 큰 일이 생겼을 때 혼자서는 그 손해나 손실을 감당하기 힘들어서 많은 사람이 모여서 큰돈을 만들고 사고를 당한 사람에게 그 돈을 준다는 얘기다. 보험의 효과시점은 현재 또는 가까운 미래이다. 현재에서 발생한 경제적 위험에서 극복해 나갈 수 있도록 최소한의 방패 역할을 한다. 다소 먼 미래의 경제적 위험을 대비하는 것은 저축이 좋다.

"

다양한 위험의 종류와 관리 방법

　위험예방에 사용되는 지출도 적절한 관리가 필요하다. 보험으로 관리하는 구체적인 위험은 "예기치 못한 질병과 사고로 인해 돈이 부족해지거나 없어지는 것"이고, 위험관리는 "저축한 돈이 없더라도 돈이 부족해서 곤란한 상황을 초래하지 않게 만드는 것"이다. 사전에 보험료를 내고 사후에 보험금을 받아서 위기관리를 하는 것이다. 젊은 가장의 사망보험, 암 걱정에 암보험, 간병이 걱정돼서 간병보험, 치매 걱정에 치매보험, 노후 생활비를 위한 연금보험 등 상품으로 개발된 많은 보험이 있다. 위험관리의 원칙을 살펴보고 사회보험과 민영보험을 활용한 구체적인 방법을 찾아본다.

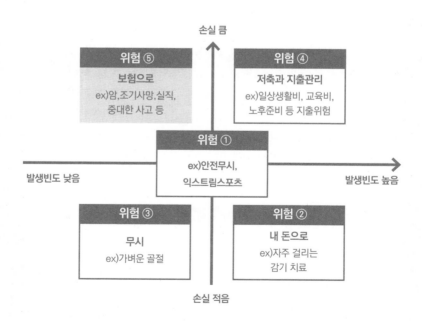

위험① 은 사고 발생 빈도도 높고 손실도 크다. 가능하면 피하는 것이 원칙이다. 예를 들면 해외 선교활동을 위해 무리하게 분쟁지역을 방문하거나, 안전장비 착용 없이 작업하거나, 빙벽등반이나 산악자전거 같은 위험한 스포츠를 하는 경우이다. 이런 위험을 관리해줄 보험은 없다(개발할 수 있으나 가입비용이 너무 크다).

위험② 는 발생 빈도는 높은 편이나 경제적 위험을 줄 정도의 손실은 아니다. 예를 들면 감기에 걸리는 경우이다. 위험관리는 자연스러운 일로 받아들이는 것이다. 감기에 걸릴까 염려된다면? 평소 건강관리에 신경 쓰고 그래도 감기에 걸리면 치료 받으면 된다. 감기치료비를 준비하기 위해 저축도 필요 없고 보험가입도 필요 없다.

위험③ 은 발생 빈도도 낮고 손실도 크지 않다. 위험 관리 원칙은 운이 나빠서 이런 일이 생겼다고 생각하고 그냥 무시한다. 별도로 보험이나 저축을 준비할 필요 없다.

위험④ 는 우연한 사고가 아니고 필연적이어서 보험으로 관리할 수 있는 영역은 아니다. 이런 위험은 수입과 지출관리를 잘하는 것으로 관리할 수 있다. 꾸준하게 소득을 유지할 수 있도록 직업역량을 향상하고 지출관리를 잘 해야 하고 저축을 통해 여윳돈을 준비하면 된다. 만약 일상생활을 유지하기 어려울 정도라면 최저생계비나 교육지원과 임대주택 지원 같은 사회보장제도를 활용해야 한다.

마지막으로 위험⑤ 를 관리하기 위해서는 보험이 필요하다. 발생 빈도는 낮으나 사고 시 가계에 엄청난 경제적 충격을 가져올 수 있다. 예를 들면 암, 뇌질환, 심장병, 신부전 등 중대한 질병이나 활동하기 힘들

정도의 사고로, 경제활동 중단 및 치료비 손실이 과중해서 비상금 저축과 사회보험으로도 감당하기 어려울 수 있다. 위험관리는 사회보험을 기본으로 하고 민영보험 상품을 구매하여 보완한다.

사회보험과 민영보험 활용하기

사회보장제도를 통해 개인의 예기치 못한 위험과 재난의 충격을 완화시킬 수 있다. 개인이 어떠한 불행을 당하더라도 최소한의 인간다운 생활을 보장할 수 있도록 사회보험과 공공부조 및 사회복지서비스 제도가 있다.

사회보험(社會保險)은 산업재해 및 실업과 질병 등으로 인하여 소득이 상실되었을 때를 대비하여 국가적으로 보장하고 있는 보험으로 국민연금과 건강보험 및 산재보험과 고용보험이 있다. 사회보험 가입은 강제되며 보험료는 혜택을 받는 개인과 고용주 또는 국가가 나누어 부담한다.

공공부조(公共扶助)는 생활 능력이 없는 사람에게 최저한의 생활 보호를 위해 마련된 제도로, 비용전부를 국가가 부담하여 1인 가구 최저생계비 월 527,158원 부터 4인 가구 1,424,752원(2020년 기준) 등을 지원하는 국민기초생활보장제도가 대표적인 예이다.

사회복지서비스는 국가적인 보호가 필요한 취약 계층을 대상으로 이들이 정상적인 생활을 할 수 있도록 도와주는 여러 비경제적인 지원제도이다. 주로 아동, 노인, 장애인을 위한 복지제도가 여기에 포함된다. 일반 사람들은 공공부조와 사회복지서비스를 아울러 사회복지라고 인식하고 있다.

사회보장제도
-사회보험
-공공부조
-사회복지서비스

사회보험	민영보험
국민연금	생명보험
건강보험	손해보험
고용보험	
산재보험	

보험 선택의 원칙 1

사회보험 혜택을 먼저 살펴보고 부족한 것을 민영보험으로 보완한다.

사회보험	민영보험

사회보험이 발전하면 상대적으로 민영보험의 역할은 축소된다. 실손의료비 보험의 경우에 병원에 내는 돈이 없으면 보험을 통해 돌려받을 돈도 없기 때문이다. 사회보험의 역할을 잘 살펴보고 민영보험을 선택하는 것이 필요하다. 개인의 경제적 위험을 보장하기 위한 사회보험의 역할이 매우 다양하지만 현재는 사회보험으로 완벽한 보장이 되는 것은 아니어서 민영보험으로 보완해야 되는 경우를 생각해야 한다.

다음 표는 위험에 따라 손실 내용과 적합한 보험을 정리한 것이다. 대표적인 위험의 경우를 젊은 나이에 사망하는 경우와 중대한 장해와 질병 및 실직 또는 노후로 구분하였다.

관리할 위험	손실내용	활용가능 한 보험	
		사회보험	민영보험
젊은 나이 사망	소득상실	산재보험	사망보험
중대한 장해	치료비 소득감소·상실	산재보험, 건강보험	실손의료비보험 장해진단특약
중대한 질병	치료비	산재보험, 건강보험	실손의료비보험
노후, 실직	소득감소·상실	국민연금, 고용보험	연금보험

가족을 부양하고 있으면서 젊은 나이에 사망하는 경우에는 소득상실로 남은 가족들의 생계가 어려워진다는 점이 최고의 위험이다. 길지 않은 직장생활 동안에 저축으로 충분한 생활비를 준비하기는 어렵다. 직장생활 중 업무관계 사망이라면 산재보험에서 보장받는 것이 최선이고, 산재보험 미가입자나 해당 범위 밖이라면 민영보험회사의 사망보험에 가입할 필요가 있다. 이때 적절한 사망보험 상품은 정기보험이다. 정기보험은 종신보험과 달리 60세 만기, 70세 만기 등으로 정해진 기간 안에서 보장을 받기로 약속한 상품이기 때문에 보험료가 매우 저렴하다. 자녀나이가 25세~30세 되는 시점까지 기간을 설정하면 좋다.

중대한 장해와 질병의 사고일 때는 치료비 부담과 치료기간 중 소득 공백으로 생활이 어려워지는 위험이 있다. 이런 사고를 대비한 비상금 저축으로 긴급 치료비를 결제하는 등의 도움이 될 수 있지만 비상금의 한계 상 근본적인 대안으로는 부족하다. 보험제도로 보완해야 한다. 사고자가 산재보험 대상이라면 치료 종료까지 치료비와 소득에 대한 부담 없이 치료에 전념할 수 있다. 산재에 해당이 안 된다면 건강보험과 실손의료비 보험으로 치료하고 진단비 보험으로 감소된 소득을 보충할 수 있다. 이때 필요한 민영보험은 실손의료비 보험과 암, 급성심근경색, 뇌졸증 등 질병 및 장해 진단비 보험이다. 이 경우에도 과도한 보험가입은 금물이다.

마지막으로 실직과 노후로 인한 손실내용과 보험활용방법이다. 근로소득자가 실직하면 가계 생활 위험에 직격탄이다. 고용보험을 통해 실업급여와 직업역량교육 등 일자리 지원서비스를 이용할 수 있다. 적합한 민영보험 상품은 없지만 개별적으로 비상금 저축을 활용하여 위험을 대비할 수 있다. 실직과 달리 노후의 위험은 소유자산에 따라 상대적이다. 노후 생활비와 의료비가 충분히 보장되어있지 않을 경우 우선 국민연금과 기초연금을 기본으로 활용하고 개인연금저축으로 보완할 수 있다. 근로역량에 따라 다양한 실버일자리에 참여하여 수입을 보충할 수도 있다. 장기 실직과 노후생활 환경이 극도로 곤란한 경우에는 공공부조 등 사회보장제도 지원을 이용할 수도 있다.

치료비를 보장하는 보험 우선

　보험금을 지급하는 방식에 따라 치료를 보장하는 보험과 돈을 주는 보험으로 구분할 수 있다. 질병이나 사고로 몸이 아플 때 치료를 보장하는 보험이 있고, 약속된 돈을 지급하는 것으로 계약을 종료하는 보험이 있다.

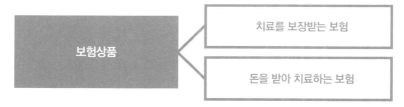

　치료를 보장받는 보험을 최우선적으로 가입하고 평생 유지해야 한다. 모든 질병, 모든 사고에 상관없이 전국 어느 병원에서나 거의 무제한으로 치료받을 수 있다. 사회보험 중 국민건강보험과 산재보험이 있고 민영보험에서는 실손의료비보험이 있다.

　돈을 받아서 치료과정에 사용할 수 있는 보험은 민영보험 상품에만 있다. 사망 진단비 1억 원, 암 진단비 2천만 원, 후유장애 진단비 등 진단비라는 특약으로 만들어져 있고 사망하거나 특정 질병으로 진단되면 보험가입자에게 돈을 지급하는 보험이다. 보험의 크기에 따라 받는 금액도 달라지는데 치료비에도 턱없이 부족한 보험금을 받는 경우가 대부분이나 경우에 따라서 치료비에 비해 월등히 많은 보험금을 수령할 수 있어서 일종의 로또와 같은 효과를 내기도 한다. 소비자에게 이런 기대심리를 부추겨 보험상품을 판매하는 것을 자주 경험해 볼 수 있다. 개인과 가계의 위험에 맞는 보험의 크기를 정할 필요가 있다.

보험 선택의 원칙2

치료를 보장받는 보험을 먼저 준비하고 돈으로 받는 보험은 추가로 선택한다.

치료를 보장하는 보험	돈(보험금)을 받는 보험
국민건강보험, 산재보험, 실손의료비보험	사망진단비, 암진단비, 뇌졸중, 급성심근경색, 말기신부전증, 후유장해, 치매 등 각종 진단비 보험

실손의료비 보험

보험가입자가 질병이나 상해 등으로 치료를 받았을 때 실제로 지출한 의료비를 보상해주는 보험이다. 줄여서 실비보험이라고 한다.

실손의료비보험은 민영보험이지만 국가에서 관리감독하고 있다. 그러나 보험금을 받는 보험은 모두 민영보험 상품이다. 보험계약마다 개별적인 필요에 따라 설계가능하고 납입하는 보험료도 보험금의 크기에 따라 달라진다. 우려되는 점은 보험료에 대한 부담 때문에 가계에서는 충분한 위험보장을 설계하기 어렵고 과다한 보험료는 장기간 지출이 예정되어 있어서 가정경제에 위험을 초래할 수 있다.

다음은 치료를 보장받는 보험을 활용하여 최종적으로 고객이 의료비를 부담하는 과정이다. 진료비 영수증을 살펴보면 진료비 구성은 급여항목과 비급여항목으로 구분되어있다. 비급여항목은 환자가 모두 부담하는 부분이다.

진료비영수증		
항목	급여 (건강보험적용)	비급여 (건강보험미적용)
진찰료	112,200	
입원료	3,852,000	
식대	190,000	
투약 및 조제료	1,220,000	64,000
주사료	1,250,000	720,000
검사료	3,000,000	650,000
처치 및 수술료	1,300,000	700,000
CT	200,000	150,000
진료비합계	11,124,000	2,284,000
본인부담금	1,000,000	본인부담금상한제 (2018기준)로 100만원만 부담함
공단부담금	10,124,000	
환자부담금합계	3,284,000	

전체 진료비합계는 건강보험이 적용된 급여부분이 11,124,000원 + 비급여부분 2,284,000원 = 13,408,000원이다(건강보험이 없다면 약 3,000만 원을 넘을 수 있다). 총진료비에서 1차 건강보험으로 할인되고, 2차 본인부담금상한제로 100만 원만 적용되고 여기에 비급여 2,284,000원을 더하여 3,284,000원을 병원에 결제하게 된다. 병원에 납부한 후 환자는 실손의료비 보험으로 환급받는다. 실손의료비는 환자가 실제로 병원에 결제한 의료비를 뜻한다. 지금 실손의료비는 3,284,000원이다. 환자가 가입한 실손의료비 보험이 결제금액의 80% 환급형으로 계약이 되어있다면 환자가 보험회사로부터 환급받을 금액은 2,627,200원(3,284,000원 x 0.8)이다. 따라서 최종적으로 환자가 부담한 치료비금액은 아래 계산에서 보는 것처럼 656,800원이다.

병원에 납부한 돈		실손보험 환급액		내가 실제 부담
3,284,000원	−	2,627,200원	=	656,800원

    치료를 보장받는 건강보험과 실손의료비 보험을 가지고 있다면 거의 3천만 원에 가까운 의료비를 단 656,800원으로 치료를 마무리 할수 있다. 보통 가입하는 실손의료비 보장한도는 5,000만 원이기 때문에 건강보험과 실손의료비 보험만 있으면 치료비 걱정은 내려놓아도 좋을 것이다. 참고로 산재보험에 해당하는 경우 환자의 치료비는 산재보험에서 전액 부담한다.

실손의료비보험과 의료비 구성

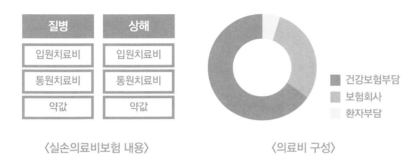

〈실손의료비보험 내용〉　　　　〈의료비 구성〉

실손의료비보험(실비보험)은 질병과 상해로 치료할 때 지출되는 입원치료비 – 통원치료비 – 약제비 3가지 경우의 의료비에 대하여 일정 금액을 환급해주는 보험상품이다. 입원해서 치료를 받는 경우 환자가 병원에 납부한 전체 치료비의 최대 5,000만 원까지 보장받는다. 통원치료비는 1회 한도 25만 원이고 약제비는 5만 원 한도로 환급 받을 수 있다.

실비보험을 가입한 환자의 경우 의료비를 부담하는 주체는 건강보험 공단과 보험회사와 환자이다. 예를 들어 전체 1,000만 원의 의료비가 나왔다고 가정할 때 실제 환자가 부담하는 의료비의 크기를 계산해볼 수 있다. 먼저 건강보험에서 전체 의료비의 60%정도(2018년 건강보험 보장률은 63.8%)를 줄여준다고 가정하면 건강보험공단에서 600만 원을 부담하게 된다. 다음에 환자는 병원에 나머지 400만 원을 납부하고, 보험회사에 의료비 환급을 신청한다. 실비보험이 80% 환급형이라면 보험회사는 400만 원의 80%인 320만 원을 환급해주게 된다. 정리하면 건강보험공단 600만 원, 보험회사 320만 원, 환자 80만 원이다. 실제로는 본인부담금상한제나 재난적의료비 지원제도로 공단에서 부담하는 의료비는 더 많아서 환자 부담은 더 줄어든다.

건강보험 본인부담상한제 소득구간별 상한액

(2020년)
단위 만 원

소득분위	1분위	2-3분위	4-5분위	6-7분위	8분위	9분위	10분위
요양병원 120일 이내 입원	81	101	152	281	351	431	582
요양병원 120일 초과 입원	125	157	211				

본인부담금 상한제는 건강보험혜택이 확대된 것으로 환자의 부담을 줄여주는 제도 중의 하나다. 연간 건강보험 본인부담금이 상한액을 초과하는 경우 초과금액을 공단이 부담하는 제도이다.

재난적 의료비 지원제도

소득수준 대비 과도한 의료비 지출로 경제적 어려움을 겪는 가구의 의료비 부담을 덜어주기 위해 의료비의 일부를 지원하는 제도이다(자세한 내용은 국민건강보험공단 홈페이지 참조). 2018.1.1. 이후 모든 질환으로 인한 입원 및 중증질환(암, 뇌혈관질환, 심장질환, 희귀질환, 중증난치질환, 중증화상질환)으로 외래진료를 받은 가구 중 기준중위소득 100%이하일 때 연간 최대 2,000만 원까지 지원한다.

청년에게 필요한 보험

청년이나 누구에게나 좋은 보험은 보장범위가 넓어야 하고 보험료가 싸야 한다. 사회보험인 4대보험과 민영 실손의료비 보험이 보장범위가 가장 넓고 가격대비 성능이 좋다. 청년들의 가계부를 보면 청약저축과 함께 한 두개 이상의 민영보험이 필수적으로 가입되어 있다. 이미 어릴 때 부모님이 가입해둔 것도 있을 것이고, 직장에 다니면서 필요에 따라서 계약한 보험도 있을 것이다. 보험가입은 한번 결정하면 10년에서 30년 넘게도 지불되어야 하는 고정지출로 장기간 책임이 따른다.

보험을 관리한다는 것은 '내가 가입한 보험은 어떤 위험을 관리하는가?'를 알고서 보험료를 꼬박꼬박 납입해 가는 것이다. 여윳돈이 생기면 저축과 보험에 어떤 비율로 나누어야 하는지와 내가 가입한 보험은 적절한가를 살펴본다.

먼저 여윳돈을 저축과 보험에 얼마씩을 배분해야 하는지 고민이 되는 청년을 만나본다. 청년은 이제 직장 1년차이고 세후 급여는 200만 원이다. 알뜰하게 쓰고 남는 돈이 아쉽게도 10만 원뿐이라면 저축과 보험료를 얼마씩 배분하면 좋은가. 또 향후에 급여가 250만 원이 되고 남는 돈은 50만 원이라면 저축과 보험료는 어떻게 배분하면 좋을까 고민이다. 여윳돈의 사용방법을 세 가지 경우로 나누어본다.

	10만 원이 남을 때	50만 원이 남을 때
선택1	보험료 5만 원 : 저축 5만 원	보험료 5만 원: 저축 45만 원
선택2	보험료 0 : 저축 10만 원	보험료 0 : 저축 50만 원
선택3	보험료 10만 원 : 저축 0	보험료 50만 원: 저축 0

보험료는 사라지는 돈이고 저축은 미래에 사용되는 돈이다. 반면에 보험은 비용과 동시에 당장 효과가 나고 저축은 일정기간이 지난 미래에 효과가 난다. 지금 현재의 위험을 대비하지 않으면 원하는 미래에 도달하지 못할 수 있고, 반면에 저축을 하지 않으면 미래가 확실하게 위험해진다. 자동차를 예로 들면 브레이크는 안전을 담당하는 보험에 해당하고 연료는 미래로 향해 가는 저축이다. 브레이크도 중요하고 연료도 중요하다. 10만 원밖에 없다 해도 연료만 채워서는 안되고, 50만 원의 여윳돈이 있다 해도 브레이크를 여러 개 구입할 필요는 없다. 자동차를 안전하게 운행하려면 브레이크가 필수이고, 자동차를 더 멀리 목표점까지 운행할 수 있으려면 충분한 연료를 비축해야 한다. 선택1이 적절하다. 위험보장을 위해 필수적인 보험을 준비한 후에는 저축금액을 늘려가는 것이 합리적이다.

	10만 원이 남을 때	50만 원이 남을 때
선택1	보험료 5만 원 : 저축 5만 원	보험료 5만 원: 저축 45만 원

다음은 미혼 직장 청년에게 필요한 보험과 적절한 보험료 기준이다. 청년은 민영보험으로 단지 월15,000원 정도의 실비보험만 가입하고 있는데 위험보장이 충분한지 궁금해 한다. 청년은 암을 포함하여 질병과 사고로 노동을 할 수 없을 때 산재보험으로 치료비와 소득을 보전받을 수 있다. 산재보험 조건에 부합하지 않더라도 건강보험과 실비보

험이 있기 때문에 치료비 걱정이 없다. 실직했을 때도 고용보험으로부터 실업급여를 받고 취업을 준비하는 동안 충격을 완화할 수 있다. 심지어 중대한 질병이나 조기 사망의 경우도 경제적 가장과 비교할 때 부양할 가족이 없는 미혼인 청년에게는 보험으로 위험을 대비할 상황은 아직 아니다. 4대보험과 실비보험이면 위험보장이 충분하다. 물론 향후에 결혼을 하고 자녀를 양육하는 가장이 되면 그 상황에 맞는 위험보장을 보완해야 한다.

필수적인 보험을 먼저 준비한 후 저축을 증가해간다.

Disaster(재난)는 그리스어로 '별(aster)'이 '없는(dis)' 상태를 가리킨다고 한다. 망망대해에서 별을 보고 항로를 찾던 선원들에게 별이 사라진다는 건 곧 죽음을 의미하는 것이었을 수 있다. 브레이크가 없는 자동차가 당장 사고를 일으킬 수 있듯이 저축이 없는 생활도 미래의 재난을 예정하고 있는 것이다. 보험과 저축 모두 경제적 재난을 관리하는 데 필요한 도구이다.

가구별 민영생명보험 평균 가입건수 및 월간보험료 추이

2018년 월 평균보험료는 45만 원이었고 가입건수는 4.5건이었다. 2018년 4인 가구 중위소득이 450만 원 정도이니 생명보험으로 소득의 10%를 지출하고 있다. 여기에 건강보험료는 직장인기준 급여의 3.7%로 계산하면 167,000원 정도이고 실비보험을 포함한 손해보험료까지 계산하면 보험료로 상당한 금액을 지출하는 것으로 추정할 수 있다.

	'12년	'15년	'18년	gap '18년-'15년
평균가입건수 (건)	4.3	3.7	4.5	증가 0.8
평균 월 납입보험료(만원)	40.8	36.4	44.7	증가 8.3

학습확인하기

1. 대표적인 사회보험은 4대보험이라고 하는 국민연금, (   ), 산재
   보험과 (   )이 있다.

2. 치료를 보장하는 보험으로는 산재보험, 건강보험과 민영보험으로
   (   )이 있다.

3. 보장성 보험료는 저축이 아니고 비용이다. 과도하게 보험을 가입한다는
   것은 과도하게 지출을 한다는 뜻과 같아서 지출관리를 잘 못하고 있는
   것이다. (○ , ×)

나의 생활에 한 가지씩 적용하기

내가 피보험자로 가입되어 있는 보험내용을 이 책에 제시된 기준과 비교
하여 파악해보자.

확인학습하기 정답) 1. 국민건강보험, 고용보험 / 2. 실손의료비 보험 / 3. ○

저축성보험, 저축이냐? 보험이냐?

저축성보험은 △△저축보험, 연금보험, 변액연금보험, 연금저축보험
이라는 이름들이 붙여진 금융상품이다. 저금리시대를 대비하고 목돈마
련에 저축성보험이 적합하다고 광고한다. 아래 표와 같이 주요 사용목
적별로 세 가지로 구분할 수 있다.

	목돈마련 목적	노후연금 목적	세액공제 목적
상품이름	△△저축보험	연금보험, 변액연금보험, 연금저축펀드	연금저축보험
특장점	높은 금리, 연복리, 비과세혜택	연금수령시 비과세혜택, 종신연금	연말정산시 최대 66만원까지 환급가능
중도해지시 단점	약간의 원금손실	원금손실 많을 수 있음	원금손실, 기타소득세 16.5%과세

저축이라는 말과 보험이라는 말이 붙어 있어서 이해하기 쉽지 않다.
먼저 저축으로서의 성격이 있다. 은행저축처럼 원금과 이자를 불리는
것이 목적이다. 다만 10년 이상의 장기저축이라는 점이 특징이다. 한
편으로 보험의 성격도 있다. 보험회사에서 만들어서 운용하는 상품이
라 중도해지하면 이자뿐만 아니라 원금까지도 손실이 있지만 조건에
부합하면 원금과 이자보다 더 많은 금액을 받을 수 있는 점에서 보험의
성격이 나타난다. 오래 생존하면 원금보다 더 많은 금액을 받을 수 있
는 연금보험이 대표적이다. 저축처럼 운영되나 원금보장이 되지 않고
상황에 따라 납입한 금액보다 적게 받을 수도 있고 많이 받을 수도 있
다는 점에서 보험성격이 있는 장기저축상품이다.

사람들은 중도해지시 단점보다도 특히 노후에 안전하게 수입을 보충한다는 점에서 저축성보험에 관심을 두게 된다. 소득 없이 오래 사는 것도 위험이기 때문이다. 종신보험은 사망 시에 보험금을 지급하는 상품이라면 종신연금은 사망까지 즉 생존기간 동안에는 약속된 연금을 계속 지급하는 보험이다. 준비를 잘 해두면 노후의 걱정을 덜 수 있다.

　　또 다른 장점은 은행저축에는 없는 이자소득에 대한 비과세 및 연말정산에서 세액공제 혜택을 누릴 수 있다는 것이다. 가입상품을 10년 이상 유지하면 이자소득세 15.4%를 면세해준다. 원금이 아니라 이자에 대한 15.4%로 세금을 면제해주기 때문에 이자가 적은 단기상품의 경우에는 체감도가 낮지만 이자가 많은 장기상품에서는 많은 차이가 난다. 세액공제 혜택은 매년 연말정산 할 때 연금저축 상품에 납입한 연간금액에 대해 최대 66만 원까지 세금을 줄일 수 있다(총급여 5,500만 원 이하이고 연 400만 원을 납입할 때 최대 66만 원 공제가능). 상품가입 후 매년마다 세액공제로 이익을 확인할 수 있어 매력적이다.

　　반면에 저축성보험도 단점이 있어서 가입할 때 유의할 점이 많다. 최대 단점은 만기까지 유지하는 것이 어렵고, 중도해지하면 원금도 손실되는 위험이 따른다는 것이다. 결과적인 사실이지만 가입자들이 중도해지하는 경우가 많다. 2010년 보험연구원의 연금보험 유지율 자료에 따르면 3년 안에 가입자의 절반이 해지하고 10년 이내에 80%의 가입자가 해지하는 것으로 조사되었다. 또 사업비가 많고 가입초기에 비용 및 수수료를 공제하는 상품의 특성상 중도해지의 경우에 피해를 가중하게 된다. 연금보험 사업비로 평균 10%정도를 잡는다면 월 100만 원 납입할 때 10만 원은 공제되고 90만 원 저축된다는 뜻이다. 따라서 저축이자가 은행이자보다 다소 높고 복리로 운영되더라도 사업비로 공제되는 금액을 보충하고 원금을 회복하는데 거의 10년 이상의 시간이 소요되는데 대부분이 이전에 해지하는 경우가 많아 피해를 더 키우게 된다.

또한 상품외적인 측면에서 유의할 점에 대해 잘 모르고 가입하는 경우가 많다. 저축성보험 상품은 은행에서 많이 권유하는 상품이어서 일반 고객들은 원금이 보장되는 은행저축으로 이해하는 경우가 많다. 피해 사례를 보면 그냥 은행의 신뢰를 믿고 구매하는 경우가 대부분이라고 한다. 복잡한 금융상품의 특징상 전문가가 아니면 아무리 설명을 잘 들어도 이해하기는 불가능하다.

사회초년생들은 저축성보험 상품 가입을 특히 주의해야 한다. 먼 훗날의 노후 생활비를 준비하는 동안 복리구조와 비과세 및 세액공제 혜택이라는 강점에도 불구하고, 사회초년생 시기는 30년 후의 노후 연금보다는 10년 이내에 필요한 전세보증금, 결혼비용, 자동차구입 등에 사용될 저축을 우선적으로 해야 하는 시기이다. 연간 최대 66만 원의 세액공제 혜택도 사회초년생에게는 해당사항이 안 되는 경우가 많다. 세액공제 66만 원을 받으려면 일단 연간 소득세가 66만 원 이상 되어야 하는데, 아직 급여가 많지 않은 사회초년생들이 내야하는 소득세는 미미해서 연금저축 보험을 가입하더라도 돌려받을 세금이 당분간은 없을 수 있다. 직장생활 초기에는 은행 단기저축상품이나 청년우대형 청약저축을 가입하고, 천천히 장기저축 상품을 검색하고 결정하여도 충분하다. 구입할 경우에도 필요금액의 최소 금액으로 가입하고 추가납입을 활용하면 수수료 등 사업비를 줄일 수 있어 유리하다. 이미 가입한 상품이 있다면 사용목적을 정확히 하고 안전하게 유지할 수 있는 조건을 최대한 검토해야 한다. 증권사에서 판매하는 연금펀드로 이전할 수도 있고 자유납입으로 유지할 수 있어 중도해지에 대한 부담을 덜 수 있다.

청년들이 준비하는 노후

사진 출처
공익광고협의회

통계 출처
통계청

0~14살　65살 이상

34.0　25.6　21.1　16.8　16.2　14.2　11.4　10.3
3.8　5.1　7.2　10.7　11.0　12.7　24.3　32.5

1980　90　2000　09　10　18　30　40년

청년들의 노후는 먼 훗날의 얘기일까. 현실의 부담 때문에 보이지 않는 미래일까? 한 장의 사진과 그래프가 청년들이 만날 미래모습을 그대로 보여주고 있다. 경로석과 일반석이 바뀐 지하철의 사진 한 장과 1980년에는 65세 이상 인구가 100명 중에 4명도 안됐는데 2040년에는 32명이 넘게 되리라는 통계청 자료이다.

노후 생활에 대한 사회경제적인 관심사는 지속적인 소득으로 안정된 노후를 보낼 수 있을까하는 문제이다. 노후생활비에 대한 국민연금연구원(2017)의 연구자료에 의하면 50대 이상 중고령자는 노후에 기본적인 생활을 할 수 있는 월 최소생활비로 부부는 176만 100원, 개인은 약 108만 700원이 필요하다고 생각하는 것으로 나왔다. 각자마다 기준은 다르겠지만 우선 이 금액을 필요기준으로 생각하고 매달 어떻게 조달할 수 있을 지를 고민해보면서 청년의 노후에 대한 생각을 구체화해본다.

노후생활비를 조달할 수 있는 기본적인 방법은 기초연금과 국민연금이다. 현재 기초연금은 만 65세 이상의 노인 개인에게 최대 30만 원을 지급(부부는 최대48만 원)한다. 점차로 소득인정액에 따른 차등지급이 줄어들고 있고 노인을 위한 기초소득에 근접하고 있다. 국민연금은 2019년 전체적인 평균 수령액이 52만 원으로 노후 필요생활비에 한참 못 미치고 있지만 이제는 월 200만 원 이상을 수령하는 가입자도 나타나고 있어서 지금까지는 가장 효율적인 노후생활비 조달 방법이라 할 수 있다. 사례와 퀴즈를 통해 더 효율적으로 활용할 방법을 찾아볼 수 있다.

(2019년 기준)

납입액	예상 수령액
월 90,000원 10년납입	월 174,760원 종신 수령
납입총액=10,800,000원	25년 수령예정 총수령액 52,428,000원

매달 90,000원을 10년간 1,080만 원을 납부하고, 65세 이후 90세까지 25년 동안 약 5,200만 원을 수령할 수 있다. 수익률로 보면 민영보험회사에서 판매하는 어떤 개인연금상품보다 수익률이 훨씬 높다. 연금 수령액은 연간 소득상승율과 소비자물가 상승률에 연동하여 매년 산정되기 때문에 화폐가치가 떨어지는 것을 방지한다. 그러나 연금납입액이나 수령액 등이 변할 수 있다거나 물가인상 반영을 너무 적게 한다는 비판들이 많다. 또 국민연금은 얼마 지나지 않아 고갈되어 한 푼도 못 받는다거나 나중에 화폐가치가 떨어지면 용돈 정도밖에 안 된다는 염려가 많다. 이렇게 여러 개선할 점이 있다하더라도 현재로선 연금지급 안정성측면에서도 어떤 민영보험회사보다 안전하다. 국민연금은

국가가 존재하는 한 지급이 보장된다. 이런 이유로 국민연금을 노후생활비 조달의 기본토대로 활용해야 한다.

추가적으로 퇴직연금과 개인연금을 활용하면 좋다. 퇴직연금은 근로자 퇴직 시 연금 또는 일시금으로 지급하도록 하는 기업복지제도로 확정급여형(DB, Defined Benefit) 과 개인이 운영하고 책임지는 확정기여형(DC, Defined Contribution)이 있다. 퇴직금이 노후 연금으로 사용되려면 중간에 인출하지 말아야하는데, 주택자금 등 중도인출사유는 충분히 많아서 주의할 필요가 있다. 개인연금은 민영보험회사에서 판매하는 연금상품으로 준비하는 경우가 대부분이다. 퇴직이나 개인연금이 효과를 내려면 무조건 중도인출이나 납입중지 없이 장기간 납입이 유지될 필요가 있다.

또 다른 노후 생활비 조달 방법으로는 연금 외에 소일거리를 통해 필요한 수입을 만들어 내는 방법이 있다. 65세 이후에는 실버일자리 등 소소하게 돈을 벌 수 있는 기회는 오히려 더 늘어날 수도 있다. 은퇴 전에 차근차근 준비해두는 것도 중요한 노후 준비과정이다. 아래 표는 5억 원의 연금자산과 소일거리로 추가소득 월70만 원을 만드는 두 가지 방법이 결과로는 동일하다는 것을 나타내고 있다.

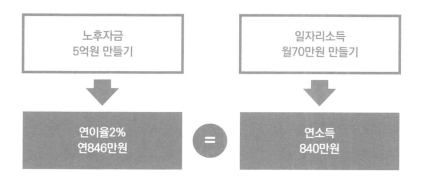

은퇴시점에 5억 원을 준비하면 이자소득으로 월70만 원을 받을 수 있다. 또는 매달 일거리를 통해 70만 원의 소득을 창출하는 방법이 있다. 노후 생활을 위한 여유 재산을 쌓아갈 수 있다면 멋진 일이지만 목돈을 만드는 것이 누구에게나 쉬운 일은 아니다. 대신 오래도록 할 수 있는 소일거리를 만드는 것도 노후를 위한 준비방법이다. 청년들은 한 가지만을 선택하는 것이 아니라 두 가지 모두를 조화 있게 활용할 수 있을 것이다.

마지막으로 청년들이 노후에 맞을 좋은 삶을 만들기 위해 적용할 방법을 『살림/살이 경제학을 위하여』에서 얻은 내용을 소개한다.

첫 번째 노후준비 과제는 노후에도 계속될 좋은 삶이 무엇인가를 찾는 것이다. 좋은 삶은 물질적 풍족이나 감각의 만족뿐만 아니라 도덕적 가치까지 풍부하게 실현되는 삶이라는 의미를 담고 있다. 나와 우리에게 좋은 삶이 무엇인지를 찾는 것은 꾸준한 연습과 훈련이 필요하다.

두 번째는 좋은 삶에 필요한 것은 무엇인가?를 파악하는 것이다. 특히 노후에는 얼마의 돈이 필요한가보다는 현물로 생각하는 습관을 들여야 한다. 혼자서도 외롭지 않게 지낼 수 있는 취미 만들기, 함께 사는 배우자가 있고 가끔은 만날 수 있는 친구 만들기, 필요한 식재료 경작 방법 알기, 의료비를 줄이기 위해 필요한 운동 등이 노후의 좋은 삶에 필요한 것일 수 있다.

마지막으로는 좋은 삶을 위해 필요한 것을 어떻게 조달할 것인가?이다. 청년의 삶에서 노년의 삶으로 가는 오랜 기간 동안 직업 속에서도 찾고 여가시간에도 찾고 가정생활에서도 놓치지 말고 찾아야 한다. 돈 버는 기술을 향상하는 과정에서도 나의 취미, 친구, 다양한 삶의 기술들을 찾아야 한다.

보험증권 분석하기와 보험금 청구하기

　보험을 가입한 최종 목적은 사고를 당할 때 보험금을 받는 것이다. 그런데 불행하게도 예상치 못한 사고를 당하더라도 보험금을 청구하지 않으면 받을 수 없다. 민영보험에서는 보험금은 청구를 해야만 받을 수 있다. 휴면 보험금을 찾아가라는 공지가 정기적으로 나오는 것을 보면 아직도 많은 보험 가입자들이 이런 사실을 잘 모르고 있는 것 같다. 실제로 가입한 보험내용도 잘 모를 뿐더러 보험금을 어떤 경우에 청구할 수 있는지 잘 모르고 있는 경우가 많다.

　먼저 보험증권을 보면서 가입한 보험내용을 파악해본다. 아래 표는 사망과 관련한 종신보험 증권이다. 주계약과 특약으로 구분하고 가입금액, 보험기간, 납입기간, 보험료로 구성되어있다.

구분	가입금액	보험기간(만기일)	납입기간	보험료(원)
주계약 보험	3,000만 원	37세~종신	60세납	53,400
정기특약	1억 원	60세까지	60세납	20,000

　주계약 보험도 1건의 보험이고 정기특약도 별도로 1건의 보험이다. 2건의 보험이 계약되어 있는 것으로 해석하면 된다. 주계약 보험부터 살펴보면 사망할 때 받는 보험금이 3천만 원이다. 이를 보장하기 위해 60세까지 매월 53,400원의 보험료를 납부하면 된다. 보장기간은 종신인데 '끝날 종(終) 몸 신(身)'으로 즉 '죽을 때'까지이다. 정기특약은 정해진 기간까지 특별한 약속이라고 해석하면 쉽게 이해될 수 있다. 60

세 이내에 사망할 때만 보험금 1억 원을 지급하며 보험료는 60세까지 월2만 원을 낸다는 의미이다. 전체 월 납입보험료는 73,400원이다.

만약 피보험자가 59세에 사망할 때와 61세에 사망할 때 청구할 수 있는 보험금은 어떻게 다를까? 59세에 사망하면 주계약 가입금액 3천만 원과 정기특약 가입금액 1억 원을 더해서 총 1.3억 원을 수령한다. 61세에 사망한다면 정기특약보험은 없어졌기 때문에 주계약 보험의 가입금액 3천만 원만 받게 된다.

다음 표는 실손의료비 보험 증권이다. 담보명과 납기 및 만기와 가입금액의 내용이다.

담보명	납기 및 만기	가입금액(만 원)
상해입원의료비	1년 납입, 1년 만기, 갱신종료 15년	5,000
상해통원의료비		25
상해통원의료비(처방조제)		5
질병입원의료비		5,000
질병통원의료비		25
질병통원의료비(처방조제)		5

상해입원의료비 등 6건의 계약으로 구성된 실손의료비 보험이다. 입원해서 치료받을 때 발생하는 의료비를 최대 5천만 원까지 보장하고, 통원해서 발생하는 일일 의료비를 최대 25만 원까지, 그리고 처방조제비를 최대 5만 원까지 보장한다는 내용이다. 보험기간은 1년이고 보험료를 내는 기간도 1년이다. 다만 15년까지 매년 갱신되는 조건의 보험이다. 한번 가입하면 본인이 해약하지 않는 한은 15년 동안 계속 갱신되면서 유지되는 것이다. 매년 갱신 때마다 보험료변동은 있을 수 있다.

다음은 암보험 증권을 살펴볼 것이다. 증권마다 다소 차이가 있지만 중심내용을 골라 간추렸다.

보장명칭	주요지급사유	지급금액
암 진단금	처음으로 암으로 진단 확정되었을 때(1회에 한함)	
	계약일로부터 1년 미만	1,000만원
	계약일로부터 1년 이후	2,000만원
상피내암, 경계성종양 진단금	처음으로 상피내암 또는 경계성종양 진단으로 확정되었을 때(각1회에 한함)	
	계약일로부터 1년 미만	100만원
	계약일로부터 1년 이후	200만원
암 치료비	암수술비	500만원
	항암방사선치료비	100만원
	암입원비	10만원

암보험은 보통 중대한 암 진단금과 다소 덜 위험한 상피내암, 경계성 종양 등 진단금과 치료비로 구성되어있다. 위 증권의 내용은 암 진단비로 계약일로부터 1년 미만에는 1천만 원을 지급하고 1년 후부터는 2천만 원을 단 1회만 지급한다는 내용이다. 상피내암과 경계성종양은 계약 후 1년 미만에는 100만 원이고 1년 이후부터는 200만 원을 각 1회에 한해서 지급한다는 내용이다. 어떤 환자가 보험가입 후 4개월 만에 암 진단을 받고 수술을 했다면 암 진단비 1,000만 원과 수술비 500만 원을 받는다는 의미이다. 만약 이 환자가 실손의료비 보험도 가입되어 있다면 병원치료비에 대하여 별도로 환급을 받을 수 있어서 암보험으로부터 받은 1,500만 원의 돈은 건강유지나 치료 기간 중 생활비로 사용할 여유를 가질 수 있다.

마지막으로 다양한 계약이 있는 보험증권과 다양한 특약 내용을 알아본다.

담보명	가입금액(만원)
[보통약관]	
5대 장기이식수술비	2,000
[특별약관]	
상해후유장해	1,000
대중교통 이용 중 상해 80%이상 후유장해	2,900
암진단비	1,000
3대고액치료비 암진단비	2,000
골절진단 위로금(치아제외)	20
화상진단 위로금	20
특정전염병 위로금	30
식중독 위로금	10
조혈모세포이식 수술비	2,000
각막이식 수술비	2,000
상해입원의료비(3년 갱신)	3,000
상해통원의료비(3년 갱신)	10
질병입원의료비(3년 갱신)	3,000
질병통원의료비(3년 갱신)	10
자녀만의 배상책임(3년 갱신)	10,000

여러 개의 특약이 모인 일종의 종합보험이라 할 수 있다. 일반적으로 볼 수 있는 보험증권의 모습이다.

• 5대장기 이식수술비는 1회당 최대 2,000만 원을 지급한다는 내용이다.

- 상해로 80%이상 후유장해일 때에는 최고 1,000만 원을 지급한다는 내용이다.
- (79%~3% 후유장해일 때는 최저 3만원에서 790만 원까지 지급)
- 암 진단비는 1천만원 지급한다는 내용이다.
- 골절 진단금은 1사고당 20만 원을 지급한다는 내용이다.
- 조혈모세포 이식수술비는 회당 2천만 원을 지급한다는 내용이다.
- 실손의료비 보험도 들어있다. 입원의료비 최대 3,000만 원을 보장하고 통원치료비는 일일 최대 10만 원을 보장하고 3년마다 갱신된다는 내용이다.
- 위에서 언급한 특약 외에도 뇌졸중진단비, 급성 심근경색진단비, 식중독위로금, 각막이식 수술비, 여성특정질병, 가족일상배상책임, 치매보험, 입원특약, 수술특약 등 너무나도 많은 보험특약들이 있다.

　다음은 실제적으로 보험금을 청구하는 과정이다. 내가 가입한 보험 내용을 잘 파악하는 것은 보험회사에 보험금을 정확하게 청구하고 받기 위한 사전과정이다. 보험회사가 청구되지도 않은 보험금을 먼저 주는 경우는 없기 때문이다. 다소 고가의 치료비가 들어가는 경우에는 신중하게 보험내용을 파악하고 보험금을 청구하는 노력을 하는데 감기 치료처럼 치료비도 적게 나오고 또 일정금액을 공제(약조제비 5천 원, 의원급병원 1만 원, 전문병원 1만 5천 원, 종합병원 2만 원)하면 돌려받을 돈이 없는 경우도 있어서 무관심한 경우도 있다.
　이런 경우를 대비해 일단 진료영수증 등을 한곳에 모아두는 습관이 우선 필요하다. 3개월이나 6개월에 한 번씩 진료영수증을 정리하여 보험금청구를 한다. 공제되고도 청구할 금액이 되는 영수증만 골라서 영업점이 가까우면 직접 방문하거나 각 보험사마다 개발된 보험금청구 어플을 활용하면 간편하게 청구할 수 있다.

문제가 되는 경우는 청구하면 보험금을 받을 수 있을지 없을지 알 수가 없을 때와 깜빡하고 보험금 청구기간인 3년을 넘겨버렸을 경우이다. 이럴 땐 무조건 일단 접수하는 것이 방법이다. 보험증권을 봐도 잘 모르겠고 혹시 보험회사 콜센터 직원이 부정적으로 답변하더라도 꼭 보험금 청구서류를 접수해야 한다. 일단 접수하면 정확하게 판정된다. 콜센터 직원도 오래된 보험의 심사기준을 정확하게 알 수 없기 때문이다. 청구기간 3년이 지난 경우도 마찬가지다. 혼자 고민하지 말고 일단 보험금 청구서류를 접수해보는 것이 좋다. 단호하게 보험금 지급이 안 된다고 하는 보험회사는 없다. 많지 않은 보험금은 거의 다 지급된다. 다만 큰 금액의 보험금일 경우는 지급 거절하거나 보험금 협상이 있을 수 있다.

학습확인하기

1. 저축성보험은 비과세, 복리, 연말정산 세액공제와 노후준비 등 다양한 장점이 있으나 적어도 10년 이상은 유지해야 한다는 조건이 있다. 노후를 위한 대표적인 저축성보험으로는 세액공제가 되는 개인연금저축, 비과세가 되는 개인연금보험과 투자상품인 변액연금보험이 있다.
(○ , ×)

2. 사망보험은 종신토록 보장하는 종신보험과 정해진 기간까지만 사망에 대한 보험금을 지급하는 (   )이 있다.

3. 보험금 청구기간은 사고발생 후 3년 이내이지만 3년이 지났더라도 보험금청구를 꼭 시도해야 한다. (○ , ×)

4. (   )은 물질적 풍족이나 감각의 만족뿐만 아니라 도덕적 가치까지 풍부하게 실현되는 삶이라는 의미를 담고 있다. 나와 우리에게 좋은 삶이 무엇인지를 찾는 것은 꾸준한 연습과 훈련이 필요하다.

나의 생활에 한 가지씩 적용하기

이번엔 가족들이 가입한 보험내용을 파악해보자. 보험금을 청구하려면 가족들이 서로의 보험내용을 알고 있으면 좋다. 특히 연로한 부모님이 가입하고 있는 보험은 더 그렇다.

위난에 처했을 때 사회복지제도를 찾아보고 지원을 받는 것도 필요하다. 부모님의 노환이 있다면 노인장기요양보험제도를 활용하는 방법에 대해 형제들이 의논하는 것도 좋은 방법이다. 나와 관련된 사회복지정보에 더 많은 관심을 가져보자.

확인학습하기 정답) 1. ○ / 2. 정기보험 / 3. ○ 4. 좋은 삶

제4장

주거환경과 주거지출 관리

주거비는 주거와 관련하여 지출되는 비용이고, 세부 내역으로는 월세, 주택대출비, 수도 및 전기료, 난방비, 관리 및 수리비, 주택화재보험료, 재산세 등이 있다. 주거비는 대부분의 가정에서 가장 많이 지출되는 주요 지출항목이다. 특히 처음 주거독립을 하는 사회초년생들과 신혼부부들이 합리적인 주거비 기준을 갖는 것은 매우 중요하다. 첫 주거비의 크기가 향후 주거비에도 영향을 주기 때문이다.

자동차구입 할까, 원룸생활 할까?

집에서 회사까지 출근시간이 1시간 30분이 걸린다. 자가용으로 출근하면 40분이면 충분하다. 직장선배들은 대부분 자동차를 이용한다. 그동안 모은 500만 원으로 중고차라도 구입하든지 아니면 회사근처에 원룸을 얻을까 하는 생각도 있다. 자동차를 구입하는 경우와 원룸에서 생활하는 경우 그리고 월세와 전세대출이자 부담을 비교하면서 가장 유리한 조건을 선택해보기로 한다.

자동차를 구입하여 출퇴근하는 것과 대중교통을 이용하여 출퇴근하는 경우의 장단점을 비교할 수 있다.

자동차 출퇴근	대중교통 출퇴근
자동차구입 비용이 들어간다. 출퇴근 시간이 50분 줄어든다. 추위, 더위, 비바람 걱정이 없다. 지각이 걱정될 때 택시 탈 일이 없다. 휴일에 드라이브 데이트를 즐길 수 있다. 어엿한 직장인 폼이 난다. 주유비가 25만 원 들어간다. 보험료, 세금, 차량소모비가 들어간다. 어디가나 주차장부터 찾아야 한다. 술 마시면 대리운전을 해야 한다.	출퇴근 시간이 90분 걸린다. 추위, 더위, 비바람 신경을 써야한다. 지각이 걱정될 때 택시 탈 때도 있다. 랜트카를 활용하여 여행갈 수 있다. 출퇴근 때 독서할 수도 있다. 교통비가 6만 원 들어간다.

지출을 선택할 때 우선적인 것은 비용의 크기이다. 다음은 불편하더라도 적은 비용을 선택할 것인지 아니면 많은 비용을 들여서 편리함을 선택할 것인가 이다. 최종적으로 대중교통 대신에 확연히 차이나는 비용에도 불구하고 자동차를 선택하기 위해서는 자동차에 대한 강력한 심리적 만족도와 함께 구매력이 뒷받침되어야 한다.

　자동차를 구입하는 것으로 선택하였다면 이제는 원룸을 임대하는 경우의 효용을 비교해 본다. 아래 표는 1,000만 원으로 자동차를 구입하는 경우와 원룸 보증금 2,000만 원이고 월세가 30만 원인 경우이다.

자동차 출퇴근	대중교통 출퇴근
출퇴근 시간이 40분이다. 자동차가 1,000만 원(할부 500만 원)이다. 주유비가 25만 원이다. 월 할부금이 13만 원이다. 보험료, 세금, 차량소모비가 들어간다. (자동차 할부이자 연5% 48개월 상환조건)	걸어서 출퇴근한다. 보증금이 2,000만 원(대출1,500만 원)이다. 월세가 30만 원이다. 월 이자가 62,500원이다. 전기·수도·난방비와 식비가 필요하다. (보증금대출 이자는 연5%로 가정함)

　비용이 서로 엇비슷할 때는 편안하고 친근한 쪽을 선택하는 것이 기준이다. 그러나 많은 비용이 지속적으로 들어가는 경우에는 지금 현재보다도 미래의 지속가능성을 더 살펴봐야 한다. 사회초년생으로서 월 40만 원 정도를 고정비로 지출하는 것이 옳은지 아니면 단 몇 개월, 몇 년이라도 미루는 것이 적절한지를 냉정하게 따져보면 좋다. 이럴 땐 대중교통 이용과 원룸의 경우를 교차해서 비교해보는 것도 도움이 된다.

　마지막으로 주거를 월세로 하는 경우와 전세대출을 활용하여 전세주택에서 생활하는 경우의 효용을 비교해 본다. 원룸 보증금 2,000만 원이고 월세는 30만 원이다. 전세보증금 7,000만 원 중 5,000만 원을 대출받았다. 대출이자 연 3.8%이다.

월세	전세
보증금이 2,000만 원이다. 월세가 30만 원이다. 전기·수도·난방비와 식비가 필요하다.	내 돈 2,000만 원 준비되어야 한다. 대출이자는 월160,000원이다. 전기·수도·난방비와 식비가 필요하다.

이런 경우는 누구라도 당연히 전세를 선택하는 것이 맞다. 월세 계약은 상대적으로 쉽다. 부동산중개소만 가면 되지만 전세로 계약하고자 한다면 부족한 보증금을 준비하기 위해 적절한 대출상품을 검색하고 대출계약을 실행하는 금융기술이 필요하다. 사회초년생들이 생활해 가는 과정에서 주택과 같은 대규모 비용이 들어가는 경우에는 대출상품을 이용할 경우가 많이 생긴다. 첫 주거 독립을 위해 최소한의 보증금을 저축하는 계획과 대출을 활용하여 주거계약을 해보는 경험이 중요하다.

공공임대와 민간임대

임대주택이란 남의 집을 빌려서 생활하는 것이다. 공공임대와 민간임대로 구분할 수 있고, 공공임대는 국가와 LH공사가 사업을 진행하고 민간임대주택보다 임대료가 저렴하다. 국민임대주택, 장기전세주택, 영구임대주택, (분양전환)공공임대주택, 전세임대주택, 매입임대주택, 행복주택 등이 있다. 원한다고 즉시 입주할 수 있는 것도 아니어서 미리 자신의 상황에 맞는 임대주택을 생각하고 입주조건을 준비해 가야 한다.

민간임대주택	공공임대주택
비용이 비쌀 수 있다 입주와 퇴거가 자유롭다 입주할 주택을 자유롭게 선택할 수 있다 입주지역 선택이 쉽다 주택크기 제한이 없다 계약조건 보장이 불안정할 수 있다 입주조건 변동이 없다 자녀교육, 성장환경에 적합한 주거를 선택할 수 있다	비용이 싸다 입주조건이 까다롭다 입주할 주택이 한정되어 있다 입주지역이 한정되어 있다 주택크기가 제한되어 있다 계약조건 보장이 안정적이다 입주조건이 바뀌면 퇴거해야 한다 자녀성장, 교육환경에 적합한 입지를 자유롭게 선택하기 어렵다.

청년과 신혼부부를 위한
임대주택과 전세대출

여러 상황을 종합적으로 판단했을 때 독립해서 생활하는 것으로 결정했다면 청년전용 주택대출을 활용하면 좋다. 청년을 위한 주거지원제도가 새롭게 발표되곤 하는데 전에 없던 지원제도가 생기고 있는 것이다. 결혼을 앞둔 예비 신혼부부들의 주택문제도 지원을 하고 있다.

청년을 위한 임대주택으로는 행복주택이나 청년 매입임대주택과 전세임대주택이 있고, 청년을 위한 전세대출에는 중소기업 취업청년 전월세보증금 대출과 청년전용 보증부월세 대출 등이 있다.

행복주택은 청년·신혼부부·대학생 등 젊은 계층의 주거불안 해소를 위해 대중교통이 편리하고 직장과 주거시설 근접이 가능한 부지에 주변시세보다 저렴하게 공급하는 공공임대주택이다.

입주대상	무주택요건 및 소득·자산기준을 충족하는 대학생, 청년, 신혼부부, 산단근로자 등
자산기준	총자산 28,000만 원 이하, 자동차 2,499만 원 이하(2019년도 기준)
임대료	시세대비 60~80%
거주기간	대학생·청년(6년), 신혼부부(6~10년), 주거급여수급자(20년)
공급예정	2022년까지 13.6만 호 예정

청년 매입임대주택은 무주택자 요건 및 소득·자산기준을 충족하는 저소득 가구의 청년에게 시세의 30%~50% 수준의 임대료로 저렴하게

임대하는 공공임대주택이다. 최대 거주기간은 6년이다. 청년 전세임대주택도 조건은 동일하나 기존주택을 전세계약 체결하여 저렴하게 재임대한다.

참고로 자격조건이 1·2순위인 청년이 수도권에 단독거주로 생활하려 한다면, 개인이 준비해야할 임대보증금은 100만원이고, 최대 1.2억원까지 전세계약을 할 수 있다. 월임대료로 1.19억 원에 대한 연 1~3% 이자를 낸다. 월 약 10만 원에서 30만 원 사이이다. 전세금 지원 한도액은 다음과 같고 자세한 정보파악 및 신청은 한국토지주택공사 청약센터(https://apply.lh.or.kr)에서 한다.

구분		수도권	광역시	기타
단독거주	1인 거주	1.2억 원	9천5백만 원	8천5백만 원
공동거주 (셰어형)	2인 거주	1.5억 원	1.2억 원	1.0억 원
	3인 거주	2.0억 원	1.5억 원	1.2억 원

중소기업 취업청년 전월세보증금 대출의 특징과 활용방법이다.

무주택 세대주 또는 예정자 > 중소기업근무, 34세 이하 청년 > 부부 5천만 원 이하 (외벌이 3,500만 원) > 1억 원 한도, 연이자 1.2%, 2년 갱신

Q1.만 33세이고 중소기업에 다닌다. 혼인기간 8년차로 자녀1명 있고 연소득 5천만 원 부부가 1.6억 원 전세계약을 하려한다. 받을 수 있는 대출금액과 이자는 얼마인가?
A.최대 1억 원을 받을 수 있고 금리는 1.2%이고 월 이자는 10만 원이다.

Q2.연소득이 3,000만 원이고 중소기업에 근무하는 28세 청년이다. 7,000만 원 원룸전세주택에 입주하고 싶다. 가능한가?

A.가능하다. 전세대출금액 7,000만 원 가능하고 월 이자 상환액은 7만 원이다.

중소기업 취업청년 전월세보증금 대출

대출대상: 부부합산 연소득 5천만 원 이하(외벌이 3천5백만 원 이하),
순자산가액 2.88억 원 이하 무주택 세대주(예비세대주 포함),
중소·중견기업 재직자 등.
만 19세 이상 ~ 만 34세 이하 청년

대출금리: 연 1.2%

대출한도: 1억 원

대출기간: 최초 2년(4회 연장, 최장 10년 이용가능)

* 자세한 내용 주택도시기금 nhuf.molit.go.kr 홈페이지 참조

청년전용 보증부월세 대출(전월세보증금 및 월세 대출)은 연소득 2천만 원 이하의 저소득 청년들이 활용하면 좋다.

무주택 세대주 또는 예정자 > 34세 이하 청년 2,000만 원 이하 소득 > 대출한도액 보증금 3,400만 원 월세 40만 원 이하 > 연이자 1.8%, 1.5% 2년 갱신

Q: 연소득이 2,000만 원이고 34세 이하 청년이다. 보증금 3,000만 원이고

월세 30만 원 원룸주택에 입주하고 싶다. 가능한가?

A: 가능하다. 단 내가 준비한 보증금 600만 원(전체의 30%)이 필요하다. 보증금은 전체의 70%인 1,400만 원이 대출된다. 연이자는 1.8%이고 월상환액은 21,000원이다. 월세이자는 1.5%이고 월 375원이다.

청년전용 보증부월세 대출

대출대상: 연소득 2천만 원 이하 만34세 이하 청년. 무주택 단독 세대주 (예비세대주 포함)

대출금리: (보증금) 연 1.8% (월세금) 연 1.5%

대출한도: (보증금) 최대 3천5백만 원 이내 (월세금) 최대 960만 원(월 40만 원 이내)

대출기간: 2년(4회 연장, 최장 10년 이용가능)

* 자세한 내용 주택도시기금 nhuf.molit.go.kr 홈페이지 참조

다음은 LH 신혼부부 전세임대주택과 주택도시기금의 신혼부부전용 전세자금대출을 비교해본다.

	LH 신혼부부 전세임대 II형	주택도시기금 신혼부부 전세대출
한도	수도권 2.4억 원. 광역시 1.6억 원	수도권 2억 원. 수도권 외 1.6억 원
이자율	1~2%	1.2~2.1%
대출기간	최장 6년 (유자녀 4년 추가 시 최대10년 가능)	최장 10년
자격	혼인기간 10년 이내 또는 혼인예정자, 도시근로자 가구원수별 월평균소득의 120%이하인 자, 2.88억 원 이하, 자동차 2,468만 원 이하	부부합산 연소득 6천만 원 이하, 순자산 가액 2.88억 원 이하 무주택 세대주, 신혼부부(혼인기간 7년 이내 또는 3개월 이내 결혼예정자)
보증금	보증금 20%준비	보증금 20%준비

신혼부부 전세임대주택은 신혼(예비)부부, 한부모 가족이 원하는 생활권에서 안정적으로 거주할 수 있도록 기존주택을 전세계약 체결하여 저렴하게 재임대하는 공공임대주택이다. 내가 입주에서 살고 싶은 집을 선택해서 LH공사에 통보하면 LH공사가 집주인하고 전세계약을 체결한 다음에 다시 나에게 임대하는 제도이다.

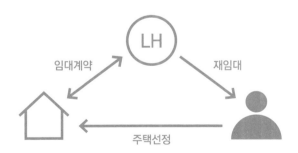

예를 들어 1억 원 전세주택에 입주한다고 했을 때 준비할 최소 임대보증금과 월임대료를 계산해보면, 최소 임대보증금은 전체지원

금의 5%로 5백만 원이다. 월임대료는 9,500만 원 × 2%이자율 ÷ 12=158,000원이다. 거주기간은 2년 단위로 9회까지 재계약이 가능하여 최장 20년을 거주할 수 있다. 자산과 소득기준 등 자세한 내용은 한국토지주택공사(https://apply.lh.or.kr)에서 확인가능하다.

신혼부부전용 전세자금 대출은 혼인기간 7년 이내이고 연소득 6천만 원 이하일 때 수도권 최대 2억 원까지 1%대 저금리로 대출받을 수 있다.

무주택 세대주 > 결혼 7년 이내 > 연소득 6천만 원 이하 > 2억 원 대출

Q: 혼인기간 5년 이내로 자녀1명 있는 연소득 4천만 원 신혼부부가 1.6억 원 전세계약을 하려한다. 받을 수 있는 대출금액과 이자는 얼마인가?
A: 1.6억 원의 80%인 1억 2800만 원을 대출받을 수 있다. 대출금리는 1.4%(1자녀 우대금리 0.3%)이고 매달 약15만 원의 이자가 발생한다.

신혼부부전용 전세자금 대출

대출대상: 부부합산 연소득 6천만 원 이하, 순자산가액 2.88억 원 이하
무주택 세대주, 신혼부부(혼인기간 7년 이내 또는 3개월 이내
결혼예정자)

대출금리: 연 1.2% ~ 연 2.1%

대출한도: 수도권 2억 원, 수도권 외 1.6억 원 이내
(임차보증금의 80% 이내)

대출기간: 2년(4회 연장, 최장 10년 이용 가능)

* 자세한 내용 주택도시기금 nhuf.molit.go.kr 홈페이지 참조

학습확인하기

1. (   )는 주거와 관련하여 지출되는 경비이고, 세부 내역으로는 월세, 주택대출비, 수도 및 전기료, 난방비, 관리 및 수리비 등 이다. 주택 가격과 생활공간 크기에 따라 영향을 많이 받으며 다른 가계지출을 연쇄적으로 확장하는 역할을 하기 때문에 초기에 저비용구조를 선택하는 것이 중요하다.

2. 공공임대주택은 임대료가 상대적으로 저렴하며 계약기간이 안정적인 것이 장점이나 원한다고 즉시 입주할 수 있는 것도 아니어서 미리 자신의 상황에 맞는 임대주택을 생각하고 입주조건을 준비해가야 한다.
(○ , ×)

3. 중소기업 취업청년 전월세보증금 대출이나 청년전용 보증부월세 대출을 하는 곳은(   )이다. 전세대출 이자는 결국 사라지는 비용이다. 이자가 저렴해도 필요한 금액만큼만 대출을 받는 것이 중요하다.

나의 생활에 한 가지씩 적용하기

주거에 대해서도 사회복지 지원이 확장 되고 있음을 알 수 있다. 공적지원으로 받을 수 있는 혜택을 나의 주거상황에 맞게 적용할 수 있도록 준비해보자.

이사 완벽하게 하기

이사한다는 것은 '사는 곳을 옮긴다'는 의미다. 누구에게나 다가오는 생활사건이고 어떤 사람에게는 설렘이고 누군가에게는 슬픔이다. 이제 막 주거독립을 시작하는 새내기 청년입장에서 사전 준비와 계약하기 그리고 임차인에 대한 보호조건까지 꼭 필요한 내용을 알아본다.

사전조사에서 이삿날까지

우선 할 일은 주택과 주거환경을 선택하는 것이다. 주택 내부구조나 외부 주거환경 모두 중요하다. 원룸오피스텔, 빌라, 아파트처럼 주택의 종류뿐 아니라 집주변에 공원이나 산책로가 있고 조용한지 등 주거환경도 동시에 생각해 봐야 한다.

- **주택상황:** 혼자서 잠만 잘 수 있으면 된다. 취사가 가능해야 한다.
- **주거환경:** 직장근처, 골목길 안전성, 주변 소음, 산책 및 공원 환경
- **금액조건:** 보증금, 월세, 관리비용으로 얼마가 가능한지?

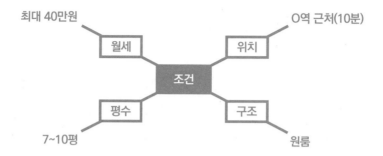

주거선택 기준을 정했다면 나의 선택기준을 적용할 차례이다. 본인이 원하는 지역과 주택을 온라인으로 충분히 검색해서 선택기준을 수정하고 조정한다. 인터넷 사이트에서 원하는 조건의 주택에 대해서 충분한 정보를 검색해 볼 수 있다. 가격비교나 이사할 동네 환경에 대한 사전 수고를 줄여줄 수 있어서 좋다. 그런 다음 부동산중개소에 원하는 내용을 전달하고 방문 예약을 한다. 주의할 것은 중개소는 어쩌면 집주인에게 이익이 되도록 소개할 수도 있어서 언제든 나의 주거기준을 잊지 않아야 한다. 선택기준에 맞고 마음에 드는 최종 2~3곳의 주택은 재차 방문해서 "결로 및 곰팡이, 수도(상, 하수)와 보일러, 파손된 곳"을 세밀하게 체크해야 한다. 해가 없는 저녁시간에 방문한다면 현 입주자에게 일조량 상태를 물어보면 좋다.

다음은 등기부등본을 확인하고 계약서를 작성하는 순서이다. 맘에 드는 집을 선택했다면 부동산중개소에서 등기부등본을 확인한다. 등기부등본은 사람들의 신분증같이 주택에 대한 신분증이라고 이해하면 쉽다. 아래에 있는 샘플처럼 주소와 소유자 이름과 근저당 항목을 확인한다. 소유자 이름과 집주인이 일치하는지를 파악하고, 근저당 항목에서 이 주택을 담보로 얼마의 대출을 받았다는 기록을 확인할 수 있다. 대출이 많으면 나중에 내 보증금을 못 받게 되는 일도 생길 수 있다.

등기사항전부증명서(현재유효 사항) - 집합건물

[집합건물] 경기도 파주시 금촌동 1019 서원마을뜨란채 제701동 제4층 제405호   고유번호 2849-2005-008810

【 표 제 부 】		(건물의 표시)		
표시번호	접 수	소재지번, 건물명칭 및 번호	건 물 내 역	등기원인 및 기타사항
1	2005년 7월 1일	경기도 파주시 금촌동 1019 서원마을 뜨란채 제701동 제4층 제405호	철근콘크리트구조 84.80㎡	도로명 주소 2013년 4월 4일 등기

【 갑 구 】		(소유권에 관한 사항)		
순위번호	등 기 목 적	접 수	등 기 원 인	관 리 자 및 기 타 사 항
4	소유권이전	2015년11월25일 제108316호	2015년6월5일 매매	소유자 박 ○ ○ 600000-1000000 경기도 파주시 ----------

【 을 구 】		(소유권 이외의 권리에 관한 사항)		
순위번호	등 기 목 적	접 수	등 기 원 인	관 리 자 및 기 타 사 항
3	근저당권설정	2015년11월25일 제108317호	2015년11월25일 설정계약	채권최고액 금123,000,000원 채무자 박 ○ ○ 600000-1000000 경기도 파주시 ----------

열람일시: 2018년01월23일 10시29분57초

주소와 소유자가 일치하고 근저당항목이 있지만 금액이 크지 않아서 안심이 되었다면 다음은 계약서를 작성할 차례이다. 계약서 항목에서 임대인은 집주인이고 임차인은 세입자이며 집을 빌리는 사람이라는 뜻이다. 부동산 중개소에서 제시한 계약서를 순서대로 작성하고 특히 특약사항을 집주인과 꼼꼼하게 협의해야 한다. 특약사항은 아래 예시와 같은 내용들을 계약서 아래 부분에 집주인과 세입자간에 별도로 작성하는 약속사항이다.

계약서 작성 후 보증금의 10%를 집주인의 통장으로 입금하면 계약이 완료된다. 이제 이사날짜에 맞추어 이사하고 잔금과 부동산 중개비용은 이삿날에 계산하면 된다.

이삿날 해야 할 일은 잔금완납과 중개수수료 결제 그리고 전입신고와 확정일자를 받는 일이다. 이삿짐을 풀기 전에 부동산 중개소에 가서 이사일 전까지의 관리비와 전기·수도·가스비 미납액을 확인하고 정산한 후 계약금(10%)을 제외한 나머지 잔금(90%)를 집주인의 계좌로 입금한다. 중개수수료는 고정되어 있어서 가격표와 요청하는 금액이 일치하면 결제하면 된다. 중개수수료표는 다음과 같다.

거래내용	거래금액	상한요율	한도액	비고
임대차	5천만 원 미만	0.5%	20만 원	전세 : 전세금(보증금) 월세: 보증금+(월세×100) *단 거래금액이 5천만 원 미만일 경우 보증금+(월세×70)
	5천만~1억 원 미만	0.4%	30만 원	
	1~3억 원 미만	0.3%		
	3~6억 원 미만	0.4%		

이삿짐을 집안으로 옮긴 후에는 동주민센터로 가서 전입신고와 확정신고를 한다. 전입신고는 이사 왔다는 사실을 거주지 관할 동주민센터에 가서 본인 이름으로 신고 등록하는 것이고, 확정일자는 주택임대차계약을 체결한 날짜를 확인해 주기 위해 계약서에 날짜가 찍힌 도장을 찍어주는데 이 날짜가 바로 확정일자이다. 덧붙이면 전입신고, 확정일자, 실제거주 요건을 주택임대차보호 3종 세트라고 하는데, 세입자는 살고 있는 주택이 경매로 넘어가더라도 계약기간동안 거주할 수 있고, 임대보증금을 우선적으로 돌려받을 수 있는 권리를 확보할 수 있다.

다시 이사 갈 때 까지

　　계약 만료 후 정상적으로 이사를 나가는 경우에는 계약 만료 최소 두 달 전에 계약 해지에 대한 의사를 집주인에게 알려주면 된다. 그러면 새로운 세입자가 들어오지 않더라도 계약만료일에 보증금을 받아서 이사 갈 수 있다. 계약기간 전에 이사를 가는 경우에는 집주인에게 사정 얘기를 하고 새로운 세입자가 들어올 때까지 기다리면 된다. 부득이하게 먼저 이사 가더라도 집주인은 계약기간 만료까지 보증금을 반환할 의무는 없다. 새로운 세입자가 들어올 때 집주인이 부담하는 부동산중개수수료를 대신 부담해야 한다.

　　계약기간 이후에도 살고 싶은 경우이다. 계약기간을 연장해야 하고 방법은 '묵시적 갱신과 동일한 조건 또는 변경된 조건'의 세 가지가 있다. 묵시적 갱신은 계약기간까지 집주인이나 임차인 모두 계약연장 의사가 없음을 표현하지 않아 계약기간이 자동으로 연장되는 것이다. 이 경우는 계약기간 만료 이후 계속 거주하다가 이사 예정 3개월 전에만 집주인에게 알려주면 된다. 3개월 후 이사 갈 때 임대보증금을 받아서 나가면 된다.

최초 계약기간	묵시적 갱신 중	3개월

계약만료   계약해지통보   계약해지가능

입주할 때 작성한 계약서와 동일한 조건일 때는 집주인과 최초 계약서에 연장기간을 적고 서로 서명하고 사인으로 마무리하면 되고 전입신고와 확정일자를 받을 필요는 없다. 보증금 인상 등 변경된 조건으로 연장하는 경우에는 계약서를 다시 작성해야하고 이때는 동주민센터에 가서 확정일자를 다시 받아야한다. 그런데 만약 정상적인 경우인데도 보증금 분쟁이 일어난다면? 정상적으로 계약 만료 두 달 전에 이사를 간다고 통보했음에도 집주인이 보증금을 제때 돌려주지 않으려고 한다면 법적으로 대응할 수 있다. 전월세 지원센터(Jeonse.lh.or.kr)를 통해 무료로 상담 받을 수 있다.

한 가지 더 추가하면 등기부등본에 근저당항목이 있는 집을 피하는 것이 원칙인데 근저당이 하나도 없는 주택을 찾는 것은 쉽지 않다. 현실적인 선택은 주택가격대비 근저당권설정이 내 보증금 반환에도 문제가 되지 않을 금액이라면 괜찮을 수 있다. 예를 들면 주택가격이 2억 원인데 근저당권설정액이 7천만 원이고 내 보증금이 5천만 원이면 주택이 경매로 팔리더라도 7천만 원을 먼저 갚아주고 나머지 돈에서 내 보증금 5천만 원을 받을 수 있게 된다.

지금까지 사회초년생의 입장에서 주택을 선택하는 기준부터 이사 후 할 일까지를 정리했지만 집주인과 세입자간의 분쟁은 다양하게 일어날 수 있다. 스스로 최선을 다해 경험해보더라도 최종 결정 전에 반드시 주변에 경험 있는 여러 사람들과 상의하면 더 좋겠다.

라이프사이클(생애주기)에 적합한 주거선택

주택은 가족이 생활하는 공간이기도 하고, 한가정의 중요한 자산이고, 투자의 대상이 되는 부동산상품이기도 하다. 거의 모든 사람들이 내 집을 소유하는 것을 기본적으로 열망하지만 상상이상으로 높은 가격부담 때문에 임대주택이라는 차선의 선택을 하고 있는 상황이다. 구매할 수 있는 가계소득과 주택가격 상승률의 차이가 벌어지고 있어서 내 집 마련의 기회는 점점 멀어지는 상황이나 주요도시에서 부동산 가격의 상승이 근래에 계속 있었기 때문에 대출을 활용해서라도 구매해야한다는 생각은 거의 강박이 되다시피 하고 있다. 주요 선진국들에서도 부동산 가치의 증가가 근로소득의 증가율보다도 더 크다는 것이 연구사실로 밝혀졌으니 투자 상품으로 주택을 보더라도 단순히 투기적인 관점으로 치부할 일은 아닐 것이다. 그럼에도 불구하고 주거의 본질은 가족들이 안전하게 생활하는 보금자리임에는 틀림없다.

사회초년생인 미혼시절의 주거는 부모님 댁에서 생활하는 것이 최선이다. 독립해야 한다면 행복주택 같은 공공임대주택이면 좋고, 주거 환

경이 다소 불편하더라도 혼자 생활하기 불가능할 정도만 아니면 된다. 왜냐하면 직장생활에 적응하고 성장하는 시기이기 때문에 집에서 생활하는 시간은 거의 잠잘 때뿐이어서 주거에 많은 비용을 들일 필요가 없는 시기이다. 이때는 주거비 절약으로 향후 종자돈을 모아갈 때이다.

신혼과 육아시기의 주거선택 기준이다. 저렴하고 안정적인 공공임대주택을 우선으로 선택하면 좋다. 부부 중 직장과 살림의 비중에 따라 거주 지역을 정하고 주의할 것은 주택크기를 키우지 않도록 해야 하는 것이다. 아기 포함 3인 가족이니까 넓은 집이 필요 없고, 고가의 가구 가전 및 인테리어는 자녀가 성장한 후에 구입하면 된다. 자녀가 4~5세가 되기 전까지는 깨끗한 집안을 유지하기가 어렵다. 이 시기에도 우선할 일은 주거 종자돈을 모아가는 일이다. 주거 종자돈은 오랜 시간이 걸리는 과제이기 때문에 단기간에 억지로 저축을 늘리는 것보다도 일상적으로 저비용구조를 만드는 것이 더 큰 저축을 위해 필요한 일이다. 지출관리로 저축하는 경우를 예를 들면 30세에 결혼하고 90세까지 앞으로 60년을 지출할 때 월10만 원씩 생활비를 줄인다면 120만 원 × 60년=7,200만 원이 저축되는 효과다. 생활비 절약은 살림규모가 커질수록 누진적으로 증가될 수 있다.

공공임대주택도 좋지만 여의치 않다면, 무리하지 않게 주택대출을 이용해서라도 부부기준에 맞는 자녀육아 환경을 선택하면 좋을 것이다.

마지막으로 인생안정기와 노후생활기 주거선택 기준이다. 오랫동안 안정적으로 생활할 수 있는 주거를 선택한다. 주거자금도 준비되었다면 주택을 구입해도 좋다. 노후생활은 수입이 줄어드는 시기이기 때문에 주거비용에 부담 없는 공공임대주택에서 안정적인 노후를 보내는 것을 선택할 수도 있다.

어떤 신혼부부의 첫 출발

지역 소도시에서 생활하는 맞벌이 신혼부부의 주거와 관련된 사례이다. 신혼주택으로 자녀들의 성장이나 교육환경에 좋은 지역을 선택하여 33평 아파트를 4천만 원과 대출 1.1억 원을 더해 1.5억 원에 구입했다. 3년 거치기간 조건이 있어서 원금상환 없이 이자만 월 45만 원을 내고 있지만 3년 후에는 원금과 이자를 내야한다. 당시 부부의 월소득은 400만 원 이하이다.

생각해볼 것은 현재 조건과 곧 다가올 3년 후 생활을 예상해보는 일이다. 결혼 후 3년의 시간은 가장 많은 변화가 발생한다. 결혼으로 혼자만의 생활에서 둘의 생활로 확장되었고 양가와 친인척들까지 관계망이 확장된다. 그러나 역시 최고의 변화는 임신과 자녀출산 과정과 양육문제다. 이런 정도의 변화는 예측할 수 있기 때문에 다가올 3년의 과정도 쉽지 않은데 단 한 번으로 먼 미래까지 감안해서 결정한 주거 선택이 현명한 선택이었을까? 현재 상황과 3년 후를 예상하면서 신혼부부의 살림 시나리오를 현금흐름 중심으로 구성해본다.

현재는 넓은 새 아파트에서 아름다운 신혼생활을 하는 모습으로 그려진다. 월 400만 원의 맞벌이수입에서 대출이자(원금 없음)가 월 45만 원이고 월평균 저축액은 30만 원이다. 자녀계획이 있기 때문에 출산 후 육아휴직으로 부부 중 한명의 수입은 줄어들게 된다. 줄어드는 수입이 적어도 월평균저축액 30만 원보다는 많을 것으로 예상되어 이미 2년차부터 적자살림을 예상할 수 있다. 더 어려운 점은 3년 후에는 원금상환이 추가되어 월상환액이 91만 원(원금46만 원, 20년 상환)으로 증가한다는 것이다. 저축중단, 생활비 적자예상, 이른 직장복귀 등 적극적으로 대비해야하는 부부의 상황을 그려볼 수 있다.

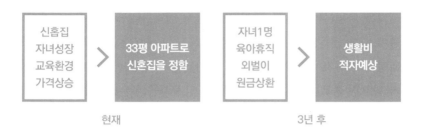

신혼부부 주거에서 생각해 볼 점이 있다. 깨끗하고 아늑한 공간을 만들어서 신혼집으로 생활하는 것도 좋으나 조건이 되어 새 집에서 신혼살림을 시작할 수 있다면 감사할 일이다. 그러나 신혼은 번듯한 새 집에서 시작해야 한다는 관념이나 부동산가격은 무조건 상승한다는 기대감, 또는 안정된 결혼생활을 위해서는 내 집이 있어야한다는 생각들이 신혼부부에게 너무나 버거운 20년 상환계획을 남기지 않았을까?

전통적으로 보면 신혼집 문제는 결혼 당사자보다는 주로 양가 부모의 관심사인 경우가 많다. 자녀 결혼으로 밖으로 보여지는 부모의 체면도 있기 때문에 자녀의 신혼집은 부모의 평가 기준이 되기도 한다. 또한 주택문제로 평생을 씨름해왔던 본인들의 경험이 자녀의 주택에 투영되는 것이다. 주택은 빨리 사놓으면 무조건 돈이 된다는 것이 거의 신념화되어있고 주택이라는 물질적인 토대가 주는 안정감이 두 사람의 결혼생활을 더 단단하게 한다는 믿음도 있다. 자기 집이 없이 세살이를 하면 결혼생활도 정착하지 못한다는 염려 때문이다. 부모가 직접 사주지 못하는 형편이라도 자녀부부가 대출로라도 구입한다면 서로 협심해서 상환해갈 때 결혼생활에 좋은 역할로 작용할 것으로 생각하는 것이다.

　그러나 주택은 결혼의 우선요소가 아니다. 필수요소도 아니고 충분요소도 아니다. 결혼생활에서 필요한 여러 요소 중의 하나일 뿐이라는 생각을 나눠본다면 좋을 것이다. 결혼 준비과정에서는 부부소득과 지출에 대한 공동관리 방법을 고민해보고, 결혼 후에는 임신과 출산 육아 과정이 이어지는 결혼 생활 초기의 가정경제 상황을 예측해보는 기회가 있으면 좋겠다. 결혼으로 생겨나는 당사자들의 문제는 하나 둘이 아니다. 임신과 출산까지 10개월간 신기한 경험을 하고 자녀와 함께하는 3인 가구의 생활은 꿈만 같은 일이다. 모든 것이 서툴고 불안하지만 책임과 의무감으로 삶의 긴장감은 팽팽하다. 결혼 후 지금까지 못다 한 효도를 생각하면서 적은 금액이지만 부모님께 용돈도 준비하고, 어느 집의 사위, 며느리로 양가 친인척들의 경조사에 제때마다 참석해야 한다. 주중 주말 할 것 없이 빡빡한 일상이다. 제발 여기에 부부의 돈 문제라도 겹치지 않기를 바랄 뿐이다. 부부간의 갈등 원인이나, 혹시라도 헤어지게 되는 주된 원인이 심리정서 차이, 가치관이나 가족관 같은 인생관 차이 등 한마디로 성격차이라고 하는 듯하지만, 실제로는 돈 문제가 결혼생활 전체 그리고 부부갈등의 모든 것을 차지한다고 해도 과언이 아니다. 성격차이는 오히려 결혼 전 서로 사귀거나 살피는 과정의 주요문제이다. 물론 연애시절에 모든 것을 알 수는 없어서 결혼 후 생활하면서 확인했을 수도 있다.

　『돈의 교양』의 저자 이즈미 마사토는 "돈은 당신을 비추는 거울이다"라고 했다. 돈의 흔적을 보면 그 사람의 사고, 행동, 성격이 보인다. 식생활, 음주량, 취미, 낭비벽, 독서량, 건강상태, 인간관계까지, 더 나아가 미래행동까지도 유추할 수 있다. 이처럼 돈은 사용하는 인간의 모습을 있는 그대로 나타낸다. 왜냐하면 사람들은 내가 가진 돈을 가장 귀하고 소중하고 가치 있는 대상과 기회에 사용하려는 경향이 강하기 때문이다. 부부의 개인 취향, 인생가치관, 자녀양육철학의 기저에는 돈에 대한 각자의 관점이 흐르고 있는 것이다. 안타깝지만 사랑을 속삭이기보다는 가계지출비를 정리하느라 나누는 대화가 하루 중 더 많을 수도 있다.

소득과 지출 관리는 결혼생활에서 특별히 분리하고 관리해야할 기술 분야이다. 신혼부부가 돈 관리를 잘 하는 것은 어렵다. 그렇다고 부모에게 배우는 것은 현실적으로 가능하지 않을 수 있다. 과거와 생활패턴이 너무도 달라졌다. 맞벌이 시대이고 양육도 공동과제이다. 부모시절의 결혼은 아무래도 여성의 희생이 뒤받침으로 유지되던 구조였다는 생각을 부정하긴 어렵다. 사귀는 과정에서뿐만 아니라 결혼 후 어느 시기까지도 돈 문제를 터놓고 대화하는 커플은 많지 않은 듯하다. 상담을 하면서 이런 경우를 많이 경험하게 된다. 맞벌이의 경우 각자 소득을 모르고 있고 공동지출만 관리하는 경우도 적지 않다. 돈을 객관화하고 부부가 공개적이고 자연스런 대화를 할 수 있는 기술이 필요하다.

마지막으로 신혼부부가 주거 선택에서 신중해야 하는 것은 초기 주택구입자금도 문제가 되지만 계속 지출되는 주거비 때문이기도 하다. 주거비는 가계지출항목에서 대표적인 지출이다. 주거비가 다른 가계지출의 기준으로 작용하는 것은 소비심리적인 요소가 개입되어 있기 때문이기도 하다. 특히 주위 환경에 따라 금액과 종류가 달라진다. 일반주택이 아닌 자이, 래미안, 힐스테이트에 살면 자동차도 옷차림도 취미생활도 자녀사교육도 종류와 가격이 달라진다. 주변과 깔 맞춤을 좋아하는 사람들의 심리는 본능적이다. 또 집의 크기에 따라서도 넓은 집은 넓은 집에 어울리는 가구와 장식이 필요하다. 소파도 손님용까지 5인용, 식탁도, 냉장고도, 자녀 책상도... 어느새 빈공간이 없이 꽉 채워진다. 어쩌다 이런 생활을 시작했다면 이젠 작은 집으로 이사 갈 수가 없다. 평생 고정비용의 기준이 되어버린다. 해결안은 소득을 늘리는 것뿐이지만 언제든지 곧바로 지출을 줄이거나 소득을 늘릴 수 있는 사람은 거의 없다. 그렇게 때문에 청년기와 신혼부부시기부터 저비용 주거환경을 의식적으로 선택하는 습관이 필요하다.

학습확인하기

1. 주택의 주소와 소유자, 그리고 어떤 재료로 건축했고 부채가 설정되었는지를 나타내주는 서류인데 사람들의 신분증 같은 역할을 한다고 볼 수 있다. 이것은 무엇인가?

   (   )

2. 임차인의 권리를 보호받을 수 있는 주택임대차보호 3종 세트는 전입신고, (   ), 실제거주 하는 것이다.

3. 생애주기에 맞는 주거선택의 기준이다. (   )에 필요한 주거환경은 우선적으로 자녀성장에 안전한 환경을 조성하는 것이 최고다. 공공임대주택도 좋지만 여의치 않다면, 무리하지 않게 주택대출을 이용해서라도 부부기준에 맞는 자녀육아 환경을 선택하면 좋을 것이다.

나의 생활에 한 가지씩 적용하기

내가 살기 좋은 집의 기준을 주택상황, 주거환경, 금액조건으로 생각하는 습관이 필요하다. 생애주기별로 3가지 조건 중 우선순위가 달라질 수 있다. 예를 들면 미혼 청년기에는 금액조건이 저렴한 것을 우선으로 선택할 수도 있다.

확인학습하기 정답) 1. 등기부등본 / 2. 확정일자 / 3. 자녀성장기

제5장

부채:
과거지출관리

부채란 다른 사람이나 금융회사에 빚진 돈이다. 대출을 받았든, 신용카드를 사용했든, 청구서 지불이 밀렸든 그건 모두 빚이다. 부채 상환을 위해 수입 중 일부를 사용한다는 것은 기분 좋은 일은 아니다. 이런 이유로 부채에 대해 부정적인 정서가 많은 것은 당연하지만 대출과 상환과정도 수입과 지출, 저축과 소비처럼 가정경제 작동원리의 한 부분이다. 잘 이해하고 효율적으로 관리하는 방법이 필요하다.

퀴즈로 이해하는 부채용어

Q1. 대출계약에 따라 대출금을 상환하지 않을 경우 채권자가 받을 수 있는 담보가 있는 대출은 무엇인가?

A. 원금   B. 담보대출   C. 연간 이자율

Q2. 우리나라 법정최고금리는 24%이다. 남에게 돈을 빌려 쓴 대가로 지불하는 금액은 무엇인가?

A. 원금   B. 이자   C. 수수료

Q3. 일정 금액의 돈을 빌려 정해진 기간으로 나누어 상환하는 것은 무엇인가?

A. 만기일시납   B. 원금   C. 할부대출

Q4.신용카드 결제금액이 부족하면 카드대금 중 일부만 결제하고 나머지 금액은 다음 달로 이월되는 서비스이고 연체로 처리되지는 않으나 이월금액에 대해서는 높은 이자를 내야한다. 무엇인가?

A. 할부대출   B. 리볼빙 서비스   C. 임대차계약서

Q5.대출자의 상환 책임을 담보물로 한정하는 대출이다. 채무자의 책임에 한계를 둔다고 해서 유한책임대출이라고도 부른다. 주택담보대출의 (   )로 받았다면 채무자의 상환부담은 해당 주택만으로 한정된다. 괄호 안에 들어갈 말은 무엇인가?

A. 신용대출   B. 비소구대출   C. 원리금균등상환

신용과 부채

신용(Credit)은 돈을 빌릴 수 있는 능력이고, 부채(Debt)는 갚아야 할 빚을 말한다.

채무자와 채권자

채무자(Debtor)는 돈을 빚진 사람이고, 채권자(Creditor)는 채무자에게 돈을 빌려주는 사람이나 금융회사이고 대부업자(Lender)라고도 한다.

담보대출과 무담보대출

담보대출(Secured loans)은 담보가 필요한 대출이다. 담보물(Collateral)은 집, 차량 또는 예금과 같은 소유 자산이다. 합의된 대로 대출금을 상환할 수 없다면, 채권자는 담보물에서 빌려준 돈의 일부 또는 전부를 돌려받는 데 사용할 수 있다. 주택담보대출, 자동차담보대출, 예금담보대출, 약관대출(보험료 담보대출)등이 있다. 무담보 대출(Unsecured loans)은 담보물이 필요 없는 대출이다. 빌린 돈을 갚겠다는 약속만으로 대출이 이뤄지는 신용대출이다. 신용카드 현금서비스와 마이너스통장, 학자금대출도 신용대출이다.

원금과 이자와 수수료

원금(Principal)은 빌린 돈의 금액이다. 이자(Interest)는 돈을 사용하는 대가로 지불하는 금액이고 보통 퍼센트(%)로 표시한다. 수수료(Fee)는 대출 진행 과정에서 발생하는 비용이나 연체수수료, 중도상환수수료 등이 있다.

리볼빙 결제

일부결제금액 이월약정(리볼빙) 결제란 신용카드와 현금서비스 이용금액을 일정 비율 또는 일정 금액 이상으로 상환하면 잔여 이용금액이 다음 달로 이월되어 상환이 연장되고, 잔여 이용한도 범위 내에서 계속 카드를 사용할 수 있는 결제 방식이다. 이 때 다음 달로 이월된 이용금액에 대해서는 이월약정(리볼빙) 이자가 부과된다. 일반적으로 전체 금액에서 5~10% 이상 또는 5만 원 이상 입금되면 연체로 처리되지 않는다는 장점이 있지만 매우 위험한 결제방식이다.

비소구대출과 소구대출

비소구대출은 대출자의 상환 책임을 담보물로 한정하는 대출이다. 유한책임대출이라고도 한다. 주택담보대출의 경우 비소구대출로 받았다면 채무자의 상환 부담은 해당 주택으로 한정된다. 매매가격이 대출금액에 못 미쳐도 주인은 주택을 은행에 넘겨주고 떠나면 채무가 종결된다. 반대는 소구대출이다. 소구주택담보대출의 경우에는 은행이 주택을 팔고도 부족한 돈에 대해서는 채무자에게 요구하는 것이다. 담보물건의 가치를 계산할 필요 없이 무조건 대출해주어도 은행은 거의 손해 날 일이 없으므로 은행에게 절대적으로 유리한 계약조건이다.

정답: B.담보대출 / B.이자 / C.할부대출 / B.리볼빙 서비스 / B.비소구대출

부채 폭넓게 이해하기

부채는 빌린 돈이고 갚아야 할 돈이다. 다른 사람이나 금융회사에서 대출을 받았든, 신용카드를 사용했든, 청구서 지불이 밀렸든 그건 모두 빚이다. 예를 들면 전기요금은 부채가 아니지만, 지불 기한이 지난다거나 현금 없이 신용카드로 결제하는 경우에는 빚이 될 수 있다.

부채는 갚아야 할 돈이 빌린 돈보다 더 많다. 부채 문제는 돈을 빌린 후 상환하는 과정에서 발생한다. 일반적으로 이자를 지불하고 때로는 빚을 완납할 때까지 수수료를 지불하게 된다.

부채는 좋은 빚이나 나쁜 빚의 구별이 없다. 때때로 사람들은 "좋은 빚" 또는 "나쁜 빚"으로 분류한다. 결론부터 말하면, 어떤 부채도 좋고 나쁨으로 구별되는 것은 없다. 교육을 위해, 집을 사기 위해 또는 자동차를 구입하기 위해 빌리는 것은 좋은 경우라고 생각하고, 소비를 위한 현금서비스나 단기대출 등은 '나쁜' 빚으로 여기는 사람도 있다. 그러나 항상 그렇게 간단하게 구별할 수 있는 것은 아니다. 부채로 얻은 주택이나 학위나 자격증의 이익이 들어간 비용보다 더 클 것이라고 기대하는 것일 뿐이다.

예를 들어 자격증이나 학위를 취득하는 것은 더 나은 급여를 주는 일자리와 고용 안정으로 이어질 가능성이 있지만 더 나은 직업을 찾을 수 없다면 오히려 부채 상환 부담만 가중하게 된다. 대출로 주택을 구입했는데 가치가 하락하거나 재산세, 건강보험료 등으로 주거유지비가 증가하는 경우도 있을 수 있다.

부채는 악화되는 성향이 있다. 앞으로 받게 될 수입에서 빚을 갚아야 하므로 이미 미래소득의 일부가 부채상환으로 의무화된다. 이 말은 미래소득을 어떻게 사용해야 할지에 대한 선택권이 줄어든다는 뜻이고, 이로 인해 인생의 중요한 선택을 포기하거나 달성하고자 하는 목표를 미뤄야 할 수도 있다. 이는 일상생활에 적지 않은 스트레스를 안겨주어 오히려 충동성 지출이 늘어나는 등 돈 관리 전체에도 부정적인 영향을 끼칠 수 있다.

사례: 2개월째 연체중인 나모라 씨에게 어떤 일이 생길까?

나모라 씨는 은행에서 신용대출로 1천만 원을 받았다. 대출 후 10개월 동안 매월 30만 원씩 상환하였으나 최근 실직하는 바람에 2개월째 연체되고 있고 신용카드 사용 금액도 연체되기 시작한다. 곧 경찰서에 조사를 받으러 가야하고 어쩌면 교도소에 갈지도 모른다는 걱정에 쌓여 나모라 씨는 매일 불안하다. 어떻게 위로의 말을 전하면 좋을까?

나모라 씨는 경찰서에 가지 않을 것이고 교도소에 갈 일도 없다. 대출사기 사건은 아니기 때문이다. 현실적인 걱정거리는 은행의 다양한 추심이다. 은행이 통장과 재산을 압류하는 소송을 준비할 수도 있다. 또 연체기간이 한 달만 더 지나면 신용불량자로 등록될 수도 있다.
부채는 개인 상호간의 금전거래에서 발생한다. 나모라 씨는 단지 은행과의 상환약속을 못 지킨 것일 뿐이다. 국가의 법을 위반한 것이 아니기 때문에 경찰서나 교도소에는 가지 않는다. 그래도 은행에서 법적

소송을 한다면 나모라씨는 법원에 출석할 의무가 있다. 이런 경우를 민사사건이고 민사소송이라고 한다. 반면에 나모라 씨가 사기로 돈을 빌려서 상환하지 않았다면 형사사건이 될 수 있다. 폭력, 사기, 절도 등을 저질러 국가가 정한 법률을 위반한 경우에 경찰이 국가를 대신하여 체포·조사를 하고 교도소에 가거나 벌금을 납부해야 한다.

부채 문제는 여러 가지 돈 문제 중 하나일 뿐이다. 돈의 흐름이 엉키고 막혀서 아픈 것이라고 생각하고 치료하면 된다. 실제로 몸이 아플 때의 대처법과 같다. 중병이면 중병대로, 가벼운 감기몸살이면 이에 맞게 치료를 하면 된다. 내 몸에 병이 생긴게 창피하고 부끄러워서 숨는 사람은 없을 것이다. 또는 가벼운 증상을 억지로 키워서 중병을 만드는 사람도 없을 것이다. 돈을 빌리고 상환하지 못하는 부채 문제는 개인 간의 상거래 약속을 지키지 않아서 생긴다. 약속을 했으면 지키는 것이 도의에 맞다. 그러나 피치 못할 사정이 생기면 기간 내에 약속을 지키는 것이 어려울 수도 있다. 가정경제 상황에 맞게 부채 문제를 해결해 가는 것이 바람직한 태도이다.

신용관리, 뭐냐?

　신용관리가 잘못되면 은행거래도 못하고 직장에서 해고되거나 취직도 못하는 등의 무시무시한 결과가 발생하는 것으로 잘못 생각하는 사람들을 주변에서 쉽게 만날 수 있다. 신용은 대출받을 능력을 평가하는 것이다. 일상적으로 소득활동을 하고 저축과 지출관리만 꾸준히 하여도 꽤 높은 신용등급을 유지할 수 있다.

청년A	청년B
신용카드 사용안함 현금서비스, 카드론 이용 안 함 체크카드나 현금으로 결제	신용카드 매월 100만 원 사용(연체 없음) 현금서비스 50만 원 이용 후 바로 상환 현금 사용하지 않음

　두 청년 A와 B 중에서 누구의 신용과 신용등급이 더 좋을까라고 질문하면 청년A가 신용이 좋다고 하면서도 신용등급은 청년B가 높을 것 같다고 답하는 경우가 많다. 덧붙여서 직원채용을 한다면 누구를 더 선호하는가라고 질문하면 대부분 청년A를 말한다. 다소 답답해 보이지만 돈 관리가 안정적이어서 더 신뢰할 수 있을 것 같다고 한다.

신(信)용(用)이란?

　금융회사에서 사용하는 '신용'과 인간관계에서 사용하는 '신용'은 같은 의미가 아니다. 일반적으로 인간관계에서는 "사람이나 사물이 틀림없다고 믿어 의심하지 아니함 또는 그런 믿음성의 정도"를 의미하지만,

금융경제에서는 "거래한 재화의 대가를 앞으로 치를 수 있음을 보이는 능력으로 외상을 하거나 빚을 낼 수 있는 능력"을 의미한다. 신용과 신용등급과 신용관리는 금융업계에서 사용하는 특수용어이다.

일반적 의미의 신용		경제적 의미의 신용
어떤 사람을 믿어 의심치 않거나 그 믿음의 정도	≠	빚 낼 수 있는 능력, 빚 갚을 수 있는 능력

개인신용평점이란?

신용평가결과는 신용평점으로 나타나는데 이는 각 개인의 신용위험이 정밀하고 객관적인 평가 기준을 통해 수치화된 것이다. 개인신용정보를 종합하여 1년 내 90일 이상 장기연체 등이 발생할 가능성을 점수화한 것이다. 금융회사가 걱정하는 것은 돈을 빌려주고 받지 못하는 경우이다. 이를 방지하기 위해 고객이 상환하지 못할 확률을 통계적으로 계산하여 만든 점수를 의미한다.

> 1점~1,000점으로 개인별 점수화
> 점수가 높을수록 연체위험이 낮음을 의미
> 돈을 빌리고 잘 갚는 사람이 높은 점수를 받도록 설계되어 있음

연체일수	5일 이후	30일 이내	89일 이내	90일 이후
구분	신용평점 반영	단기연체	장기연체	채무불이행등록

개인신용등급이란?

신용등급은 개인신용평점을 보기 쉽게 구분하여 1~10등급으로 나누어 놓은 것이다. 1등급이 가장 좋은 신용을 의미하고 6등급 이하를 저신용으로 분류한다. 빚을 낼 수 있고 빚을 갚을 수 있는 능력을 등급화한 것일 뿐이다.

등급	구분	의미 및 특징
1~2	최우량등급	오랜 신용거래 경력과 다양하고 우량한 신용거래 실적을 보유하고 있어 부실화 가능성이 매우 낮음.
3~4	우량등급	활발한 신용거래 실적은 없으나, 꾸준하게 우량한 거래를 지속한다면 상위등급 진입 가능하며 부실화 가능성은 낮은 수준임
5~6	일반등급	비교적 금리가 높은 금융업권과의 거래가 있는 고객으로 단기연체 경험이 있으며 부실화 가능성은 일반적인 수준임
7~8	주의등급	비교적 금리가 높은 금융업권과의 거래가 많은 고객으로 단기연체 경험을 비교적 많이 보유하고 있어 부실화 가능성이 높음
9~10	위험등급	현재 연체 중이거나 매우 심각한 연체의 경험을 보유하고 있어 부실화 가능성이 매우 높음

	활용기간(예시)	활용사례
금융회사	은행, 카드, 할부금융사, 보험사, 상호금융, 저축은행 등	대출 실행(한도, 금리), 신용카드 개설 등 의사 결정시 참고지표로 활용
비금융회사	대부업/대부중개업	대출 심사 시 참고지표로 활용
	일반기업체	대리점 관리, 신용거래 개설 등 의사결정 시 참고지표로 활용

신용등급이 높으면 좋은 점

신용대출을 받는데 유리하고 이자와 대출금액을 유리하게 조정할 수 있다. 또 신용카드 발급과 휴대폰을 개통하는데 유리하다.

사례: 사회초년생 이○○(28세)씨는 3개의 신용카드를 사용하고 있었는데, 결제일자를 제대로 확인하지 않아 연체가 발생하였고, 이로 인해 신용등급이 7등급으로 하락하였다. 결혼준비를 하면서 부족한 보증금을 마련하기 위해 3천만 원을 은행에서 신용대출받고자 하였으나 거절당하였다.

신용등급이 낮으면 불리한 점

반면에 신용점수가 매우 낮으면 위에서 말한 신용대출과 신용카드 및 휴대폰 개통을 못하거나 제한받을 수 있다. 가장 낮은 10등급은 금융회사에서 돈을 빌린 후 90일 이상 연체하는 경우이다 보통 신용불량자가 되었다고 말한다. 이때 가장 불편한 점은 채무상환 때문에 채권자의 추심(돈 갚으라고 하는 것)이나 법적조치(소송, 압류)가 가중되면서 일상생활이나 직장생활을 정상적으로 유지하기 힘들 수 있다는 것이다.

사례: 직장인 김○○(38세)씨는 할부로 자동차를 구입하였는데, 신용관리의 중요성을 인식하지 못하고 할부금을 연체하여 신용등급이 5등급으로 하락하였다. 전세금 마련을 위해 은행으로부터 5천만 원을 신용대출받고자 하였으나 A은행으로부터는 대출을 거절당하였고, B은행으로부터는 3등급인 동료직원에 비해 2% 높은 대출금리를 부담하여야 한다는 말을 들었다.

신용등급에 긍정적인 요소

- 대출금을 연체하지 않고 성실하게 상환한 기록은 금융소비자가 부채를 상환할 능력과 의지가 있는 것으로 평가되어 신용평가 시 긍정적 정보로 반영된다.
- 신용카드(체크카드 포함)로 적정한 금액을 결제하고 연체 없이 상환하면 긍정적 정보로 반영된다.
- 연체된 대출금을 상환하면 신용평점이 올라간다. 만일 연체가 여러 건 있는 경우 연체금액이 큰 대출보다 연체가 오래된 대출을 먼저 상환하는 것이 신용등급 회복에 유리하다.
- 통신·공공요금 등을 6개월 이상 성실하게 납부한 정보를 신용조회회사에 제출하면 신용평가 시 가점을 받을 수 있다.

신용등급에 부정적인 요소

- 대출금 연체는 신용등급에 가장 치명적인 영향을 미치는 요소이다. 연체기간이 길수록 불리하다.
- 대출금액 및 대출건수가 많을수록 부정적인 영향이 커질 수 있다.
- 상대적으로 금리가 높은 대부업체나 제2금융권에서 대출을 받으면 상환해야 할 이자부담이 증가하여 연체할 확률이 높아지기 때문에 은행 대출에 비해 신용평점이 더 많이 하락할 수 있다.
- 현금서비스(단기카드대출)를 일정기간, 일정금액 이상 이용하게 되면 부채의 증가로 보아 신용평점이 하락할 수 있다.

진짜 필요한 신용관리, 뭐냐?

"신용관리, 뭐냐?"는 주제의 해답은 "별것 없다. 특별히 신경 쓸 것 없다"이다. 신용등급을 올리기 위해 특별히 노력할 필요도 없고 신용관리에 대해 막연히 염려하지 않아도 된다는 의미이다. 금융경제에서 신용은 대출받을 능력을 평가하는 것이다. 대출을 통해서 영리를 얻는 금융회사는 안전하게 대출을 회수할 수 있어야 한다. 그래서 잘 갚을 수 있는 사람에게 적정한 금액을 대출하려 하는 것이다. 이런 대출기준이 신용등급이다. 신용대출을 이용하지 않고 신용카드를 사용하지 않는 사람에게는 신용등급이 의미가 없다. 주택담보대출이나 체크카드는 신용등급과 무관하다. 현금으로 구매하고 선불요금으로 휴대폰을 개통하는 것도 마찬가지다.

평소 지출관리와 저축으로 필요한 돈을 준비하여 사용하는 사람은 금융회사가 정한 신용등급 기준에 휘둘릴 필요가 없다. 오히려 신용대출이나 신용카드로 비상금이나 일상적인 지출을 하는 것이 건전한 재무상황이 아니고 위험한 상태이다. 혹시라도 신용불량자가 되었을 경우 금융회사로부터 신용으로 돈을 빌릴 수 없는 상태가 되었다는 의미일 뿐이다. 진짜 필요한 신용관리는 지인이나 회사동료들 사이에서 인간적인 신뢰를 유지하기 위해 노력하는 것이다. 경제적으로는 소득 범위 내에서 효율적으로 지출을 관리하는 것이 우선이고, 예상치 못한 응급상황에서 가족이나 지인에게 빌리는 대출이 가장 합리적인 선택이다.

대출을 해야 할 상황과 대출방법

　돈을 효율적으로 쓰기 위해선 벌어서 쓰고, 모아서 쓰는 것과 함께 대출을 통해 돈을 쓰는 것도 적극적으로 활용할 수 있어야 한다. 과거 대출은 가능한 한 피해야 할 것이라는 인식이 일반적이었지만, 이제 주택구입이나 학자금 대출 등 대규모 자금이 필요할 때 대출을 통해 자금을 융통하는 것은 가계운영에서도 필요한 기술이 되었다. 대출도 돈 쓰는 방법 중 하나이다. 편견과 선입견 없이 대출을 알고 활용하면 좋다.

대출을 잘 활용하기 위한 전제 조건

　돈 관리가 악화된 후에 대출을 받는 것보다는 현금흐름이 나빠지기 전에 미리 대출 준비를 하면 좋다. 그러나 미리 생각하는 것도 어렵고 실행하기에는 더 어려운 일이다. 평소 지출관리를 하고 있지 않으면 다가오는 위험징후를 파악할 수 없기 때문이고, 뭐든지 차일피일 미루려는 사람들의 마음 때문이다. 대출을 선택하는 것이 최선이라면 미리 준비해서 악화되는 것을 막아야 한다.

　필요한 금액만큼만 대출해야 한다. 필요자금 이상으로 여유 있게 대출받아서는 안 된다는 것이다. 여유로 남은 금액은 어느 사이에 사라져 버린다. 뇌에서는 대출받은 돈이 공짜로 얻은 돈이라는 인식이 작동하여 부적합한 지출이 발생할 수 있다고 한다. 경험상 보더라도 돈을 가지고 있으면 중요하지 않아도 꼭 써야할 이유가 생긴다. 이미 우리 마음속에는 소비해야 할 여러 이유가 내재해 있기 때문이다.

언제나 적합한 대출은 원금과 이자를 상환할 수 있을 정도의 대출금 액이다. '금리가 낮을수록 좋은 대출이다'라는 생각은 적합하지 않다. 낮은 이자일지라도 원금을 상환하는 것은 쉽지 않은 일이다. 대출은 결국 원금과 함께 이자를 상환할 때 종료되는 것이다.

대출은 수입과 지출 중간에서 역할을 한다.

현재 수입이 부족하거나 또는 지출이 현재 수입과 저축액보다 많을 때 대출을 활용하여 필요한 지출을 충족한다.

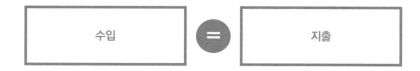

현재 수입으로 모든 지출을 충족하는 경우다. 용돈을 받아서 생활하는 자녀들의 경우처럼 이 경우에는 저축도 대출도 필요 없다.

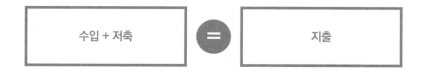

현재 수입에서 기존 저축까지 더해질 때 지출이 충족되는 경우다. 자립적인 경제활동을 하는 모든 사람들과 가정에서 필요한 가장 이상적인 돈의 흐름이다.

수입 + 저축 + 대출		지출

수입과 지출 사이에 대출이 있는 수지구조이다. 현재 수입에서 저축을 더하고 또 대출까지 더해질 때 지출이 충족된다. 자동차, 전세보증금, 주택구입, 사업자금, 학자금 등 소득과 저축으로는 부족한 경우이고 부족한 만큼 대출이 필요하다.

일시적인 소득 중단으로 생활비가 부족해졌으나 취업하면 곧 정상화될 수 있는 경우

이 경우엔 예금이나 보험 담보대출을 활용한다. 예금이나 보험해약환급금에서 필요한 금액을 대출 받을 수 있는데 단기간 이용하기에 좋다. 그러나 신용카드 사용을 확대하거나 현금서비스와 카드론을 이용하는 것은 좋지 않다. 부채를 확장하고 악성화할 수 있기 때문이다.

예금 담보대출(보험약관대출)

나의 예금에서 돈을 빌리는 것이다. 즉 내 돈을 내가 이자 내고 빌려쓰는 것이다. 이 점 때문에 얼핏 기분 나쁘게 생각할 수 있다. 예를 들어 현재 예금이 500만 원이고 예금이율 4% 조건일 때 이중에 400만 원을 빌린다면 예금이율 4%와 수수료 2%를 더해서 월 6%인 2만 원을 매월 은행에 납입한다. 원래 예금이자와 사용료가 포함된 것이다. 은행에 지불하는 2만 원 중에서 원래 받을 4% 이자인 13,300원은 내 예금통장으로 다시 들어가고 2%인 6,700원만 은행의 대출 수수료로 사용된다. 장점은 예금이나 보험을 해지하지 않아도 되고 적은 사용료(약 2% 이내)로 돈을 융통할 수 있다는 것이다. 보험약관대출도 동일한 구조이다. 둘 다 단기간 상환할 수 있을 때 사용한다.

신용카드사용, 현금서비스, 카드론

이러한 종류의 대출은 이자가 비싸다는 점도 문제지만 부채의 규모를 키워가고 악성화할 수 있어서 갈수록 돈관리 위험이 가중된다. 물론 신용카드는 한 달간 무이자 대출이긴 하지만 특히 소득이 중단되거나 부족한 상황에서는 결국은 현금서비스와 카드론을 불러들이는 매개역할을 할 수 있다는 점에서 경계해야 한다.

지속적으로 생활비가 증가되면서 저축을 소진하고 이젠 대출을 받아야 생활이 가능한 경우

활용할 수 있는 대출은 주택담보대출, 퇴직금담보대출이고 피해야 할 대출은 신용대출이다. 이 경우엔 대출상품을 알아보는 것이 우선이 아니다. 일시적인 적자상태를 넘어 적자가 지속적으로 확대되는 경우엔 어떤 대출로도 해결할 수가 없다. 당장은 괴롭겠지만 지출구조 조정을 신속하게 실행해야 한다.

신용대출

담보 없이 개인 신용상태만으로 돈을 빌려주는 대출이다. 개인신용대출, 현금서비스, 카드론, 마이너스통장 등이다. 일반적인 특징은 대출금리가 법정최고금리까지 가는 경우도 많고 대출금액이 보통 3백만 원에서 2천만 원 이하로만 가능하다는 점이다. 이외에 정부에서 지원하는 신용대출(새희망홀씨, 사잇돌, 햇살론)도 있다.

자동차 구입비용이 부족한 경우

신차를 구입하는 경우에 활용할 수 있는 대출은 신차 할부 금융으로, 할부금리가 높지 않다. 이자에 대한 부담이 덜하기 때문에 매월 상환해야하는 원금을 생활에 부담되지 않는 조건으로 정하는 것이 중요하다. 상환기간에 따라 월상환금이 달라지는데, 빨리 갚으면 좋겠지만 5년 이상 장기간으로 설정해도 된다. 중고차를 구입할 때 피해야 할 대출은 중고차 할부대출이다. 고금리 대출이기 때문이다. 이 대신 중고차 할부대출 보다 이자가 저렴한 예금담보대출, 주택담보대출 등 모든 대출을 이용해도 된다.

중고차 할부금리가 신차 금리보다 높은 이유
금융권은 중고차를 사면 신용을 낮게 평가한다. 개인 경제상황이 안 좋은 상태라고 판단하기 때문이다. 또 신차는 출고할 때 정해진 가격이 있지만 중고차는 정가가 없다. 담보가격을 얼마로 해야 할지 기준이 애매하기 때문에 나중에 채권회수용으로 차를 팔았을 때 손해 보는 위험을 피하기 위해 미리 금리를 높게 책정하는 것이다.

전세보증금이나 주택구입비용이 부족할 때

먼저 생활규모에 맞는 주거를 선택한 후 필요한 전세대출을 최소한으로 받는다. 이자가 저렴하다고 과도하게 전세대출을 받는 것은 피해야 한다. 주택도시기금의 전세대출을 이용하면 좋다. 생애 첫 주택구입을 하는 경우에도 주택도시기금의 주택구입 대출을 활용하면 좋다. 주택은 생활거처로도 필요하지만 부동산 자산으로도 중요하기 때문에 언제 소유할 것인지는 각자의 생애주기에 맞게 주택구입을 결정하는 것이 중요하다.

학습확인하기

1. (　　　)은 집, 차량 또는 예금과 같은 소유 자산이다. 합의된 대로 대출금을 상환할 수 없다면, 채권자는 (　　　)에서 빌려준 돈의 일부 또는 전부를 돌려받는 데 사용할 수 있다.

2. (　　　　)은 나의 예금에서 돈을 빌리는 것이다. 즉 내 돈을 내가 이자 내고 빌려 쓰는 것이다. 내가 내는 이자에는 원래 예금이자와 사용료가 포함된 것이다.

3. 전세보증금이나 주택구입비용이 부족할 때는 (　　　　　)의 전세대출을 이용하면 좋다. 생애 첫 주택구입을 하는 경우에도 이것의 주택구입대출을 활용하면 좋다.

나의 생활에 한 가지씩 적용하기

대출을 통해서 생활해야 하는 비상상황을 대비해 활용할 수 있는 대출방법과 금액을 순서대로 정리해보자.

부채관리: 부채의 발생경로

우리는 왜 부채와 친해지게 되었을까?

먼저 사용했고 나중에 갚아야 할 의무가 있다면 무조건 부채다. 후불로 결제할 의무가 있는 휴대폰, 전기료, 교통카드 등 소비지출도 당연히 부채이고 심지어 사용약속 기한을 정해둔 휴대폰 약정기간도 약속을 못지키면 갚아야 할 위약금만큼이 부채다. 일정금액 이상을 쓰는 조건으로 먼저 선할인혜택을 받았던 신용카드 계약도 당연히 부채계약이다.

부채에 대한 감수성 확인

- 빚도 자산이다. 빚도 잘만 굴리면 돈이 된다.
  (그럴 수도 있다/절대 아니다)
- 빚을 내서라도 집을 구입하자. 그게 결국 남는 장사다.
  (그럴 수도 있다/절대 아니다)
- 자녀교육이 최대투자다. 빚을 내서라도 가르쳐라.
  (그럴 수도 있다/절대 아니다)
- 한꺼번에 잔뜩 사라. 그것이 싸다 대형마트.
  (그럴 수도 있다/절대 아니다)
- 쪼들려도 하나씩은 장만해라. 명품, 자동차, 스마트폰.
  (그럴 수도 있다/절대 아니다)
- 편리하다, 쉽게 쓴다. 신용카드.
  (그럴 수도 있다/절대 아니다)

위의 질문들은 일반 사람들이 당면한 현실문제이고 언젠가는 선택해야 할 상황들이다. 단 하나라도 '그럴 수도 있다'라고 생각한다면 부채 환경에 친숙해질 준비가 된 것이다. 선택 후 부정적인 결과로 남게 되는 것이 바로 '부채'다. 부채는 가족의 병원비, 사업의 부도, 사기 보증 등 특별한 사정이 있는 운 없고 이상한 사람들만의 몫이 아니다. 평범한 일상 속에서도 빚은 생길 수 있다.

저축 권하는 사회에서 부채 권하는 사회로.

현금보다 신용카드 결제를 선호하고, 할부구매가 일상적이며 원하는 즉시 구매하는 것이 더 행복해 보인다. 과거에는 저축왕 선발대회가 직장, 지역 등 전국 곳곳에서 있었다는 사실이 너무 아련하다. 달라진 점은 돈 쓰는 준비과정이 저축하기에서 카드발급으로 바뀌었다는 것뿐이다. 그러나 뇌에서는 부채는 공돈이자 불로소득으로 인식된다. 이미 지난 과거의 지출이었고, 점점 늘어나는 속성이 있고, 개인적인 책임이지만 그러면서도 사회적인 책임도 있다는 것을 부정할 수 없다. 그럼에도 불구하고 어쨌든 부채문제는 내가 해결해야 할 과제이다.

부채는 과거에 지출한 것이다.

과거 현재 미래라는 시점에서 본다면 부채상환을 과거에 지출한 흔적을 지우는 과정이다. 현재의 소득으로 과거를 위해 지출하는 것이 부채 상환이고 미래를 위해 지출하는 것이 저축이다. 돈을 쓰는 목적은 현재의 기쁨과 만족을 위해, 혹은 행복했던 그 추억을 오랫동안 남기기 위해서가 아닐까? 과거의 지출이 발목잡지 않아야 현재의 삶이 미래를 향해 갈 수 있다.

부채는 증가하고 악성화되는 성질이 있다.

현재 가진 돈이 없을 때 부채가 발생한다고 보면 부채가 증가하는 것은 당연한 사실이다. 당장 다음 달부터 부채상환에 들어가는 이자와 원금만큼이 증가된다. 부채상환이 가능하려면 그만큼 소득이 늘거나 기존 지출이 줄어들어야 한다. 일반적으로 소득은 줄어드는 경향이 강하고 지출은 늘어나는데 이를 반대방향으로 돌리려면 얼마나 많은 노력이 필요할까? 특히 신용카드와 같은 소비성지출에서 부채가 발생했다면 할부증가 → 현금서비스 → 카드론 → 대부업체로 이동하는 것은 순식간일 것이다.

부채는 돈을 쓰는 스타일에 따라 발생한다.

돈을 쓰는 방식은 철저히 개인적이다. 부채도 마찬가지다. 소득이 적다고 무조건 생기는 것도 아니고 많다고 없는 것도 아니다. 주로 돈을 쓰는 순서 때문에 생기는 경우가 많다. "먼저 쓴다 → 돈을 번다 → 돈을 갚는다"는 구조에서 부채가 발생할 가능성이 높은데, 그 이유는 소득은 유한하지만 지출에 대한 욕망은 무한하기 때문이다. "먼저 쓰고 나중에 갚는다"는 것은 호모 사피엔스에게는 절대로 실현될 수 없는 논리이다.

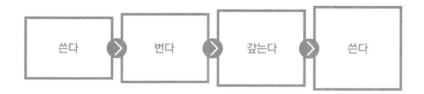

쓰고 벌고 갚는다. 다음달도 먼저 쓰고 돈 벌고 갚는다.

부채는 사회적 조건에 따라서도 발생한다.

"누구나 구매할 때는 일시불로 결제하고 현금을 사용해야 한다"라고 법으로 정해진 사회에서 생활한다면, 또는 "100% 당일 대출, 신청부터 대출까지 30분, 전화 단박대출" 등의 대출광고를 전면 금지한다면 그런 사회에서 부채문제는 어떨까?(부채문제는 없는 대신 더 심각한 경제 혼란에 빠질 것이라는 비판이 폭증할 것이지만) 법과 제도로 부채와 친숙하지 않는 사회 환경을 만들 수도 있다. 실제로 과거에는 가계대출을 극도로 억제했던 시절이 있었다. 또한 부동산 정책에 의한 주택가격의 변동에 따라서도 개인의 부채가 비롯되기도 한다.

부채관리: 부채를 정리하는 방법

　부채문제는 돈 문제 중의 하나이다. 이렇게 바라보는 태도가 부채문제를 해결하는데 있어 제일 중요하다. 부채문제의 해결은 최소한의 손실로 멈추고 무분별한 대응으로 부채를 키우지 않는 것이다.

　다음 달 부채상환이 걱정된다면 바로 그때가 늦었지만 가장 빠른 부채관리 시점이다. 이미 부채는 악화된 상태이다. 정기 소득을 통한 부채상환이 어려워 저축을 줄이거나 추가 대출 등을 생각하고 있다면 바로 멈춰 서서 부채를 직시해야 한다. 혼자서 해결하기가 버겁다면 전문가의 도움을 받으면 더 좋다.

부채의 생애

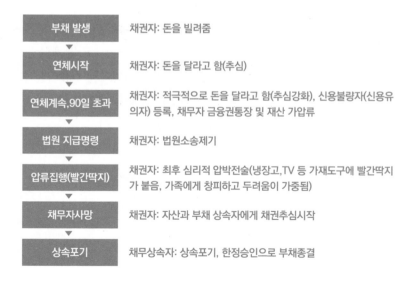

부채 발생	채권자: 돈을 빌려줌
연체시작	채권자: 돈을 달라고 함(추심)
연체계속, 90일 초과	채권자: 적극적으로 돈을 달라고 함(추심강화), 신용불량자(신용유의자) 등록, 채무자 금융권통장 및 재산 가압류
법원 지급명령	채권자: 법원소송제기
압류집행(빨간딱지)	채권자: 최후 심리적 압박전술(냉장고, TV 등 가재도구에 빨간딱지가 붙음, 가족에게 창피하고 두려움이 가중됨)
채무자사망	채권자: 자산과 부채 상속자에게 채권추심시작
상속포기	채무상속자: 상속포기, 한정승인으로 부채종결

부채를 상환하는 세 가지 방법

만기일시 상환 방식

대출 기간 동안 매달 이자만 납부하다 만기에 원금을 상환하는 방식이다.

회차	상환금 (이자+원금)	납입원금	이자	납입원금합계 (얼마 갚았나)	잔금 (얼마 남았나)
1	10,000	0	10,000	0	1,000,000
2	10,000	0	10,000	0	1,000,000
3	10,000	0	10,000	0	1,000,000
4	10,000	0	10,000	0	1,000,000
5	10,000	0	10,000	0	1,000,000
6	1,010,000	1,000,000	10,000	1,000,000	0
납입한 이자합계			60,000		

예시
대출금 100만 원,
연이자율 12%,
6개월 만기,
단위 원

원리금균등 상환 방식

주택자금의 대출용자금 원금과 이자를 대출 기간 동안 매달 같은 금액으로 나누어 갚아가는 방식이다. 이자는 변동이자율이 아닌 고정이자율이다. 초기에는 원금이 많이 남아있으므로 이자를 많이 지급해야 하나 상환할수록 대출원금이 줄어들게 되므로 이자도 점차 줄어든다. 따라서 후기로 갈수록 이자부담은 적어지나 원금상환 비중은 커진다.

회차	상환금 (이자+원금)	납입원금	이자	납입원금합계 (얼마 갚았나)	잔금 (얼마 남았나)
1	172,548	162,548	10,000	162,548	837,452
2	172,548	164,174	8,375	326,722	673,278
3	172,548	165,816	6,733	492,538	507,462
4	172,548	167,474	5,075	660,012	339,988
5	172,548	169,148	3,400	829,160	170,840
6	172,548	170,840	1,708	1,000,000	0
납입한 이자합계			35,291		

원금균등 상환 방식

　주택자금의 대출원금을 대출기간으로 나눈 할부 상환금에 월별잔고 이자를 합산하여 상환하는 방식이다. 원금 상환금은 일정하나 이자는 시간이 지남에 따라 적어지게 된다. 갚아나가면서 융자잔고 금액이 줄어들기 때문이다. 따라서 원금 균등상환방식은 초기에 월부금이 많이 지급되고 후기에는 점차 줄어들게 된다.

회차	상환금 (이자+원금)	납입원금	이자	납입원금합계 (얼마 갚았나)	잔금 (얼마 남았나)
1	176,667	166,667	10,000	166,667	833,333
2	175,000	166,667	8,333	333,333	666,667
3	173,333	166,667	6,667	500,000	500,000
4	171,667	166,667	5,000	666,667	333,333
5	170,000	166,667	3,333	833,333	166,667
6	168,333	166,667	1,667	1,000,000	0
납입한 이자합계			35,000		

부채상환 방식의 장·단점

구분	납부이자합계	초기부담	부채상환위험도	비고
만기일시상환	60,000원 매우 많다	10,000원 거의 없다	별도로 저축하지 않으면 상환할 수 없다.	이자납부액으로만 장단점을 결정할 수는 없다. 대출의 용도나 가계 재무상황에 따라 적합하게 활용할 수 있어야 한다.
원리금균등상환	35,291 X	172,548원 X	매월 부담이 일정하다	
원금균등상환	35,000 가장 적다	176,667원 부담 있다	상환 초기 부담만 잘 넘기면 안전하다.	

여러 종류의 부채가 있을 때 부담 없이 자연스럽게 상환하는 것은 쉽지 않은 일이다. 부채마다 원금과 이자율의 크기, 상환날짜 또는 채권자들의 추심여부 등 고려해야 할 요소들이 많다.

고금리 빚 먼저 갚기(High Cost Debt First)

이 방법은 여러 부채 중 금리가 가장 높은 부채를 우선적으로 상환하는 방식이다. 이자를 내는 것은 확실한 손해이기 때문에 이자 비용을 줄여가는 효율적인 방법이지만 초기 상환과정이 버거울 수 있다.

적은 빚 먼저 갚기(Snowball)

쉽게 상환할 수 있는 소액채무를 먼저 상환하고 점점 더 큰 부채로 옮겨가는 방식이다. 처음엔 작은 눈덩이를 굴리지만 가속도가 붙어 어느새 커다란 눈덩이가 만들어져가는 스노우볼 효과를 이용하는 것이다. 이 방법은 부채리스트에서 하나씩 지워가는 동안 부채가 줄어드는 느낌을 바로 확인할 수 있어서 동기부여가 된다는 장점이 있다. 그러나 원금이 크고, 금리가 높은 부채를 후순위로 두게 되어 결국엔 더 많은 돈을 지불할 수도 있다는 단점이 있으므로 실제 적용할 때는 앞의 방법과 혼합해서 적용하면 좋다.

돈이 없으면 지금 당장 부채상환을 나중으로 미뤄야 한다.

특별한 경우 부채를 상환하지 않고 최소한으로 지켜야 할 재산의 범위가 법으로 정해져 있다.

첫째, 소액임차보증금은 보호된다. 법적으로 정해진 '갚지 않아도 되는 최소한의 보증금'이 소액임차보증금이다. 지역에 따라 1,700만 원에서 3,700만 원까지이다. 본인과 가족의 생존권에 앞서서 부채를 상환할 의무는 없다. 지금 상환할 형편이 되지 않으면 미룰 줄 아는 것도 용기 있는 돈 관리 방법이다.

지역	최우선변제 적용 보증금	최우선 변제금
서울시	1억1천만 원 이하	3,700만 원
과밀억제권역 (세종, 용인, 화성)	1억 원 이하	3,400만 원
광역시(군 지역 제외) 안산, 김포, 광주, 파주	6,000만 원	2,000만 원
그 밖의 지역	5,000만 원	1,700만 원

둘째, 급여도 보호되는 금액이 있다. 급여 185만 원을 초과하는 금액에 대해서만 압류할 수 있다. 그러나 185만 원 이하의 금액이 통장에 있어도 채권자가 가압류를 행사하게 되면 본인도 돈을 인출할 수 없으니 미리 현금으로 인출하여 관리하는 것이 좋은 방법이다.

서민금융통합지원센터를 방문해서 상담을 진행한다.

서민금융통합지원센터는 채무조정, 자금지원, 취업연계 등의 서비스를 한자리에서 지원하는 원스톱 서비스창구이다. 이곳저곳 다닐 필요 없이 맞춤형 서비스를 한 장소에서 편리하게 제공하며 전국 주요 도시에 설치된 서민금융통합지원센터에서 쉽고 편리하게 서민금융 상담을 받을 수 있다.

서민금융통합지원
센터
(전화:1397)

채무조정제도를 통해 부채문제를 해결한다.

부채를 해결하는 방법은 직접 상환하거나 채무조정제도를 통해 상환하는 것이다. 법원에서는 개인파산과 개인회생 제도를 이용할 수 있으며, 신용회복위원회의 채무조정제도에는 개인워크아웃과 프리워크아웃이 있다.

법원의 채무조정제도

개인파산·면책	모든 재산을 충당해도 감당할 수 없는 지급 불능 상태에 빠졌을 때 빚에 대한 책임을 면해주는 법원의 제도	원금과 이자 전액 감면
개인회생	채무를 변제할 의지와 능력이 있는 채무자를 위한 제도, 최대 3년 동안 법원이 정해준 금액을 상환하면 종결됨	원금 중 일부만 상환할 수 있음

신용회복위원회 채무조정제도

개인 워크아웃	연체기간 90일 초과 시 연체이자 및 이자 감면 원금 최대 70%까지 감면	신용불량자의 상환지원 제도
프리 워크아웃	연체기간 31일~89일까지 약정이자 인하 최장 10년 분할 상환	고금리 이자부담을 줄일 수 있음
연체 전 채무조정	상환유예, 상환기간 연장을 통한 안정적인 채무상환지원	

학습확인하기

1. 다음은 부채의 어떤 속성을 말하는 것인가?
   부채상환에 들어가는 이자와 원금만큼 지출이 증가한다. 부채상환금만큼 소득이 늘던지 기존 지출이 줄어들어야 한다. 그러나 소득은 줄어드는 경향이 있고 지출은 늘어나는 성향이 강하다. 그래서 신용카드와 같은 소비성지출에서 부채가 발생했다면 할부증가 → 현금서비스 → 카드론 →대부업체로 순식간에 이동할 수 있다. (   )

2. 빌린 돈은 무조건 갚아야 한다는 것이 법으로 정해져 있다. (○ , ×)

3. (   )은 두 곳 이상의 금융회사에 채무가 있으며 연체기간 1개월에서 3개월 사이인 단기연체 채무자에 대해 선제적으로 구제를 하는 제도이다. 이자율을 50%로 감면하고 채무 잔액을 최장 10년까지 분할상환 할 수 있다.

나의 생활에 한 가지씩 적용하기

부채문제는 대출상환이 어려울 때 발생한다. 소득중단으로 생계비가 부족하여 발생할 수도 있다. 부채문제를 스스로 해결하는 것은 거의 불가능하다. 심리 정서적으로 결정하기 어렵기 때문이다. 비상시에 도움 받을 기관이나 전문가를 알아두자.

확인학습하기 정답) 1. 증가하고 악성화 되는 성질 / 2.× / 3. 프리워크아웃

제6장

13월의 급여?
연말정산

"

연말정산에 과도하게 신경 쓸 필요는 없다.
회계담당이 요구하는 데로 따라 한다.
중소기업 소득세감면, 월세세액공제, 보장성보험 등
현재 나의 상황과 관계된 것을 잘 활용하는 것이 우선이다.
소득공제, 세액공제를 받기위해 별도로 금융상품을 가입하지 않는다.

"

연말정산, 너 뭐냐?

연말정산은 국세청과 내가 나의 소득에서 발생한 세금을 계산해서 최종적으로 납부하는 일이다. "내가 내야 할 세금을 스스로 계산하는 일"이라고? '아니 세금이란 게 국가가 결정해서 받아가는 것이 아니었나?'라고 생각했을 것이다.

매년 돌아오는 연말정산에 대해 '13번째 월급', '13월의 폭탄', '스스로 잘 챙기면 이익, 못 챙기면 나만 손해!'라는 자극적인 광고들이 넘쳐난다. 모르면 큰 손해라도 생기는 것인가? 꼭 알아야 하고 잘 챙겨야 하는 것인가? 이 장에서는 본격적으로 직장생활을 시작하는 사회초년생이 최초로 경험하게 될 연말정산을 통해 세금의 모습을 살펴본다.

연말정산은 세금문제이다.

청구된 세액을 한 번에 납부하는 것으로 종결되는 세금이 있고, 일단 대략의 금액을 납부하고 향후에 정확하게 계산하는 세금납부방식이 있다. 자동차세나 재산세처럼 사전에 정확하게 계산할 수 있는 세금과 달리, 직장인들의 연간 소득을 미리 계산해서 세금을 부과하기는 어렵다. 그래서 매달 급여에서 일정금액을 미리 받아간 후에 연말에 전체 소득에 맞는 세액을 정확하게 다시 계산해보는 것이 필요하다. 자영업자들의 부가가치세도 같은 경우이다. 거래과정에서 미리 주고받은 부가가치세를 6개월마다 정확하게 계산해서 부족하면 추가납부하고 많이 냈으면 환급받는 과정을 부가세신고라고 한다. 사례를 통해 연말정산의 과정을 살펴보자.

사례: 급여가 190만 원일 때도 있고 230만 원일 때도 있었지만 최종적으로 1년간 총 급여가 2,500만 원이라면 나는 소득세로 얼마를 내야 할까?
이 정도 소득구간에 해당하는 소득세 기준표는 다음과 같다.

1,200만 원 이하	과세표준 X 6%
1,200만 원 ~ 4,600만 원	(과세표준 X 15%) – 108만 원

　정해진 계산법에 따라 계산해보자. 내가 1년 동안 일하고 내야 할 근로소득세는 2,500만 원 × 15% - 108만 원 = 267만 원이다. 매달 급여에서 근로소득세로만 222,500원을 내야 하는 금액이다. 이보다 부족하게 냈으면 연말정산 후 더 내야 하고 더 많이 납부했다면 차이만큼을 돌려받게 된다. 문제는 267만 원이 내가 최종적으로 내야 하는 세금인가의 여부이다. 정답은 '아니다' 이므로 안심해도 된다.

　잠깐! 청년들 근로소득세 많지 않다.
　세금이라는 말에 너무 주눅 들지 마시길. '소득 있는 곳에 세금 있다'는 세금부과의 기본 원칙이다. 청년들도 소득이 있으면 당연히 세금을 내야 한다. 하지만 근로하는 청년 중에서 세금 때문에 삶이 곤궁해졌다거나 꿈을 접어야한다거나 다른 나라로 이민을 가겠다는 경우는 거의 없으므로 염려할 필요는 없다. 실제로 청년뿐만 아니라 직장 생활하는 전체 근로자 중에서 본인의 자동차세금보다 많은 세금을 내는 사람들은 그렇게 많지 않다.

연말정산, 해야 하는 이유

근로자의 월급에서 국가가 회사를 통해 나에게서 세금을 이미 받아 갔다. 회사에서는 원천세라는 이름으로 매달 내 월급에서 세금을 떼어서 국가에 납부했다. 그런데 이는 정확하게 계산된 세금이 아니다. 그래서 연말에 정확하게 계산하는 과정이 남아있다. 이 과제를 내가 직접 해야 한다.

연말정산 어떻게 진행되나?

연말에 1년 동안 벌어들인 소득을 계산해서 국가에 내야 하는 세금 계산을 세무서 공무원이 하는 것이 아니라 바로 내가 하는 것이기에 낯설고 긴장된다. 다만 내 마음대로 계산하면 안 되고 법에서 정해진 기준을 따라야 한다.

① 1년간 실제 소득을 계산한다. 총급여액은 명목소득이고, 여기에서 모든 소득공제가 끝난 후 남는 금액이 실질소득이고 이것이 과세표준이다. 실질소득(과세표준)에 해당하는 세율을 곱해서 나의 세금을 산

출한다. 또 다시 세금을 공제해 주는 과정을 거쳐서 최종적으로 내가 내야할 세금을 결정한다.

過세표준 x 세율 = 산출세액, 산출세액 − 세액공제 = 결정세액

② 국세청은 내가 신고한 자료를 확인해서 맞으면 그대로 정산을 해준다. 국세청에서 먼저 떼어낸 세금이 실제 세금보다 많으면 차액을 돌려주고 적으면 더 받아간다. 이렇게 연말정산을 하면 종료된다.

결정세액 〉원천징수액
부족한 세금을 근로자가 더 내야한다.

결정세액 〈 원천징수액
국세청은 더 걷은 금액을 근로자에게 환급해야 한다.

세금납부   세금환급

 연말정산 후 세금을 돌려받으면 '13번째 월급', 반대로 더 내게 되면 '13월의 폭탄'이 된다고 하는데 실제로는 내가 더 낸 돈을 돌려받은 것이고 내야 할 세금을 내는 것이다. 이런 현상은 국세청에서 어림잡아 계산된 세금을 먼저 받아 가고 연말에 정확하게 정리할 책임을 개인에게 부과하기 때문이다.

 다시 사례로 돌아가 보면 1년간 총 급여가 2,500만 원인 청년이 내야할 세금이 267만 원으로 산출된 것은 틀렸다고 했다. 기본오류는 과세표준으로 계산할 것을 총 급여로 계산한 것과 세액공제도 적용하지 않은 것이다. 총 급여 2,500만 원-소득공제=과세표준이다. 그래서 어떤 경우든 과세표준은 총 급여보다 적어지기 때문에 결정세액도 줄어들 수밖에 없다. 계속해서 더 자세하게 연말정산 과정과 전문용어들을 이해해보자.

총 급여 2,500만 원-소득공제=과세표준

연말정산의 과정과 용어 이해하기

종합소득세율(과세표준별 세율 적용)

소득이 많음에 따라 세액이 증가하는 누진세 구조이다. 소득이 낮은 경우 6%의 저세율을 적용하지만 소득이 최대 5억 원을 초과하는 경우에는 42%의 고세율을 적용하게 된다. 여기에 지방 소득세 10%가 추가로 적용된다.

과세표준	세율 적용
1,200만 원 이하	과세표준 × 6%
1,200만 원 초과 ~ 4,600만 원	(과세표준 × 15%) − 108만 원
4,600만 원 초과 ~ 8,800만 원	(과세표준 × 24%) − 522만 원
8,800만 원 초과 ~ 1억 5천만 원	(과세표준 × 35%) − 1,490만 원
1억 5천만 원 초과 ~ 3억 원	(과세표준 × 38%) − 1,940만 원
3억 원 초과 ~ 5억 원	(과세표준 × 40%) − 2,540만 원
5억 원 초과	(과세표준 × 42%) − 3,540만 원

원천징수와 공제

원천징수는 '미리 받아간 세금'이라는 의미이다. 매달 급여를 받으면 원천세라는 이름으로 국가에서 세금을 떼어가는 것이다. 징수 금액에 대한 기준이 있고, 국가도 너무 많이 떼려고 하지 않는다. 많이 받더라도 연말에 다시 돌려줘야 하고, 매달마다 줄어든 급여를 보면서 국가가 세금을 너무 많이 받아 간다는 부정적인 이미지가 생기는 것을 꺼려 하기 때문이다. 공제는 어떤 금액을 뺀다는 말로, 소득공제와 세액공제가 있다.

소득공제
(근로소득공제, 인적공제, 특별공제, 연금보험료공제, 기타 소득공제)

소득공제는 소득에서 빼버린다는 뜻이다. 소득공제가 많으면 결국 총소득이 줄어드는 효과가 생긴다. 소득공제가 많아서 소득의 크기가 줄어들면 세금을 적게 내게 되니까 근로자들에게는 좋은 일이다.

근로소득공제
근로자의 최저생활을 배려하기 위한 제도이다. 위에 언급된 2,500만 원 소득자의 근로소득공제는 900만 원이다(소득구간마다 공제금액이 다름).

인적공제
본인, 배우자, 자녀, 부모 등 생계에 도움을 주어야 하는 부양가족에 대하여 일정비용을 소득에서 빼주는 것이다. 1인당 기본공제는 150만 원이다.

연금보험료공제, 특별소득공제
건강보험료, 국민연금보험료와 주택마련에 필요한 주택마련저축(청약저축)과 주택임차자금차입금 원리금 상환액을 공제해준다.

과세표준

　소득에서 소득공제를 제외한 부분이다. 즉, 내 소득에서 생활비용을
제외한 부분이자 부과되는 세금의 표준이기 때문에 과세표준이라는 단
어를 사용한다.

> '12개월 총 급여액' − 소득공제 = 과세표준

사례: 총 급여 2,500만 원인 1인 소득자의 경우에
근로소득공제를 적용하면 2,500만 원 − 근로소득공제 900만 원 = 근로소득금액
1,600만 원이고 다시 인적공제를 하면 근로소득금액 1,600만 원 − 인적공제 150
만 원 = 과세표준은 1,450만 원이 된다.
여기에 1년간 낸 4대 보험료도 공제해야 하고, 본인이 부모님을 부양하고 있고 기
타 공제도 있다면 과세표준은 더 많이 줄어든다.
이제 과세표준별 세율을 적용하여 세액을 산출하면 1,450만 원 × 15% − 108만
원 = 1,095,000원이다. 최초 계산한 267만 원에서 많이 줄어든 금액이다.
그런데 이것이 결정세액은 아니다 다시 산출세액에 세액공제를 해야 한다.

세액공제와 결정세액
(월세, 연금저축, 의료비, 교육비, 기부금 등 특별세액공제 등)

　세액공제는 세액에서 빼준다는 의미로, 산출세액에서 세액공제를 하
면 결정세액이 된다. 이 결정세액이야말로 최종적으로 납부해야 할 세
금이다.

> 산출세액 – 세액공제(세금을 빼준다) = 결정세액

잠깐! 너무 복잡하다고요?

너무 걱정할 필요 없다. 회사에 다니고 있다면 경리담당자가 준비하라는 것만 하면 되고, 퇴직과 이직으로 이런 과정을 못했거나 개인 사업소득자라면 매년 5월 종합소득세 신고기간에 신분증을 들고 세무서에 가면 너무도 친절하게 도와준다.

연말정산에 신경 써야 할 것
VS 무시해도 되는 것

    소득공제나 세액공제 혜택을 받을 수 있으면 세금 지출을 줄일 수 있어서 좋다. 현재 누릴 수 있는 혜택을 누락하지 않는 것이 중요하다. 사회초년생들이 연말정산에 신경 써야 할 것과 무시해도 되는 것들을 정리해보자.

신경 써야 할 것들

    ① 34세 이하이면서 중소기업에 다니는 청년은 소득세를 감면받는다. 국세청 홈페이지에 접속해서 '중소기업 취업 청년 소득세 감면신청서'를 다운 받아서 작성한 후 다니는 회사에 제출하면 끝난다.

적용 예시: 2017년 1월 1일부터 중소기업에 취업한 만 30세 이하 청년의 경우에 이 청년은 34세가 되는 2021년 12월 31일까지 5년 동안 연간 최대 150만 원까지 근로소득세를 감면받을 수 있다. 이 제도만 잘 활용해도 연간 2,500만 원의 소득이 있는 청년이 연말정산에서 내야 할 세금은 아마 없을 것이다. 그러면 그동안 낸 세금 모두를 돌려받는다.

② 월세 및 반월세에 사는 사람은 월세 세액을 공제받는다.

월세 세액공제 조건(1년간 월세 총액의 12%)	
·무주택자	·월세한도는 연간 750만 원
·총 급여액 7천만 원 이하	·전입신고를 한 경우
·25평 이하(고시원 포함)	·국세청에 신고의무 사항임

적용 예시: 월세 30만 원에 생활한다면 받을 수 있는 세액공제 금액은 얼마일까?
연간 월세 총액은 (월세 30만 원 × 12개월 =)360만 원이다. 세액공제금액은 월세
총액 360만 원의 12%이므로 432,000원이다.

③ 보장성보험 보험료도 세액공제된다.

생명보험, 손해보험, 실손, 운전자보험 등 보장성보험으로 내는 금
액 중 최대 100만 원이 공제대상 금액이고 12%인 12만 원이 세액공
제된다. (단, 보험 계약자가 부모가 아닌 당사자 이름으로 되어야 한다.
계약자 변경 필요)

위 3가지만 잘 활용해도 연간 누릴 수 있는 세액공제는 150만 원
+432,000원+12만 원=252만 원이다. 그런데 세액공제의 의미가 내가
최종적으로 내야 할 세금에서 뺀다는 뜻이므로 적어도 그 해 내야 할
세금이 없으면 세액공제는 적용할 의미가 없다.

무시해도 되는 것들

① 신용카드, 체크카드, 현금영수증 소득공제는 완전 무시한다.

소득공제 조건은 신용카드 등으로 연간 급여액의 25%를 초과 사용한 금액에 대해서 최대 300만 원까지 소득공제해준다.

적용 예시: 소득이 2,500만 원인 청년이 최대 300만 원까지 소득공제를 받으려면 연간 얼마를 소비해야하나? 신용카드와 체크카드로 연간 1천 625만 원을 소비하면 된다.

결론은 '의미 없다'이다. 오히려 어리석은 행동이다. 1,650만 원이면 연봉 2,500만 원의 65%에 해당한다. 연봉의 대부분을 소비성 지출에 사용해야 한다는 것인데, 소득공제든 세액공제든 내가 내야할 세금이 있을 때 공제의 의미가 있다. 사회초년 생들이 실제로 내는 소득세는 많지 않다. 근로소득세가 이미 제로(0)이면 더 이상 줄일 수가 없다. 그래서 신용카드와 체크카드 소득공제는 완전 무시하고 합리적인 지출관리에 집중하는 것이 맞다.

② 주택청약종합저축도 소득공제 혜택이 있다. 그러나 신경 쓰지 않는다.

무주택 세대주이면서 근로자인 경우 매월 20만 원을 납입할 때 연간 금액인 240만 원의 40%인 96만 원이 최대 소득공제 금액이다. 그리고 무주택 세대주여야하기 때문에 부모님 댁에서 생활하는 청년에게는 소득공제혜택이 없다. 다만 청년 우대형 주택청약통장 가입자이고 장기간 목돈 마련을 위해 저축하는 경우는 당연히 소득공제 혜택도 노려볼 만하다.

③ 연금저축도 세액공제 혜택이 있지만 사회초년생 시기에는 무시해도 좋다.

연금저축상품은 금융회사에서 가장 많이 홍보하는 연말정산 금융상품이다. 연간 400만 원 가입 시 최대 66만 원의 세액공제 혜택(소득세율 15%인 경우)이 있다고 광고한다. 그러나 대부분의 사회초년생들이 연금저축으로 세액공제를 받아야 할 정도로 내야할 소득세가 많지 않다. 다만 세금을 줄이고 노후자금 준비를 위해 연금저축상품이 꼭 필요하다면 월 납입금이 자유롭고, 다양한 투자상품을 매매할 수 있는 연금저축펀드를 활용하면 좋다. 반면에 연금저축보험은 일정한 금액을 매달 정기적으로 납입해야하고 최소 10년 이상 장기간 저축을 해야한다는 부담때문에 유지하기가 어렵다. 연금저축상품에 대한 활용방법 등 자세한 내용은 "저축:미래지출관리"에서 "사회초년생의 저축통장"부분을 참고한다.

청년과 세금

청년들은 어떤 세금을 내는가, 얼마나 되나, 많은 정도인가? 지역에 거주한다는 이유만으로 내는 주민세도 있지만, 대부분의 세금은 소득이 있을 경우와 매매가 있을 경우에 발생한다. 소득세나 재산세가 있고 매입할 때 취득세나 매도할 때 양도세 또는 음식이나 담배나 술을 살 때 물건 값에 포함되어 있는 세금을 낸다.

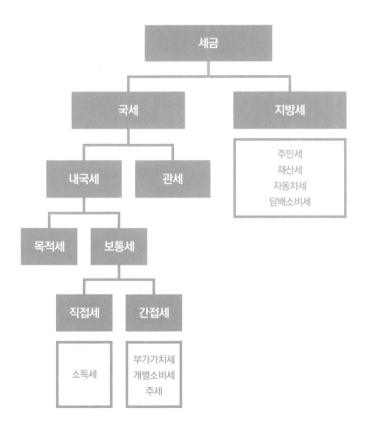

청년들이 내는 직접세로는 월급에 대한 근로소득세와 연간 자동차세 정도가 있을 것이고, 근로소득세는 앞서 연말정산에서 살펴본 것처럼 부담될 정도로 많지 않으며 여러 세제혜택을 통해 조정된다. 자동차세도 목돈이라 부담될 수 있지만 월별로 생각해보면 큰 금액은 아닐 수 있다. 실제로 알게 모르게 세금으로 제일 많이 지출되는 것은 간접세이다. 음식이나 군것질 상품에 기본적으로 10%의 부가가치세가 있다. 소주 한 병을 1,200원에 사면 세금이 700원 정도이고, 담배 한 갑 4,500원에는 3,300원 정도가 세금이다. 휘발유 가격이 1,500원이면 유류세는 거의 900원에 이른다. 그럼에도 이런 세금에 대한 부담감은 덜한 편이다. 개인의 취향이나 선택에 세금을 부담하는 것이고 사람들도 물건 가격이라 생각하기 때문이다.

실제로 청년들이 가장 부담을 느끼는 것은 세금은 아니지만 강제로 공제되는 4대 보험료이다. 건강해서 병원에도 가지 않고 노후는 아직 멀었는데 보험료를 내고 있다. 모든 세대를 위해 청년들이 희생당한다고 생각될 수 있다. 4대 보험료는 급여의 20.3%이고, 사업주와 개인이 각각 절반(10.15%)씩 부담한다. 즉, 개인 급여에서 10분의 1이 고정적으로 지출되는 것이다.

이런 이유로 청년들이 실제로 절세 또는 감세를 위해 노력할 일은 세무전문가를 찾는 것이 아니라 합리적인 지출관리를 통해 간접세로 나가는 부분을 줄이는 것뿐 일 수 있다. 그리고 청년을 위해 사회적으로 검토되어야 할 것은 청년들이 적극적으로 소득활동을 할 수 있도록 기회를 확장시키는 것이다. 다른 한편으로 급여소득이든 사업소득(부동산, 투자)이든 실질적인 소득에 대한 직접세 부담을 OECD 선진국 수준으로 높이는 것도 청년들의 소외감을 줄여줄 수 있는 방법이다. 직접세를 늘리고 간접세를 줄여주는 것이 청년들에게는 더 유리한 구조이다. 기성세대에 비해 초과 소득을 얻을 능력과 기회가 상대적으로 부족하기 때문이다.

학습확인하기

1. 소득공제든 세액공제든 내가 내야 할 세금이 있을 때 공제의 의미가 있다. 근로소득세가 이미 제로(0)이면 더 이상 공제조건을 활용하여 줄일 수도 없다. (○ , ×)

2. 전체소득에서 근로소득공제 등 모든 소득공제를 제외한 부분이며 세금을 결정하는 소득금액을 (　　　　)이라 한다.

3. 사회초년생이 연말정산에서 신경 써야 할 3가지는 중소기업 소득세 감면, (　　　　　), 보장성보험료이다.

나의 생활에 한 가지씩 적용하기

연말정산은 직접세 중 근로소득세와 관련된 부분이다. 사회초년생은 부담해야 할 세금이 많지 않다. 연말정산 정리내용을 한 번 더 살펴보는 것으로 충분하다.

①연말정산에 과도하게 신경 쓸 필요 없다.
②소득공제, 세액공제를 받기 위해 별도로 금융상품에 가입하지 않는다.
③실수로 누락했다면 매년 5월에 세무서에 찾아가서 보완하면 된다.

확인학습하기 정답) 1.○ / 2. 과세표준 / 3. 월세 세액공제

-제7장-

가족과 돈

용돈은 쓰기위한 돈이다.
'돈을 왜 썼어' 라고 묻지 말고 '어디에 썼니'? 라고 묻는다.

용돈은 행복하기 위해 쓴다.
돈 쓰고 나서 기분이 좋은지 나쁜지를 확인한다.

용돈은 연습하기 위한 돈이다.
돈으로 손해 보는 것이 제일 작다. 그래봐야 용돈 얼마일 뿐이다.

가족과 함께 돈 사용하기

　돈의 가치를 이해하는 것은 한정된 돈을 가지고 의미 있고 실용적인 사용계획을 세우는 데 도움이 된다. 흔들림 없이 스스로 정한 목표를 향해 계속 집중하게 하고, 당장의 만족을 위해 소비지출을 하기보다는 스스로가 계획한 목표를 위해 더 장기간 인내할 수 있게 해준다. 또 돈을 어떻게 사용할 것인지 우선순위를 정하는 데 도움이 된다.

사례 예시: 주영과 민수 부부는 최근에 상당히 많은 연말 특별 상여금을 받았다. 그런데 어떻게 사용할지에 대해 서로 의견이 다르다. 주영이는 혼자 사시는 어머니의 주거가 좁고 햇빛도 잘 들지 않아서 마음이 불편하다. 좀 더 쾌적한 환경으로 이사하시도록 보증금으로 보태 드리려고 한다. 한편 민수는 자녀들의 교육저축에 넣고 싶어 하고, 나머지 돈을 가족 휴가 비용으로 사용하고 싶어 한다.

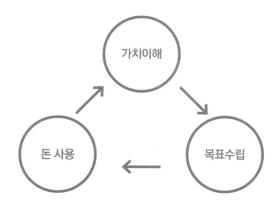

우리가 가치 있다고 여기는 것은 중요하게 생각하는 것들이다. 어머니나 자녀와 같이 중요한 사람일 수도 있고, 편안하고 안전한 주택과 자동차 등 중요한 물건일 수도 있다. 그리고 자녀교육이나 가족여행 또는 대출상환과 같은 중요한 행위일 수도 있다. 우리는 이렇게 가치 있는 사람과 물건과 행위에 소중한 시간과 돈을 우선적으로 사용하려 한다. 주영과 민수 부부도 돈 사용계획이 각자의 가치에 의해 영향을 받고 있다. 당연하다. 효도라는 가치가 주영에게 영향을 미치고 있고, 민수에게는 자녀의 성장기회 제공 그리고 가족과의 행복한 시간이라는 가치가 영향을 미치고 있다. 이렇게 가치가 명확한 경우에도 상황에 따라 가족 간의 갈등으로 번질 수도 있다. 돈 사용에 있어서 합리적인 방법을 찾는 것이 쉬운 일은 아니다. 여기서도 우린 돈을 버는 것도 어렵지만 돈을 잘 쓰는 것도 쉽지 않다는 것을 경험한다. 가족 간에는 서로가 지향하는 가치를 이해하는 과정이 결정적으로 중요하다.

예비부부들이 나눠야하는 돈 이야기

연애는 하고 싶은 일들을 둘이서 같이 하는 것이고, 결혼생활은 해야할 일들을 둘 중 누군가는 해야 하는 것이라고 한다. 결혼 후 돈 관리도 마찬가지다. 같이 할 수도 있고 두 사람 중 누군가는 해야 하는 문제이다. 연애시절을 되돌아보더라도 돈에 대해 진지하게 대화를 나눠본 적이 별로 없을 것이다. 부부간에도 쉽지 않은 대화인데 연애하는 사이라면 더욱 부담되는 주제이다. 돈 이야기를 하면 왠지 계산적으로 보일까봐 쉽사리 말을 꺼내기 어렵다. 결혼하고 나서도 돈 이야기를 하는 것은 여전히 낯설다. 서로 돈을 벌고 가족을 위해 쓰면 되는 것이라 생각한다. 외벌이가 아닌 맞벌이 시대이기도 하지만 각자도 돈 관리를 제대로 해본 경험이 없었던 이유도 있을 것이다.

그런데 결혼생활 초기부터 돈 문제가 두 사람의 중심으로 다가오는 경우가 의외로 많다. 특히 돈 문제는 부부가 대화하는 순간 오해와 갈등으로 변할 수 있는 매우 민감한 주제이다. 서로의 소득과 지출습관이 다르고 결혼할 때 양가에서 가져온 돈이 다르고 결혼 후 양가에서 지원받을 수 있는 돈이 다를 수 있기 때문이다. 주고받는 사랑은 평등했으나 주고받을 돈은 평등하지 않다.

결혼으로 둘이 버는 소득도 늘었겠지만 돈이 들어가는 일도 엄청나게 많아진다. 결혼 후 지금까지 못다 한 효도를 생각하면서 적은 금액이지만 부모님께 용돈도 준비한다. 명절이나 생신은 말할 것도 없고 양가 친인척들의 경조사도 제때마다 참석해야 한다. 착한 며느리 착한 사위 증후군으로 신혼부부는 이미 지쳐간다. 이런 와중에 덜컥 돈 갈등이라도 생기면 감당하기 어려운 상태가 될 수 있다. 실제로 돈 문제가 부부간의 성격차이로 인한 갈등보다도 더 중심문제라고 말하는 사람들이 많다.

소득과 지출 관리는 결혼생활에서 특별히 분리해서 관리해야 할 기술적인 분야이다. 중요하고 위험할 수 있는 것은 특별히 분리해서 관리할 필요가 있다. 서로의 감정을 최대한 배제하고 객관적으로 돈을 바라보고 문제를 파악하고 해결해가면 된다. 더 안전한 방법은 결혼 초기 서로 관계가 좋을 때 미리 돈 문제를 일으킬 만한 민감한 주제들을 먼저 살펴보는 일이다.

다음에 제시된 질문내용은 결혼 생활에서 부딪칠 돈 관련 예상문제라고 생각하면 좋다. 서로를 평가하고 판단하려는 것으로 사용하기보다는 부부가 돈 관리를 주제삼아 자연스러운 대화를 이어갔으면 좋겠다. 아직은 서로를 사랑하기 때문에 불편할 수 있는 돈 관련 이야기도 자연스럽게 할 수 있다.

결혼을 생각하는 사람들을 위한 결혼과 돈 문제 체크리스트

결혼한 부부는 현재 상태를 체크해본다

1. 결혼 예정은 언제인가?

① 1년 이내   ② 2년 이내   ③ 기타 (   )

2. 결혼하면 맞벌이할 예정인가, 외벌이 예정인가?

① 맞벌이   ② 외벌이   ③ 잘 모르겠다, 생각해본 적 없다.

*한 번 더 생각해 보기: 출산 후에도 맞벌이를 원하는가?

3. 급여는 각자 관리할 예정인가, 통합해서 관리할 예정인가?

① 각자   ② 통합   ③ 잘 모르겠다, 생각해본 적 없다.

4. 통합해서 관리하면 주로 누가 관리할 건가?

① 아내   ② 남편   ③ 잘 모르겠다, 생각해본 적 없다.

5. 한사람이 전적으로 관리할 건가, 협의해서 관리할 건가?

① 전담하되 매달 1회 이상 예산과 결산 협의

② 전담운영하고 필요할 때만 협의

③ 잘 모르겠다, 생각해본 적 없다.

6. 부부 각자가 용돈을 분리해서 사용할 예정인가?

① 별도로 분리한다.

② 통합 생활비에서 필요한 만큼 타서 쓴다.

③ 잘 모르겠다, 생각해본 적 없다.

7. 아내와 남편의 용돈은 얼마 정도가 적당할까?

① 결혼 전보다 적게　　　　② 결혼 전보다 많이

③ 결혼 전과 거의 동일　　　④ 기타.

8. 각자가 결혼 전에도 돈 관리하는 방법이 있었는가? 어떤 돈 관리 방법을 선택하면 좋을까?

① 아내의 돈 관리 방식　　② 남편의 돈 관리 방식　　③ 새로운 돈 관리 방식

*한 번 더 생각해 보기: 서로가 가진 좋은 점을 찾아보면 좋겠다.

9. 결혼하면 현재의 편안함과 미래의 편안함 중 무엇을 더 우선적으로 선택할 것인가?

① 현재의 편안함 유지　　　② 미래의 편안함 중심

③ 현재와 미래 균등하게　　④ 잘 모르겠다, 생각해본 적 없다.

*한 번 더 생각해 보기: 부부에게 편안함이 무엇인지 생각해보면 좋겠다.

10. 자녀 임신 출산 이후 육아휴직은 누가 할 건가?

① 아내　　② 남편　　③ 휴직 안함　　④ 잘 모르겠다, 생각해본 적 없다.

11. 몇 명의 자녀를 갖고 싶은가?

① 없음　　② 1명　　③ 2명　　④ 3명 이상　　⑤ 잘 모르겠다, 생각해본 적 없다.

12. 육아의 가치와 직장생활의 가치를 생각해본다면 바람직하게 생각하는 것은?

① 육아를 전담한다.

② 육아기간을 최대한 늘리고 직장생활을 시작한다.

③ 미래를 위해 직장생활을 계속한다.

④ 잘 모르겠다, 생각해본 적 없다.

13. 육아를 맡긴다면 주로 누구에게 맡길 건가?

① 친정 쪽   ② 시댁 쪽   ③ 보모   ④ 어린이집   ⑤ 기타(혼합방식)

⑥ 잘 모르겠다, 생각해본 적 없다.

14. 신혼집은 어떤 형태를 생각하고 있는가?

① 아파트-자가, 전세, 월세   ② 빌라(주택)- 자가, 전세, 월세

③ 원룸- 전세, 월세   ④ 시댁살이   ⑤ 처가살이   ⑥ 기타(회사 사택 등)

⑦ 잘 모르겠다, 생각해본 적 없다.

 *한 번 더 생각해 보기: 주거는 살림조건에 따라 변하는 것이 당연하다.

15. 맞벌이한다면 주택은 누구의 직장 가까이에 있어야 하는가?

① 아내 직장 근처   ② 남편 직장 근처

③ 두 사람의 직장 가운데   ④ 잘 모르겠다, 생각해본 적 없다.

 *한 번 더 생각해 보기: 가정살림을 누가 주로 하는가에 따라 위치를 정하기도 한다.

16. 부부만 살아가는 집, 갓난아기를 키우는 집, 어린자녀를 키우는 집에 맞는 주거환경을 생각해 보았는가?

① 예   ② 지금부터 생각해 보겠다.

 *한 번 더 생각해 보기: 가족의 생애주기에 따라 주거환경도 변한다.

17. 원하는 신혼집을 위해 돈이 부족하면 대출을 받을 생각인가?

① 대출을 받아서 원하는 집을 얻는다.

② 준비된 금액에 주거조건을 맞추는 걸 원칙으로 한다.

③ 잘 모르겠다, 생각해본 적 없다..

*한 번 더 생각해 보기: 부부에게 편안함이 무엇인지 생각해보면 좋겠다.

18. 신혼부부를 위한 주택대출관련 정보를 알고 있는 것을 모두 선택하시오.

① 주택도시기금 신혼부부전용 전세자금대출

② 주택도시기금 신혼부부전용 구입자금대출

③ 한국주택금융공사 보금자리론

④ 한국주택금융공사 디딤돌대출

⑤ 신혼부부 국민임대아파트

⑥ 신혼부부 전세임대주택

⑦ 신혼부부 행복주택

19. 자동차를 언제 교체할 예정인가?

① 1년 이내   ② 5년 이내   ③ 5년 이후   ④ 현재 자동차 없다.

20. 자동차구입 저축과 주택자금 저축을 동시에 할 예정인가?

① 자동차구입저축 우선   ② 주택자금저축 우선   ③ 동시에 저축

21. 결혼 후에 양가 부모님께 매월 정기적으로 용돈을 드릴 예정인가?

① 양가 부모 모두   ② 시댁 부모만   ③ 처가 부모만

④ 생신 등 행사 있을 때만 드릴 예정   ⑤ 잘 모르겠다, 생각해본 적 없다.

22. 정기적으로 용돈을 드린다면 출산육아휴직의 경우에도 계속 유지할 예정인가?

① 유지한다 ② 유지 못할 것 같다 ③ 잘 모르겠다, 생각해본 적 없다.

23. 돈 문제와 부부갈등의 상관성은 얼마 정도 될 거라고 생각하는가?

① 무시해도 될 정도 ② 무시 못 할 수준
③ 거의 대부분 ④ 잘 모르겠다, 생각해본 적 없다.

체크리스트 활용방법

"사랑이 먼저고 사랑이 핵심이다.
부부의 사랑이 본질이고 돈 문제는 해결과제이다."

사랑하니까 돈 관리 방법도 찾고 성격차이도 줄이고 생활습관도 조정할 수 있다. 어떤 커플도 돈 관리에 대해 완전하게 준비하고 결혼한 커플은 없을 것이다. 이제 시작하면 된다.

—

1. 결혼준비와 후에 부딪칠 수 있는 돈 문제 상황을 전체적으로 훑어본 것으로도 충분하다.

2. 정해진 답은 없다. 나의 조건과 배우자의 조건에 맞게 조정하는 것이 중요하다.

3. 예비부부라면 서로의 차이를 먼저 아는 것도 도움이 된다.

4. 기혼부부라면 지금부터 돈 문제를 별도로 분리해서 조정해가면 된다.

5. 돈 문제는 터놓고 대화하면 쉽게 풀리지만 감추고 숨기면 악화된다.

6. 모든 부부가 겪고 있는 공통된 문제라고 생각하면 마음이 편하다.

용돈 때문에 수다가 늘어난
부모와 자녀

자녀들의 경제교육은 언제부터 시작하는 게 좋을까? 또는 어떻게 경험하는 것이 좋을까? 극성스럽게도 어린이 경제교실이 학교에서뿐만 아니라 백화점 문화센터에서도 십여 년 전 성행했었다. '12살에 부자가 된 키라', '펠릭스는 돈을 사랑해', '초등학생이 꼭 배워야 할 어린이 경제' 등은 당시 인기 있던 어린이 경제도서들이다. 경제관념도 선행학습으로 주입시켜주고 싶은 부모들 마음이었겠지만 원하는 성과가 나오지 않았고 부실한 교육 콘텐츠도 분명 문제였다. 교육 주제가 아끼고 모아서 가능한 일찍 투자해야 한다는 것이었으니까.

자녀들은 용돈의 형식으로 처음 돈을 접한다. 자기 소유의 돈을 처음 갖게 되었다는 의미에서 그렇다. 아이에게 용돈은 장난감이기도 하고 어떤 경우엔 너무 어려운 시험문제이기도 했을 것이다. 쓰라고 준 용돈인데 그냥 쓰면 되는지 얼마를 저축해야 하는지 등. 어릴 적 용돈에 대한 추억이 있는가? 용돈을 받아서 마냥 좋았던가 아니면 돈에 대한 상처의 시작이었는가?

철수의 용돈 이야기

초등 1학년인 8살 철수가 집에 와보니 외할아버지께서 와계셨다. 할아버지~~ 부르면서 와락 품에 안긴다. 할아버지께서 '우리 철수 초등

학교 잘 다니는 구나'하고 꼭 안아주시면서 용돈으로 2만 원을 주셨다. '이 돈 쓰고 싶은 데로 써라'라고 하신다. 철수는 바로 책가방을 벗어두고 밖으로 뛰어나간다. 엄마는 철수가 무엇을 할지 걱정은 되지만 아버지 앞이라 잔소리할 틈이 없다. 한참 후에 철수가 돌아왔다. 입가에는 희미한 초콜릿 자국이 있고 과자 부스러기도 묻어있다. 엄마는 철수의 이런 모습을 보면서 무슨 생각을 했을까?

'분명 2만 원을 다 쓰고 왔을 거야. 어린 나이에 2만 원이란 돈을 순식간에 다 쓰다니. 돈의 소중함을 단단히 알게 해줘야 해. 안 그러면 나중에 커서라도 돈 때문에 무척 고생할 거야.' ,아니면, '세상에서 가장 행복한 얼굴이네. 즐겁게 용돈을 썼나보다. 외할아버지께서 철수에게 소중한 선물을 주신 거네. 어떻게 돈을 썼니?'

이날 이후 8살 철수는?
외할아버지께서 주신 용돈으로 친구들과 놀았던 즐거운 추억이 있다. 돈을 쓰는 즐거운 경험을 쌓아간다. 아니면 반대로, 돈은 무서운 거다. 믿을 수 없는 거다. 어른들을 믿을 수 없다. 외할아버지는 분명히 내 마음대로 돈을 쓰라고 주셨는데 엄마는 꾸중을 하신다. 이럴 때 철수에게 돈은 불편한 물건이다.

돌아온 철수를 보면서 엄마는 어떻게 해야 했나? 일단 속마음을 꾹 누르고 사랑스런 미소를 지으면서 대화를 시작해야 한다.

엄마: 우리 철수 기분이 좋아 보이는구나. 뭐가 그리도 즐거웠을까?
철수: 천진난만하게 조잘조잘 돈 쓴 얘기를 한다.
(엄마는 들으면서 속상할 수 있지만 꾹 참는다. 얘기 중엔 어떤 아이가 사줄 때는

같이 놀아주다가 먹고 나서 안 놀아줘서 기분 나빴다는 내용도 있다.)

엄마: 그랬구나. 친구가 안 놀아줘서 섭섭했겠구나. 외할아버지가 주신 용돈을 쓰면서 그런 생각도 해봤구나. 잘했다 우리철수 최고! 다음에는 더 즐겁게 돈을 쓰면 좋겠구나. 그렇지?
철수: 네~~ 엄마.
(어쩌면 철수는 돈을 쓰면 즐겁지만 덜 즐거울 때도 있다는 것을 조금은 느끼지 않았을까?)

아이들은 돈이 좋다는 것은 아는데 소중히 써야 하고 아껴서 써야한다는 등 관리기술에 대한 의식은 당연히 부족한 상황이다. 아이의 눈높이에서 돈을 쓰는 행위에 공감하는 태도가 중요하다.

아이들에게 용돈은, 돈쓰기를 위한 연습이다.

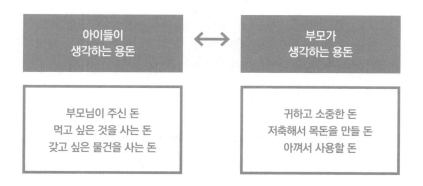

용돈은 그냥 쓰는 돈이다. 세상에서 가장 편한 돈이고 좋은 돈이다. 아이들이 처음 만져보고 쓰는 돈이 이런 용돈이다. 쓰고 또 써도 부담 없는 이런 용돈으로 아이들은 돈을 경험한다. 아이들이 수없이 넘어지면서 걸음마를 배우는 것처럼 아이들에게 용돈은 돈쓰기를 위한 연습이다. 돈쓰기 연습을 하지 않고서도 돈을 잘 관리할 수 있는 우리아이를 기대한다는 것이 가능할까? 돈이 너무 귀하고 소중하지만 생각하는 것만으로 돈을 통제할 수는 없다. 자녀교육 중에서 가장 서툰 분야가 돈에 대한 교육이다.

공부를 잘 해야 된다. 왜? 좋은 학교 가야 하니까?
좋은 학교 가면 뭐가 좋아? 좋은 직장에 갈 수 있단다.
좋은 직장에 가면 뭐가 좋아? 돈을 많이 벌 수 있단다.

그 아이가 성장해서 좋은 대학을 가고 좋은 직장에 갔을 거라 믿는다. 그런데 돈 때문에 행복한 삶을 살고 있을까? 멀리서 찾을 필요는 없을 듯하다. 어떤 세대보다도 풍요로운 환경에서 자라고 대학교육을 받았던 4~50대 중년들은 저축보다는 오히려 가계부채를 한보따리씩 짊어지고 있다. 안타깝게도 돈 쓰는 교육과 연습을 못하고 지나쳐버렸다.

'우리 아이들은 착해요. 용돈이 필요없어요'

오래전에 중학생 자녀 두 명을 둔 연구원 부부의 가정경제상담을 했던 적이 있었다. 부모의 말씀이 기억에 남는다. '우리 아이들은 착해요. 용돈이 필요 없어요. 필요할 때마다 달라고 하면 그때 돈을 줘요' 너무나 자랑스럽게 말했었다. 자녀가 돈을 모르고 사는 환경을 조성하는 것이 부모로서 최선의 역할이라 생각할 수도 있다.

'넌 돈 걱정하지 말고 공부만 열심히 해라' 라는 말이 부모가 할 수 있는 가장 멋진 말로 생각하는 것이다. 그런데 이런 말을 하는 부모의 가정경제사정이 오히려 걱정되는 수준인 경우가 더 많다. 아이들에게 안 좋은 모습을 보이고 싶지 않은 부모의 마음이다. 그러나 가정상황을 아이들은 그냥 안다. 자기가 다니는 학원 수준만 봐도 안다. 돈 걱정 없이 공부만 할 처지는 아닌 줄 안다. 다만 어찌할 수 없을 뿐이다. 아직은 너무 어려서 순응할 뿐이다.

이럴 때 자녀들과 의논하는 방법도 있다. 자녀교육을 위해 쓸 수 있는 돈의 범위에서 학원을 갈 수도 있고 대신 가족 여행을 갈 수도 있다. 어린 자녀가 돈을 벌지는 못해도 소비의 한 축을 담당하는 어엿한 경제의 주체이다. 우리 가정에는 이렇게 대화할 기술이 너무 부족하다. 돈에 대한 생각을 드러내서는 안 된다고 생각하고 있기 때문이다.

〈용돈에 대한 관점〉

"용돈은 쓰기 위한 돈이다"
'돈을 왜 썼어' 라고 묻지 말고 '어디에 썼니'? 라고 묻는다.

"용돈은 행복하기 위해 쓴다"
돈을 쓰고 나서 기분이 좋은지 나쁜지를 확인한다.

"용돈은 연습하기 위한 돈이다"
돈 실수를 하려거든 연습할 때 한다.
돈으로 손해 보는 것이 제일 작다. 그래봐야 용돈 얼마일 뿐이다.

8주 체험으로 완성되는 사회초년생의 내 돈 내 맘대로 쓰기

자녀용돈에 대한 여러 가지 질문들

용돈은 언제부터 줘야 하나?

스스로 돈을 쓸 수 있는 항목과 금액과 기간을 정해서 사용할 수 있을 때부터 시작하면 좋다. 초등 저학년인 경우는 방과 후 간식을 사먹는 것만 용돈으로 사용한다면 금액을 정하고 매일 지급할지 일주일 간격으로 지급할지를 결정하면 된다.

초등2학년의 용돈내역

항목	금액	기타
간식비	매일 1000원	매일 지급(일주일)

자녀의 용돈관리 습관이 어느정도 길러졌다고 판단되면 간식비 → 취미오락비 → 교통비 → 미용비 → 핸드폰비 → 옷·신발비 → 학원비 이런 순서로 관리항목을 확장해가면 좋다.

용돈은 얼마가 적당한가?

금액보다 우선적으로 결정해야 하는 것은 스스로 관리할 지출항목을 분류하는 것이다. 부모가 지출하는 항목과 본인이 용돈으로 받아서 지출할 항목을 구분한다. 다음 예시는 고1 남학생의 용돈인데 핸드폰과 학원비는 제외하고 옷과 신발, 생일파티 비용까지 용돈으로 포함한 경우이다. 학원비를 용돈으로 포함하면 더 좋다. 스스로 학원비를 결정해서 공부할 방법을 선택하는 경우 부모와 자녀 모두 불안할 수 있지만 굉장히 의미 있는 도전이다.

고1 남학생의 용돈내역

고정지출		수시지출		연지출	
지출항목	금액	지출항목	금액	지출항목	금액
헤어컷	15,000	교통	10,000	생일파티	200,000
공부 격려비	20,000	간식비	30,000	옷 구입	400,000
휴대폰	부모지출	PC방	20,000	신발구입	110,000
학원비	부모지출	친구교제비	20,000	기호품 구입	100,000
				(1년합계)	(810,000)
소계	35,000	소계	80,000	월평균금액	67,500
월예산			182,500		

월 단위로 지급하고 월 용돈은 182,500원이다. 공부 격려비 2만 원은 학생에 대한 일종의 기본소득으로 추가로 지원하는 것이다. 그냥 조건 없이 덤으로 더 주는 용돈이다.

용돈기입장을 쓰게 해야 하나?

군이 쓰게 할 필요는 없다. 용돈기입장을 쓰는 것보다 중요한 것은 사전에 용돈 사용에 대한 충분한 협의를 하는 것이다. 용돈기입장을 쓰는 것은 개인의 자유에 맡겨도 되지만 향후 용돈 인상 요구가 있을 때는 반드시 스스로 작성할 수밖에 없을 것이다. 용돈을 인상해주는 부모를 설득할 수 있는 근거를 준비해야 할 것이기 때문이다. 이때 그동안 작성한 용돈기입장을 부모에게 보여주면서 충분한 인상이유를 설명해야 한다. 이런 과정도 없이 자녀의 말만 듣고 납득할 수 있는 부모가 있을까? 반대로 용돈을 줄이자고 요청하는 자녀는 없을 것이다. 용돈기입장 작성방식은 위의 고1 사례에 나온 양식으로 월별사용내역을 정리해 두면 충분하다.

가정경제상황을 알려줘야 하나?

초등학생만 되어도 집안 경제상황을 대충 알고 있기 때문에 애써 사실을 숨길 필요는 없다. 자연스럽게 경제적인 상황을 알려주고 가족 모두가 행복하게 생활하는 데는 충분하다는 얘기를 해주면 더 좋다. 이런 대화는 앞에서 언급했듯이 처음에는 낯설 것이다. 대화 경험이 서로 없기 때문에 먼저 용돈을 통해서 자연스럽게 돈에 대한 대화의 범위를 확장해가야 한다.

어떤 자녀 경제교육이 필요한가?

결론을 말하자면, 조기경제교육은 필요 없고 교과서처럼 사용할 경제교육내용도 없다고 단정하고 싶다. 용돈관리면 충분하다. 자녀가 배울 것은 돈 이외에도 너무 많다. 또 부모가 줘야 할 것도 너무 많다. 돈은 머리로만 배울 수는 없다. 그건 경제학자의 일이다. 돈은 경제학을 배운다고 해서 잘 아는 것이 아니다. 돈은 인생과 더불어 배워가는 것이다. 공부하는 것도 친구를 사귀는 것도 좋은 대학에 가는 것도 좋은 직장에 가는 것도 모두 돈과 관련된 행위이다. 어린 시절의 경제교육은 용돈을 계획하고 사용하면서 돈 쓰기의 즐거움과 실망을 알아가는 것으로 충분하다.

취약계층 가구의 자녀용돈
두 가지 이야기

　대화보다는 수다가 더 자연스럽다. 격식을 차리지 않아도 된다. 연인들은 대화하는 것이 아니라 수다를 떠는 것이다. 자녀의 수다를 듣고 싶다면 용돈을 충분히 주면 된다. 부족하게 주면 오히려 돈을 더 함부로 쓰게 되고, 반대로 충분히 주면 어떻게 사용하면 좋을지를 부모에게 물어본다. 이러면 대화든 수다든 시작된다.

　남자 중학생 자녀를 둔 한 부모 가정에서 상담했을 때의 이야기다. 취약한 가정일수록 돈에 대한 걱정이 크고 돈 문제로 자녀와 다투는 경우가 더 많다.

　부모가 항상 하는 말은 돈이 부족해서 많이 주지는 못하지만 자녀가 아랑곳하지 않고 돈을 함부로 쓴다는 것이다. 적은 돈이나마 아껴가면서 쓰면 좋을 텐데 용돈을 받자마자 바로 그날로 다 쓴다고 한다. 그런 어머니에게 일주일 용돈을 3만 원으로 인상해주라고 요청했었다. '선생님, 큰일 나요. 우리 아인 내가 더 잘 알아요. 돈 쓰는 습관만 더 나빠질 거예요' 원래 일주일 용돈이 5천원이었으니 6배나 많이 주는 것이다. 그리고 일주일 후 상담일에 다시 만났다. 그 어머니는 인사를 나누자마자 말씀을 시작하셨다. "선생님, 정말 깜짝 놀랐어요. 아이에게 3만 원을 줬더니 바로 돈을 쓰러 가지 않고 고민을 하더니 한참 후에 저에게 와서 물어보는 거예요." '엄마, 이 돈을 어떻게 쓰면 좋을까? 돈이 너무 많아서 어떻게 써야하는지를 잘 모르겠어'라고 했으니 어머니가 깜짝 놀란 것도 당연했을 것이다. 이후에 엄마와 아들 사이에 얼마나 달콤한 수다가 있었을지 상상할 수 있을 것이다. 여러 가지 돈 쓰는 경험과 느낌을 가져보는 것이 용돈의 가치다.

또 다른 사례는 아빠와 고교생 딸의 용돈 이야기다. 자녀에게 용돈을 주는 시기가 있다. 자녀에게 용돈을 주고 싶어도 줄 수 있는 시기가 한정되어 있다는 뜻이다. 자녀들은 빠르면 고등학교를 졸업하고 독립할 수도 있다. 특히 돈 문제로 부모와 자녀 사이에 원활한 관계가 아니었다면 두고두고 안타까운 일이다.

아빠는 저소득 일자리에 다니는 한 부모이고 딸은 실업계 고교 2학년생이다. 한 달 용돈을 10만 원에서 20만 원으로 올려준 일이다. 상담을 시작할 때 아빠는 딸과 관계가 나빠서 걱정이 된다고 했다. 딸은 아빠를 본체만체하고 집에 들어오면 자기 방에서 나오지도 않는다. 학교생활이나 친구관계도 안 좋은 거 같다고 느낀다고 했다. 중학교까지는 공부도 잘하는 편이었는데 가정 형편상 실업계 고교를 선택했던 딸이라 더 안타까운 것이다. 그러나 이 상담의 주목적은 부녀관계를 회복하는 것이 아니라 가정의 수입과 지출을 파악하는 것이었다. 쪼들리는 가정형편이라 딸에게는 한 달 용돈을 10만 원밖에 못 준다고 했다. 그러면서도 우리 집 살림에서는 이 정도도 많다는 표정이었다. 실제로 소득과 지출을 파악했을 때 그러했다. 딸은 학교가 멀어서 버스를 타고 다닌다. 한 달에 교통비가 거의 6만 원이다. 그럼 남은 4만 원으로 할 수 있는 게 무엇일까? 여성용품도 구매해야 한다. 떡볶이라도 먹으려면 부족하다. 편안하게 친구들과 군것질하러 다닐 수도 없었을 것이다. 아버지께 오늘부터 무조건 10만 원을 더 주시길 부탁했다. 부족하다면 빚을 내서라도 용돈을 줘야 한다고 말했다. 10개월 후면 딸은 고교를 졸업한다. 어쩌면 집을 떠나 다른 곳으로 독립할 수도 있다. 아빠와 가까워질 기회는 점점 더 멀어질 수 있다. 힘들어도 아직 학생일 때 부모가 용돈을 주는 역할을 해야 한다. 친구들과 군것질하러 함께 다니지 못한 아픈 경험을 남기는 것은 너무 슬픈 일이다.

한 달에 10만 원을 추가해서 아빠가 용돈을 줄 수 있는 기회는 단 10개월이다. 계산하면 200만 원이다. 그 이후로는 자녀가 스스로 돈을 벌어서 쓸 수 있으므로 용돈을 안줘도 된다. 그러나 지금은 꼭 필요하다. 빚을 내서라도 줘야하는 것이 성장기에 있는 자녀의 용돈이다. 그렇다고 자녀 용돈으로 파산한 가정은 없다. 일주일 후 다시 상담일에 아빠를 만났다. 아빠는 상담 후 바로 10만 원을 찾아서 딸의 컴퓨터 위에 놓아두었다고 했다. 처음에는 그대로 있더니 3일 후에는 가져갔다고 했다. 딸이 자격증 시험을 보는데 접수비로 쓴다고 했다고 한다. 가난해도 자녀 성장기에 아이들에게 줄 수 있는 돈은 그렇게 큰돈이 아니다. 당연히 써야 할 돈이다. 그런데 돈에 대한 이해가 왜곡되어 있어서 서로 상처를 주고받는 것이다. '돈 함부로 주면 버릇 나빠진다'는 등.

기억할 일은 용돈을 주는 시기가 정해져 있고 초등-중등-고등 자녀들은 그때그때마다 용돈으로 경험해야 하는 과정이 있다는 것이다. 나중에 형편이 좋아진다고 하더라도 과거 상처를 회복할 수는 없다. 자녀 용돈은 고정이고 필수 지출이다. 금액과 주는 방법을 자녀와 함께 찾으면 더 좋다.

학습확인하기

1. 가치와 일치하게 돈을 사용해야 한다. 그러나 부부 서로 간의 가치가 부딪힐 수도 있고 개인적인 가치들도 부딪히는 경우가 많다. 가족 간에는 합리적으로 돈을 쓰는 과정을 넘어서 서로의 가치를 이해하고 결정하는 과정이 더 중요하다. (○ , ×)

2. 용돈은 돈 쓰기 연습을 하기 위한 돈이고 결국 돈에 대한 자기주도성을 습득하기 위해 필요한 돈이다. (○ , ×)

3. 돈 문제를 자연스럽게 대화할 수 있는 부부는 흔하지 않다. 특히 준비없는 돈 관련 대화는 감정이 격화될 수 있기 때문에 정기적으로 돈 문제를 얘기하는 날을 정하고 꾸준히 대화하는 연습을 해야 한다. 그리고 돈에 대한 생각 차이가 부부의 성격 차이일 수도 있다. 돈 문제를 부부관계에서 분리해서 해결하는 태도를 가져야 한다. (○ , ×)

나의 생활에 한 가지씩 적용하기

자녀 용돈, 부부 용돈을 통해서 서로가 대화하는 계기를 만들어본다. 그리고 각각의 용돈통장과 체크카드를 만들어서 사용한다.

제8장

돈의 교양

돈의 교양은 돈의 의미를 교환 가능성으로 바라보는 자세이다.
특별히 소중한 돈도 더러운 돈도 깨끗한 돈도 없다.
화폐의 모양이나 종류는 수도 없이 많았지만 보편적인
교환 가능성에 있어서는 언제나 같은 역할을 한다.
돈의 교양은 생산과 소비, 소득과 지출을 평등한 가치로 바라보는 관점
이다. 생산이 소비보다 더 가치있는 것은 아니고 소득이 지출보다 더 가
치 있는 것은 아니다. 돈과 우리는 쓰는 돈, 버는 돈, 모으는 돈, 불리는
돈과 바라보는 돈으로 만난다. 이 모든 만남을 잘 풀어가야 한다.

돈은 교환가치일 뿐,
돈 관리 기술이 필요해

　각각의 저금통에 돈이 들어있다. A저금통은 땀 흘려 번 돈을 넣어두었고 B저금통에는 우연히 생긴 돈을 넣었다. C저금통에는 카지노에서 운 좋게 딴 돈을 넣어두었다. 자녀의 교복을 사야할 때와 친구랑 술을 마시러 갈 때 어느 저금통에서 돈을 꺼내갈 것인가?

선택① 교복구매는 A저금통에서, 술 마시는 돈은 B저금통에서 가져간다.
선택② 신경 쓰지 않고 먼저 눈에 띄는 저금통에서 꺼내간다.

　돈은 언제나 같은 돈이다. 어떤 봉투에 담겨있어도 달라지지 않는다. 돈에는 귀한 돈, 소중한 돈, 의미 없는 돈 또는 깨끗한 돈, 더러운 돈과 같은 구별이 없다. 돈은 언제나 돈 가치만큼의 교환가치가 있을 뿐이다. 돈의 본질은 돈 자체에 있는 것이 아니라 돈의 사용법에 있다. 돈의 의미와 돈의 유래와 돈의 역사를 몰라도 어쩌면 개인이 돈을 사용하는데 있어서 전혀 해롭지 않다.

돈에 대한 가치규정에 많은 영향을 끼치는 것은 종교와 도덕적 관습이다. 〈죽음과 고리대금업자〉라는 히에로니무스 보쉬의 그림에서 종교적 가치관에 영향을 받는 모습을 관찰할 수 있다. 그림의 주인공은 평생 부를 탐해온 고리대금업자였고 이제 죽음을 앞두고 있다. 죽음의 사자가 문을 열고 들어오고 있고 천사의 인도를 받는 그 순간에도 구두쇠는 황금주머니를 건네는 악마의 꼬임에 갈등하고 있는 모습을 그렸다. 고리대금업자의 눈은 천사가 안내하는 구원의 빛과 악마가 내미는 황금주머니 사이를 바라보고 있다. 죽는 순간까지도 재물에 대한 소유욕을 버리지 못하는 인간의 모습을 그대로 보여주고 있다. 이런 종교화에서는 돈이 나쁜 의미로 읽힌다.

현대생활에서 이미 돈은 공기처럼 나와 불가분하게 연결되어 있다. 안정된 직장에서 넉넉한 소득을 얻는 환경일 수도 있고 평균보다 적은 소득이 있는 직장일 수도 있다. 모든 환경을 선택할 수 있다고는 하지만 지금 생활하는 환경이 어쩌면 최선을 다해 선택한 결과일 것이다. 돈처럼 민감한 의사결정에서는 대부분이 그러하다. 지금보다 더 나은 조건이 있는 직장을 모르기 때문에 현재에 머무른다는 것도 이해되지 않고, 또 알면서도 이동하지 않는 경우는 없을 것이다. 날씨를 탓하는 것보다는 수용하고 적응하듯이 현재 나의 소득과 지출상황을 이해하고 적응하는 것이 최우선으로 할 일이다. 그리고 그다음에야 돈을 더 모을 수도 있고 벌 수도 있다. 내가 가진 돈을 가지고 행복한 삶을 영위할 수 있는 돈 관리 기술을 찾아야 한다.

돈 관리 기술은 나의 지출패턴을 파악하고 이에 맞는 지출계획을 세워서 쓰는 것이다. 지출의 흔적을 통해 나의 모습을 볼 수 있다. 지출 속에는 나의 식생활, 음주량, 취미, 낭비벽, 독서량, 건강 상태, 인간관계까지, 더 나아가 행동반경까지 모두 들어있다. 나의 몸에 맞는 옷을 입는 것처럼 나의 모습을 알고 이에 맞게 돈을 쓰는 계획을 세우면 된다.

돈과 연결된 우리 마음읽기

1억 원의 현금다발이 불타고 있다.	VS	1억 원 자동차가 불 타고 있다.

　1억 원의 현금과 같은 가치의 1억 원 자동차가 불타고 있는 광경을 상상해본다. 보는 사람들마다 공통적으로 아깝다는 생각을 한다. 1억 원의 현금과 1억 가치의 자동차가 똑같이 눈앞에서 사라지고 있으니까. 그런데 사람들은 현금이 불타고 있는 모습을 더 많이 안타까워하고 괴로워한다고 한다. 돈이 가진 무한한 가능성을 잃어버린 것을 더 안타까워하는 것이다. 돈과 자동차는 같은 가치손실인데도 사람들의 마음에는 다르게 받아들여지는 건 이미 돈으로 환산한 자동차보다도 여전히 무엇과도 교환될 가능성이 남아있는 돈에 우리의 마음이 더 밀접해서 그러는 게 아닐까? 돈과 연결된 사람의 심리정서를 알면 돈을 잘 이해하고 관리하는데 도움이 된다.

　돈을 가지고 있으면 편안함을 느낀다. "돈은 실존을 위한 약"이다. 심리학자 잘레스키에비치 교수는 요즘 지옥을 두려워하는 사람은 별로 없고 그보다 아무것도 가지지 못한 상태를 더 두려워한다고 했다. 돈으로 삶에 대한 불안을 잠재울 수 있다는 뜻이다. 그래서 우리는 돈을 모은다. 또 돈은 사람이 인생에서 가장 큰 두려움에 맞설 수 있도록 도와주는 완충장치의 역할도 한다. 19세기 철학자인 윌리엄 제임스는 돈을 '자기 확장(extended self)'이라고 보았다. "사람이 자신의 것이라고 부르는 것은 신체, 정신력, 옷, 집, 땅, 자동차, 요트 및 은행통장과 같은 것이다"라고 말했다. 우리는 돈을 자기 자신의 확장으로서 경험한다. 내 몸, 내 돈, 내 차 등등 돈을 뜯길 때도 마치 제 몸의 일부가 떨어져 나가는 기분을 느끼지 않는가? 이렇게 돈은 내 몸의 일부로 받아들여진다.

클라우디아 해먼드, 『돈의 힘』, 도지영 역, 위너스 북, 2017.

돈은 신뢰를 표현하는 방식이다. 『사피엔스』의 저자 유발 하라리 교수는 인류가 상호 신뢰하기 위해 고안한 물건 중에서 돈이 가장 보편적이고 효율적인 것이라고 했다. 우리는 서로의 신뢰를 확인하는 것을 돈을 주고받음으로써 실현한다. 돈에 관한 심리적 측면을 생각할 때 신뢰가 가장 중요하다. 사람들이 항상 돈을 원하는 것은 다른 사람들 역시 항상 돈을 원하기 때문이고, 그것은 곧 당신이 원하거나 필요로 하는 모든 것과 돈을 교환할 수 있다는 말이다. 협력과 협조를 위해 서로의 신뢰를 신속하고 정확하게 교환할 수 있는 수단이 있어야 한다. 여기에 돈의 역할이 있다. 돈을 잘 사용하면 모르는 사람도 신뢰할 수 있고, 타인과 거래할 수 있고, 인간관계를 확장할 수 있다. 이것이 돈이 가진 두가지 특징인 보편적 전환성과 보편적 신뢰이다. 긍정적인 면에서 돈은 언어나 문화코드, 종교신앙, 사회적 관습보다 더욱 개방적이다. 또 돈은 유일하게 거의 모든 문화적 간극을 메울 수 있다. 종교나 사회적 성별, 인종, 연령, 성적 지향을 근거로 사람을 차별하지 않는 유일한 신뢰 시스템이기도 하다. 돈 덕분에 서로 알지도 못하고 심지어 신뢰하지도 않는 사람들이 효율적으로 협력할 수 있다.

유발 하라리 『사피엔스』, 조현욱 역, 김영사, 2015.

쓰는 돈,
그러나 잘 쓰기가 쉽지 않다

생산이 먼저일까? 소비가 먼저일까? 생산이 없으면 소비가 없다. 또 소비가 없다면 생산이 필요 없다. 그러나 적어도 개인의 어린 시절을 돌아보면 우리들 모두는 소비와 지출이 먼저였다. 돈을 벌지 않았던 어린 시절에도 돈을 썼다. 그리고 돈을 벌 때도 당연히 쓰고 심지어 소득 활동을 멈춘 노후에도 끝까지 돈을 쓴다. 어쩌면 돈 버는 일생보다는 돈 쓰는 과정이 더 길다. 기존 경제학에서는 오로지 돈을 많이 버는 것에만 관심을 둔다. 사람들이 돈을 갖게 된 만큼 교환가치에 따라 그 어떤 욕구도 실현할 수 있다고 생각하기 때문이다. 그래서 더 많은 생산을 하고 더 많은 소득을 벌면 돈 쓰는 문제는 저절로 풀린다는 생산중심의 사고가 보편적으로 형성되어 있다. 그러나 실제로는 돈을 써본 후에 필요한 소득을 얻기 위해 노동을 한다는 사고가 더 사실에 부합하지 않을까?

돈을 쓴다는 것은 지출을 통해 욕구를 실현하는 과정이다. 그러나 지출로 욕구를 실현하고 그 결과에도 만족한 경우는 흔하지 않다. 우리들은 거의 매일 돈을 쓴다. 계획적으로 돈을 쓰고 습관적으로 돈을 쓰고 어떤 때는 생각 없이 돈을 쓰기도 한다. 스스로 돈 쓸 곳을 선택하기도 하고 의무적으로 돈을 써야 하는 경우도 있다. 돈을 쓰는 것은 결정이고 선택이다. 먼저 써야 할지 말아야 할지를 결정해야 한다. 그리고 언제 얼마를 써야 하는지를 선택해야 한다. 다음은 출퇴근을 위해서 자동차가 있으면 좋겠다고 생각하는 경우에 가능한 선택과정이다.

구매하기로 했다.	구매하지 않기로 했다.
언제 살까? (지금 즉시 산다. 나중에 산다) 얼마짜리를 살까? (가격이 안 맞으면 안 산다) 어떤 브랜드를 선택해야 할까?(다른 브랜드는 안 산다) 현금으로 사야 할까? (대출로는 안 산다) 할부를 이용해야 할까? (현금으로는 안 산다)	지금은 구매하지 않는다. (나중에는 구매할 수 있다.) 또는 절대 구매하지 않는다.

출퇴근을 위해 자동차를 '구입한다'와 '안 한다'로 단순하게 구분하는 것처럼 보이지만 언어 표현만 다른 경우도 많음을 알 수 있다. 따라서 지출결과에 대한 만족도도 '구매하기로 결정해서 샀기 때문에 만족한다'와 '구매하지 않기로 했는데 샀기 때문에 불만족이다'와 같이 단순화해서 평가하면 곤란하다. 구매하기로 했고 결과적으로 만족하는 경우가 되기 위해서는 구매하지 않을 모든 경우가 배제되어야 한다. 이번에 출퇴근을 위해서 자동차를 하나 구입했는데 '내가 원하는 브랜드를 살 수 있어서 좋았다. 즉시 사려고 했는데 마침 매장에 준비된 차량이 있어서 좋았다. 마침 특별 할인을 하는 중이었고 할부를 저렴하게 이용할 수 있어서 좋았다.' 그런데 이중에 하나라도 어긋나면 스스로의 구매결정으로 구매가 이루어졌더라도 만족도는 떨어질 수 있다.

욕구와 욕망을 정확히 실현한다는 것이 말처럼 쉬운 일이 아니다. 본인의 소중한 돈을 자기결정으로 소비했을 때에도 결과가 원하던 바와 다르게 나타나는 경우가 일상에서 다분히 일어난다. '배고프다. 배달음식을 시켜먹자' 그럼 아무거나 배고픔을 달랠 수 있는 배달음식을 시키면 만족할까? 누구나 아니라고 답할 것이다. 그래서 우선 나의 욕구와 욕망이 진정하게 어떤 것인지를 다양한 관점에서 객관화하는 것이 중요하다. '배고프다'에서 '배달음식'으로 결정되는 사이에 있는 수많은 개인적인 취향이나 습관이 검토되어야 한다.

생존과 생활을 위한 기본적인 욕구 외에도 우린 돈을 쓴다. 돈을 쓰면 기본적으로 나의 모습이 돋보이고 나의 존재감이 확장되기도 한다. 새 옷을 사고 새 구두를 샀을 때, 멋진 헤어를 했을 때, 럭셔리한 자동차를 타고 다닐 때, 으리으리한 저택을 소유하고 있을 때, 혹은 동료들의 식사 값과 술값을 모두 지불했을 때 나의 존재감이 표시되고 나를 표현하는 요소가 늘어나기도 한다. "럭셔리한 자동차를 타고 다닐 수 있고 비싼 저택에 살고 있는 OOO"으로 내가 확장된다. 안타까운 것은 쓸 수 있는 돈이 한정되어 있다는 것이다. 각자마다 쓸 수 있는 돈은 모두 다르다. 가장 적게 쓰는 사람의 최소 보장 금액은 월 527,158원이다. 쓸 돈이 적다고 해서 적게 쓰고 살 수도 없다. 돈을 쓰는 것은 의무에 가까운 일이기 때문이다.

2020년 생계급여 수급자 지급기준 **1인 가구** 527,158원, **2인 가구** 897,594원, **3인 가구** 1,161,173원, **4인 가구** 1,424,752원 이다.

돈을 쓴다는 것은 선택에 대한 책임을 지는 것과 같다. 식비, 의복비, 교통비, 교육비, 대출원리금, 주택월세, 전기수도료, 도시가스료, 핸드폰요금, 각종보험료, 재산세, 의료비, 경조사비... 이미 선택 이전에 선택되어버린 것에 적지 않은 돈을 써야 한다. 실제로 쓰고 싶은 것에는 돈을 못 쓰는 경우가 허다하다. 나는 돈을 쓰는 사람이지만 돈을 쓰지 못하는 사람이 되어버리는 것이다. 돈을 못 쓰는 사람은 존재감이 없어진다. "돈은 그 사람 자체를 비춘다."고 『돈의 교양』의 저자 이즈미 마사토는 말한다. 지출을 통해 나의 모습이 보인다는 것이다. 나의 모습을 비추는 거울처럼. 영수증과 신용카드의 명세표를 보면 생활뿐 아니라 사람 자체가 뚜렷이 드러난다. 어떤 사람의 지출내역을 본다면 무엇이 보일까? 지출과 저축 내역은 '그 사람의 모든 것'을 비추는 거울과 같다. 그 사람의 사고, 행동, 성격이 모두 보인다. 식생활, 음주량, 취미, 낭비벽, 독서량, 건강상태, 인간관계까지, 더 나아가 미래행동까지도 유추할 수 있다. 돈은 사용하는 인간의 모습을 있는 그대로 나타낸다. 왜냐하면 사람들은 내가 가진 돈을 가장 귀하고 소중하고 가치 있는 대상과 기회에 사용하려는 경향이 강하기 때문이다.

돈을 잘 쓰려면 내가 결정하고 선택한 일들에 돈을 쓰는 것이 좋다. 돈을 쓸 때는 기쁘고 만족하면 좋겠고 쓰고 나서도 후회 없고 즐거운 추억이 되었으면 좋겠다. 이런 삶을 위해 돈을 잘 쓰는 방법이 필요한 것이다. 지출을 관찰하면 돈의 흐름이 보이고, 돈의 흐름이 보이면 돈의 흐름을 변경할 수 있고, 돈의 흐름이 바뀌면 나의 존재방식이 변한다.

버는 돈,
그러나 돈 벌기가 쉽지 않다

　돈을 번다. 매일 아침 일어나자마자 본능적으로 정해진 일과인 듯 돈을 버는 하루를 시작한다. 최소한 휴일을 제외하고 이런 행동들이 자연스러운 일상이다. 경제활동기에 있는 누구에게나 요구되는 일상이다. 그러나 돈을 버는 것 자체만으로는 부족하다. 많은 돈을 벌어야 한다. 적게 버는 것은 좋지 않은 일로 생각된다. 우리 사회는 돈을 많이 버는 방법으로 공부를 잘 해서 의사나 변호사 등 전문직이 되는 것을 제일 선호한다. 또는 근무조건이 안정되고 급여가 상대적으로 높은 좋은 직장에 들어가야 한다. 실제로 돈을 많이 벌 수 있는 방법은 사업과 투기를 하는 것인데 위험성이 많아서 회피하려 한다. 경제활동을 시작하는 사회초년생의 경우도 똑같은 마음일 것이다. 그러나 마음먹은 대로 돈을 벌 수가 있는가? 상상했던 것을 선택할 수 있는 시기는 이미 지나버린 경우가 대부분일 수 있다. 경제생활자 거의 대부분은 상대적으로 불안정하고 급여도 적은 직장에서 경제생활을 시작한다고 스스로도 생각할 수 있다. 자영업 같은 경우 오히려 취업이 안돼서 시작할 수도 있다. 어찌되었든 '나는 얼마를 벌어야 하는가? 언제까지 벌어야 하는가?' 라는 질문에 누구나 잘 모르겠고 잘 알 수 없다고 한다. 그래서 답은 항상 '많이 벌어야한다. 벌 수 있을 때 벌어놔야 한다.'가 되는 것이다. 어떤 경우에도 답은 동일하다. 처음엔 상대방보다 많이 벌고 마지막엔 돈이 스스로 증식할 정도로 많이 있어야 한다.

　소설 『1조 달러』에 돈을 많이 버는 방법과 순서에 대한 이야기가 나

안드레아스 에쉬바흐, 『1조 달러』, 노선정 옮김, 페이퍼하우스, 2013.

온다. "우리가 노릴 수 있는 소득수준은 하나의 위계질서를 따른다. 가장 하위 단계는 바로 노동이다. 근로자들이나 수공업 장인(匠人)들이 그렇게 돈을 버는 것이다. 그보다 한 단계 더 높은 수입원은 전문직 노동이라고 할 수 있다. 세 번째는 장사다. 더 이상 임금의 개념이 아니라 지렛대를 동원해 한꺼번에 큰 수익을 올리는 단계다. 네 번째는 한 사람이 여러 명이 올릴 수 있는 가치를 한꺼번에 창출해서 돈을 버는 일이라고 말할 수 있다. 본인은 일을 하지 않고 다른 사람으로 하여금 일을 하게 하는 것이다. 한마디로 말하면 기업가가 되는 것이다. 마지막 최고단계는 자본시장, 즉 순수한 금융시장을 말한다. 기업이 크면 클수록 위험부담도 크고 많은 노력이 필요하다. 하지만 돈은 다르다. 회사나 일 같은 건 전혀 필요 없다. 돈이 저 혼자 다 알아서 일을 하는 셈이다. 아무것도 느끼지 못한 사이에 계속해서 돈이 저절로 자꾸자꾸 불어난다."

만약 돈을 무조건 많이 벌어야 한다고 하더라도 쉽지 않다. 어떤 경우는 불가능하기도 하다. 한계가 있다. 오랫동안 건강하고 평화롭게 많은 돈을 벌기위해서라도 필요한 돈의 크기를 미리 생각해보는 것은 나쁘지 않을 것이다. 돈을 버는 목적은 결국은 쓰기 위해서다. 일상소비나 해외여행, 고급주택, 자동차 같은 특별소비를 위해서, 자녀에게 증여나 상속을 위해서, 또는 사회에 기부하기 위해서 결국은 쓰게 되어있다. 누구보다도 많은 소득이면 더 좋고, 혹시 그렇지 못하더라도 나와 가족이 쓰는데 불편하지 않을 정도면 좋겠다. 우린 돈을 버는 행위를 하기 전부터 돈을 쓰기 시작한다. '돈 쓰는 나'를 먼저 살펴보는 것이 '돈 버는 나'를 보살피는 순서다.

모으는 돈,
그러나 돈 모으기가 쉽지 않다

　돈을 모은다. 당장 써야 할 돈이 부족함에도 강박적으로 돈을 모아야한다는 생각이 든다. 어릴 때 돼지저금통에 동전을 모으는 등 누구나돈을 모아본 적은 있을 것이다. 그러나 문제는 돈을 모으는 것이 지속적으로 습관화되지 않았다는 것이다. 어릴 적에도 그랬고 돈을 벌기 시작할 때도 그랬다. 실제로 사회초년생 때 이후로 돈을 모으는 사람들이많지 않은 듯하다.

　아래는 직장생활 초반에는 부모님의 권유로 저축을 열심히 했었는데처음 저축 만기를 마치고는 돈 모으는 것이 재미가 없어서 저축을 안한다는 청년과의 대화이다.

청년: 직장생활 시작할 때 엄마가 주도적으로 저축액을 떼어두고 나머지로 생활하게 해서 강제적인 저축을 했지만 스스로도 열심히 했었어요.

상담사: 지금은 어때요?
청년: 지금은 안 해요.

상담사: 언제부터 저축을 안 하게 되었나요?
청년: 첫 저축 만기 이후로 안 하게 된 것 같아요.

상담사: 소득이 줄거나 지출이 늘어서 저축할 여력이 없어서 그랬을까요?
청년: 아니오. 저축하는 것이 재미없어서 그랬어요.

지금도 청년의 말에 공감되는 부분이 많다. 돈 모으기도 재미가 있어야 한다. 아마도 청년은 돈을 벌면서도 강제적인 저축 때문에 오히려 용돈을 받아쓰던 학생 때보다도 적은 돈을 써야 했을지도 모른다.

돈을 모은다는 것은 현재의 지출을 못하는 것이다. 그래서 어렵다. 미래를 염려해서 현재를 컨트롤할 수 있는 사람은 많지 않다. 머리로는 생각해도 실행에 옮기는 것은 너무도 어렵다. 10만 원이나 50만 원같이 일정 규모의 돈을 지금 사용하지 않고 저축하는 것은 당연히 쉽지 않다. 즐거운 취미활동 하나쯤은 삭제해야 가능한 일이다. 또는 자녀 학원 하나를 끊어야 가능하다. 당장 지출이 끊어지면 우울함, 상대적 빈곤감, 부모로서 책임회피에 대한 후회 등 다양한 심리정서적인 문제들이 촉발된다. 그래서 멈추기 어렵고 당장 지출한다. 심지어 빚내서라도 쓴다.

그럼 1,000원, 10,000원 같은 작은 돈을 아껴서 저축하는 것은 쉬울까? 마찬가지로 또 어렵다. '이렇게 작은 돈밖에 못 쓰는 것도 서러운데 이것조차 못쓰고 아껴서 얼마나 멋진 미래를 만든다고 궁상을 떠는 것이냐.' 너무 작은 돈이라서 필요한 돈을 모으기까지 너무 오래 걸린다는 한계도 있다. 오래 버틴다는 건 언제나 어려운 일이다. 그래서 모으기에서는 현재를 너무 억제하지 않는 저축금액과 미래를 기대하기에 너무 오래 걸리지 않는 적절한 저축기간이 필요하다.

돈을 모으는 것을 저축이라 한다. 다른 표현으로는 지금 지출을 하지 않고 나중에 지출을 한다는 의미이다. 수입지출 균형은 소득=지출인 상태이다. 지출부분을 소비와 저축으로 나누면 소비(현재지출)+저축(미래지출)이 된다. 이런 구조를 가정경제에서는 바람직한 구조라고 생각한다. 어떤 가계가 소득+대출=지출이라면 경제문제가 있을 수 있다고 진단해볼 수 있을 것이다. 보통 가계에서는 돈을 모으는 과정이 생애주기와 관련이 있다. 사회초년생 때는 소득=지출+저축이 일반적인 모습이다. 자녀 교육기나 결혼기에 소득+저축=지출이면 최고로 안정적인 가계구조이다. 저축+대출+소득=지출이어도 다행이라 생각될 정도이다.

정리하자면 돈을 모으는 행위가 중요한 것이 아니라 필요한 돈을 모으는 것이 중요하다. 무작정 많이 모으면 좋겠다고 생각하지만 이것은 절대 불가능하다. 그래서 실패한다. 많은 돈을 내 마음대로 벌 수 없는 것처럼 이또한 부적절한 계획이다. 필요한 만큼의 돈을 모으는 계획이 있어야 한다. 또한 돈 모으는 과정은 오랫동안 꾸준히 지속되어야 한다. 그러기 위해서는 기술이 필요하고, 돈을 모으는 과정에서 재미를 찾게 된다면 더할 나위없이 좋다.

바라보는 돈,
언제나 즐겁다

　벌고 쓰고, 벌고 모으고 또 쓴다. 돈은 결국 쓸 때가 즐겁다. 그래서 돈 관리를 잘하려면 쓰는 것을 잘해야 한다. 그러나 돈은 쓰지 않고 바라만 봐도 좋다. 원하던 쇼핑에 실패해서 돈을 쓰지 못하고 지갑에 남아있는 돈을 바라볼 때도 기분이 나쁘지는 않다. 돈은 바라만 봐도 좋은 것이다. 돈을 보고, 만지고, 주머니 속에 넣고 다녀도 좋고, 통장에 숫자로 표시된 돈을 보는 것도 좋다. 심지어 더 큰 숫자를 보는 기쁨을 누리려고 열심히 돈을 모으는 사람도 있다. 어쩌면 주변에 생각보다 이런 사람들이 많이 있을 수 있다. 돈이란 특정 물건을 사기 위해서만 써야 하는 것이 아니다. 돈 그 자체를 좋은 것으로 생각하는 것이다. 앞의 글에서처럼 돈은 그 자체로 무한한 교환가능성이자 신뢰이자 실존을 위한 약일 수 있는 것이다. 그러나 세상에서는 이런 행위를 곱지 않은 시선으로 바라본다. 심지어 경제학자는 돈을 쌓아두고 쓰지 않는 것을 경제를 어렵게 하는 주범이라고 공격한다. 돈이 돌지 않게 막는다는 것이다.

　석영중의 『도스토예프스키, 돈을 위해 펜을 들다』의 주인공인 늙은 남작은 굳은 빵과 물만 먹으면서 돈을 모은다. 그의 돈은 나날이 불어가지만 그는 돈이 불어나는 재미에 푹 빠져 도무지 쓸 줄을 모른다. 비록 육신은 헐벗고 굶주리지만 그의 영혼은 세상을 지배하는 힘을 느낀다. 지하 광 궤짝에 황금을 쌓아두고 수시로 바라보면서 그는 언설로는 표현하기 어려운 희열을 느낀다. 그는 행복한 것이다.

석영중,
『도스토예프스키,
돈을 위해 펜을 들다』, 예담, 2008.

(…)

모든 궤짝을 열어젖히고 그 사이에

빛나는 돈더미를 바라보며 서 있으리라

그 안에 행복이 있고 그 안에 나의 명예, 영광이 있도다!

(…)

이렇듯 인간은 돈이 있다는 사실만으로도 지극한 행복감을 느낀다. 어떤 사람들은 돈을 쓰는데서 행복을 느끼고 어떤 사람들은 돈을 버는 데서 행복을 느낀다. 또 어떤 사람들은 쓰기 위해 돈을 모으고, 어떤 사람들은 돈 그 자체를 모으기 위해 돈을 벌고 절약한다. 이는 도덕적 평가 이전에 돈이 가진 속성 중 하나일 뿐이다.

불리는 돈,
그러나 너무 어렵다

은행에 돈을 맡기고 있는 우리는 흔히 돈이 돈을 낳는 현상을 경험한다. 같은 이자율 2%라도 100만 원에 대한 이자소득 2만 원과 10억 원에 대한 이자소득 2천만 원을 비교해보자. 돈의 가치는 시간이 지나면서 떨어지는 경향이 있는데, 심지어 건물은 세월이 흘러 낡아지면서도 건물의 가치는 날로 상승하고 있는 기이한 현상을 우린 항상 목격하고 있다. '돈이 돈을 번다'는 것이 사실이고 이를 돈의 활용법 중 하나로 받아들여야 한다.

『화폐, 마법의 사중주』에서 저자 고병권은 시대에 따라 달라진 화폐의 이미지를 말한다. "돈이 돈을 낳는 것은 자연을 거스르는 일이며, 시간이 흐른 뒤 이자를 받는 것은 신에게 속한 시간을 도둑질한 것"이라는 생각이 오랫동안 서유럽을 지배해왔다. 그러나 이제는 모든 것이 전도되었다. 비난받는 것은 게으른 화폐, 돈을 낳지 못하는 불임의 화폐들이다. 가치가 증식하는 화폐, 부를 생산하는 화폐, 이자를 낳는 화폐야말로 최고의 찬사를 받을 자격이 있다. 이것이 역사상 가장 최근에 도달한 화폐의 이미지다.

고병권, 『화폐, 마법의 사중주』, 그린비, 2005.

소설 『1조 달러』에도 돈이 스스로 일할 때 얼마나 효율적인지가 간단하게 소개되어 있다. "백만 달러건 일억 달러건 일조 달러건 국제적인 금융기관에 돈을 두고 불리는 경우에는 그 돈의 규모가 얼마든 거기에 드는 수고와 노력은 똑같다. 일 같은 건 전혀 필요 없다. 돈이 저 혼자

다 알아서 일을 하는 셈이다. 돈을 버느라 고생스럽다는 느낌도 느끼지 못한 사이에 계속해서 돈이 저절로 자꾸자꾸 불어난다. 이때부터는 소득이란 게 한없이 올라가기만 한다."

한때 경제적 자유라는 말이 세상의 유행어가 되었다. 몸으로 돈을 버는 것을 지나 돈이 돈을 벌게 하는 때라야만 진정한 경제적 자유가 완성된다는 내용이다. 차근차근 돈을 벌어서 아끼고 모아야 한다는 생각이 있다면 얼마나 비경제적 사고인가. 나의 돈은 스스로 증식을 하고 있는가? 게으르고 증식을 못하는 불임 화폐인가? 이럴 때 내가 가진 얼마 되지 않는 돈에게 미안함을 느낀다. 돈 불리기에 약한 주인을 잘못 만난 내 돈도 운이 없는 것이다.

제9장

3갈래 가계부로
지출관리하기

"

사람들은 필요한(Needs)것과 원하는(Wants)것 그리고 의무적인
(Obligations)것에 돈을 쓴다. 필요한 항목에 지출할 때는 최소 비용
으로 만족하는 방법을 생각해야 하고, 원하는 것이라면 작은 비용일
지라도 써야할지 말아야 할지에 대해 고민해 봐야한다. 그리고 의무
사항 지출이라면 제때에 지급해야 한다. 필요, 욕구, 의무를 잘 구분
하는 자기기준이 있을 때 지출관리가 선명해진다.

"

지출관리 3단계

　지출관리는 가진 돈을 잘 사용하는 것이다. 우리는 생활비 지출을 통해서 존재할 수 있고, 여유지출로 자아를 아름답게 표현할 수 있고, 저축지출로 미래의 삶도 준비할 수 있다. 나의 만족과 성장을 위해 그리고 행복을 위해 지출하는 것이다.

　필요한 항목에 지출할 때는 최소 비용으로 만족하는 방법을 생각해야 하고, 원하는 것이라면 작은 비용일지라도 써야할지 말아야 할지에 대해 고민해 봐야한다. 그리고 의무사항 지출이라면 제때에 지급해야 하고 어려운 경우엔 분할납부나 대출 등의 여러 방법을 생각해두어야한다. 보통은 필요한 것과 의무적인 것에 우선적으로 지출을 하려하고, 쓸 돈이 여유 있을 때 원하는 것에 지출을 하려 하지만 어떤 것이 필요한 것인지 혹은 원하는 것인지를 구별하기가 쉽지 않다. 어떤 사람에게 스마트폰은 원하는(wants) 물건이지만 스마트폰으로 주요한 업무를 해야 하는 사람에게는 필수품(needs)이다. 자기의 기준을 갖는 것이 중요하다.

지출파악	지출계획	통장나누기
나의 지출패턴 성찰	월예산과 1년예산 계획	돈관리 시스템완성
1단계	2단계	3단계

나에게 무엇이 필요한 것이고 원하는 것이고 의무지출인지를 명확하게 구분할 수 있어야 한다. 1단계 지출파악하기 과정이 도움이 될 수 있다. 그리고 2단계에서는 지출계획을 통해 안정적이고 만족하는 삶으로 확장해 갈 수 있다. 지출관리는 '돈쓰고 있는 나'를 관찰하는 것으로 시작하고, '나'를 찾고 '나'를 확장해 가는 과정으로 이어진다. 마지막 3단계 통장나누기는 지출 운영시스템이다.

3갈래 가계부 양식

　가계부 한 번 안 써본 사람은 없을 것이지만 지속적으로 쓰는 사람은
많지 않은 듯하다. 돈관리가 간절하지 않았다거나 결의가 약했던 것은
아니었겠지만 귀찮거나, 어렵거나, 의미가 없었기에 지속하지 못했을
것이다. 365일 매일매일 기록하는 가계부가 기본 모델은 아니다. 각자
의 돈 관리 방식에 맞는 가계부가 필요하다. 일주일이나 한 달에 한번
작성하더라도 돈 흐름이 막히지 않고 예산과 결산이 잘 맞으면 좋은 가
계부다. 일단 좋은 가계부는 간단하게 작성할 수 있어야 한다.

　365일 가계부와 비교했을 때, 3갈래 가계부는 한달에 한번만 써도
되고 월별 현금 흐름을 원활하게 해준다는 강점을 지닌다. 결산과 예
산을 쉽게 하기 위해 지출항목들을 사용시점과 빈도수에 따라 3갈래
로 구분한 것이 특징이다. 지출의 3갈래 구분은 월고정지출과 월수시
지출과 연지출이다. 이런 구분은 옷을 관리하는 방식과 비슷하다. 우리
가 입는 옷들이 계절별로 다르고, 평상복과 외출복과 속옷으로 다르기
때문에 옷의 사용목적에 맞게 구분하여 관리해야 한다. 한 옷장에 모든
옷을 한꺼번에 넣는 것은 간편하지만 필요한 옷을 꺼내 입기에는 너무
나 불편하다. 봄, 여름, 가을, 겨울 옷을 구분하고, 외투는 외투끼리, 셔
츠는 셔츠끼리, 속옷과 양말을 분리하여 보관하면 좋다. 지출을 3갈래
로 구분하는 것도 지출성격이 비슷한 것끼리 묶어서 관리하기 위해서
다.

월고정지출	수시지출	연지출
월세, 관리비, 가스/전기/수도, 렌탈제품, 휴대폰, 인터넷, 케이블, 집전화, 학교급식, 학원, 용돈, 국민연금, 건강보험, 보장성보험, 저축성보험, 회비, 종교, 기부, 적금, 대출	주유비, 대중교통비, 식재료비, 간식, 생활용품, 여가비, 외식, 용돈, 의료비, 헤어컷, 반려동물	자녀교육, 자동차, 생일, 명절, 경조사, 옷/신발, 액세서리, 미용실, 화장품, 레져, 가구가전, 기부, 회비, 세금, 휴가, 의료비, 건강식품, 수선비, 도서구입비

'월고정지출'은 월세, 관리비, 휴대폰요금 등 한 달에 한번 고정적으로 지출되는 항목이다. '잠자고 숨만 쉬어도 나가는 돈'이라 하듯이 멈추지 않고 때가 되면 무조건 지출되어야 한다는 특징이 있다. 월고정지출은 평생 또는 오랫동안 지속되는 지출이기 때문에 처음 지출을 결정할 때 특별히 주의해야 한다.

'월수시지출'은 매일 쓰거나 한 달 동안 자주 쓰는 항목이다. 주유비, 대중교통비, 식비 등 보통 생활비라고 생각하는 비용이다. 적은 금액이지만 빈번하게 지출하기 때문에 즐거움도 자주 생기지만 반대로 지출스트레스를 받을 수도 있다.

'연지출'은 자동차보험료 재산세 생일 명절 휴가 등 1년에 한 두번은 지출이 되는 항목들이다. 특징은 갑자기 발생하는 것 같고 목돈으로 지출될 때가 많아서 지출충격이 있을 수 있다는 특징이 있다. 연지출이 갑작스러운 지출이라 생각하기 쉽지만 그렇지 않다. 실제로는 이미 정해져 있는 지출이다. 기억하고 미리 준비하지 못했지만 생활에 꼭 필요한 지출이었다는 뜻이다. 당장 급하진 않지만 중요한 지출이기 때문에 미리 준비해야 한다.

3갈래 가계부 양식

월고정지출		수시지출		연지출	
월세, 관리비, 가스/전기/수도, 렌탈제품, 휴대폰, 인터넷, 케이블, 집전화, 학교급식, 학원, 용돈, 국민연금, 건강보험, 보장성보험, 저축성보험, 회비, 종교, 기부, 적금, 대출		주유비, 대중교통비, 식재료비, 간식, 생활용품, 여가비, 외식, 용돈, 의료비, 헤어컷, 반려동물		자녀교육, 자동차, 생일, 명절, 경조사, 옷/신발, 액세서리, 미용실, 화장품, 레져, 가구가전, 기부, 회비, 세금, 휴가, 의료비, 건강식품, 수선비, 도서구입비	
지출항목	금액	지출항목	금액	지출항목	금액
소계		소계		소계	

연지출 월별 가계부 양식

월별 예산	1월	2월	3월	4월	5월	6월	7월	8월	9월	10월	11월	12월	소계
자동차 (보험세금등)													
세금 (재산,소득)													
생일													
명절													
경조사													
옷,신발													
미용화장													
휴가,여행													
의료비 (성형,교정)													
가구,가전													
등록금													
소계													

3갈래 가계부 만들기 1단계
: 지출패턴 파악하기

　지출은 내가 생활해온 흔적이고 그림자다. 즐거움과 기쁨과 후회와 아쉬움의 순간에도 항상 함께 하고 있다. 언제 돈을 많이 쓰는지, 어디에 돈을 쓰는 것을 좋아하는지 싫어하는지, 계획적인지 충동적인지를 내가 지출한 내역을 통해서 알게 된다. 지출패턴 파악하기는 4가지 미션으로 구성된다. '영수증 모으기'와 '지출기록하기' 그리고 '지출만족도 평가하기'와 '충동지출 진단하기'이다. 단순히 영수증을 모으는 것부터 시작해서 지출의 중요도와 사용시기의 적절성을 진단하는 난이도까지 올라간다.

첫 번째 미션: 영수증 모으기

일주일 동안 영수증을 모아서 비닐봉투에 담는다. 영수증을 못 받으면 포스트잇에 직접 지출기록을 하여 봉투에 넣는다. 단순한 미션이라 어렵지는 않다. 지출관리를 새롭게 시작한다는 마음가짐으로 일주일동안 영수증을 받으려는 생각이 있었으면 잘한 것이다.

미션실행 예시

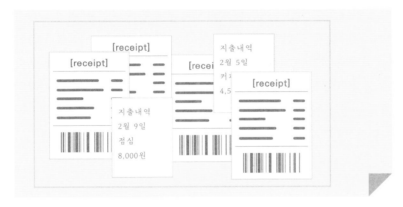

체험소감 모음

'영수증은 '버려주세요'가 습관이었는데~~ 그래도 열심히 모았네요.'
'영수증 모으기 처음 해 봤는데 소액으로 엄청난 지출을 하는 걸 알았어요.'
'처음으로 영수증을 모아봤는데 그동안은 눈에 잘 안보이니까 별로 소비를 안 한 줄 알았는데 모아 놓고 보니 소비가 많네요. ㅠㅠ 반성하게 되네요.'
'이번에 영수증 모으면서 매달 월급날에 왜 돈이 없는지 알게 됐어요. ㅠㅠ'

영수증 모으기의 성과

내가 지출하고 모아둔 수북이 쌓인 영수증들을 바라보고 있다면 어떤 느낌이 들까? '멋진 지출을 이렇게나 많이 했단 말이지!'라고 긍정적으로 생각할까, 아니면 '헉 일주일동안 이렇게나 많은 돈을 썼단 말이야!'라고 부정적인 생각을 할까? 어떤 경우든 수북이 쌓인 영수증은 지출 전체에 대해 생각해보는 계기가 된다. 영수증 모으기 미션은 각각의 지출을 평가하는 대신 지출 전체를 바라보는 관점을 얻게 되는 중요한 체험과정이다.

두 번째 미션: 지출기록하기

　노트를 준비한다. 영수증을 모아서 왼쪽에 붙이고 오른쪽에 지출일자, 항목, 금액을 기록한다. 미션 후 한줄 소감을 작성한다. 첫 번째 미션에 비해 노트도 준비해야 하고 영수증 모아서 붙이고 기록도 해야 하는 귀찮은 과정이지만 중단하지 않고 형식적으로라도 비슷하게 실행했다면 잘 한 것이다.

미션실행 예시

영수증	날짜	지출항목	금액	지출수단
[receipt] [receipt]	1.23	햄버거	4,900	신용카드
	1.24	소주	1,600	신용카드
	1.25	생수	940	현금
		삼각김밥	900	체크카드
		커피	2,500	체크카드
	1.26	동창모임	20,000	계좌이체

체험소감 모음

'언제, 어떤 지출이 있었는지 기록까지 하다 보니 나의 지출이 주로 어디에 사용되는지를 알 수 있었던 시간이었다.'

'지출내역을 보면서 소비습관을 파악할 수 있어서 좋은 기회였던 것 같다. 꾸준히 해보면서 불필요한 지출을 줄이는 노력을 해야겠다.'

'현금보단 신용카드로만 긁고 다니는 성격이라 지출에 대한 감을 잡기가 어려웠는데 올해는 이렇게 기록하는 습관을 들여놓으면 좋겠다는 생각이 들었다.'

지출기록하기 성과

지출기록하기 미션도 지출관리에 다가선 듯하지만 영수증 모으기처럼 특별히 새로울 것은 없다. 오히려 실망스럽게 느껴질 수 있는 미션이다. 과거 용돈기입장이나 가계부쓰기에서 경험에서 만족하지 못했던 기억이 떠오를 수 있기 때문이다. 그럼에도 불구하고 지출기록하기는 이후 계속되는 미션을 성공적으로 이어주는 징검다리 역할을 한다. 영수증 모으고 노트에 붙이고 기록하는 귀찮은 과정을 인내하고 통과했다는 점에서 지출관리에 대한 의지를 확인할 수 있고, 만족도평가나 충동지출진단 등 이후 미션과정이 이를 기반으로 하여 진행되기 때문이다.

세 번째 미션: 지출만족도 평가하기

영수증을 모아서 지출기록을 한 후 지출항목에 대한 만족도를 상(만족), 중(보통), 하(불만족)로 평가한다. 평가기준은 개인적으로 정한다. 필수적인 지출인지 욕망충족을 위한 선택지출인지 그리고 지출금액에 따라 만족도는 달라질 수 있다. 만족도 평가는 가능하면 하루 정도의 시간이 지난 후에 하면 더 좋다.

미션실행 예시

영수증	날짜	지출항목	금액	지출수단	만족도
[receipt] [receipt]	1.27	햄버거	4,900	신용카드	상
		휴대폰요금	89,000	신용카드	하
	1.28	생수	940	현금	하
		친구와저녁	24,000	체크카드	중
	1.29	후불교통비	78,000	체크카드	상
	1.30	커피	2,500	계좌이체	상

체험소감 모음

'그동안 지출을 하며 내 지출에 대한 평가를 해본 적이 한 번도 없었는데, 지출 만족도를 스스로 평가해보니 대부분 '중과 하'가 많은 것을 보고, 지출을 할 때 좀 더 신중하게 해야겠다고 느꼈다.'

'지출을 그때그때의 감정으로 판단했던 것 같은데 만족도를 정하다보니 만족스럽지 않은 지출 부분에 있어선 다시 한 번 되돌아보았던 것 같다.'

'만족스럽지 않은 부분을 다음엔 한번 더 생각해보고 지출을 결정하려 한다.'

지출만족도 평가하기 성과

지출만족도 평가하기 미션은 매우 중요한 단계이다. 지출 만족도를 스스로 평가하는 과정에서 지출관리를 자기 성찰의 과정으로 인식하게 되고 자기과제로 받아들이는 경험을 한다. 전문가의 지도를 받아서 지출관리 기술을 익히는 것이 아니라 자기의 지출 모습을 성찰하면서 본인 스스로가 지출문제를 인식하고 해결안을 모색하는 고민을 시작한다. 이 과정을 잘 마친 참여자는 더 적극적으로 지출관리 미션에 참여한다.

네 번째 미션: 충동지출 진단하기

지출항목을 급한 것, 안 급한 것, 중요한 것, 안 중요한 것으로 진단한다. 제시된 예는 있지만 개인의 주관적인 판단이 우선적인 기준이다.

- A-급하고 중요한 지출이다: 공과금, 대출상환금, 저축 등
- B-급하지 않으나 중요한 지출이다: 여행, 명절, 경조사, 세금 등
- C-급하나 안 중요한 지출이다: ∆ ∆ ∆지출 등
- D-급하지 않고 중요하지 않은 지출이다: ▽ ▽ ▽지출 등

이 미션을 2주 이상 반복해서 실행하면 효과가 더 좋다. 지출항목의 만족도는 '상'이 되면 좋고 충동지출 진단은 'A 또는 B'가 되면 정상이다.

미션실행 예시

영수증	날짜	지출항목	금액	지출수단	만족도	급함, 중요도
[receipt] [receipt]	2.1	실비보험	35,000	자동이체	상	A
		야식	18,000	현금	중	C
	2.2	월세	200,000	계좌이체	하	A
	2.3	정기적금	300,000	자동이체	상	B
	2.4	코트	145,000	신용카드	중	B
		모자	20,000	신용카드	상	D

체험소감 모음

'미션을 하는 동안 충동구매가 많이 줄었고 소비의 만족도 또한 올라가게 됐다. 하지만 꼭 필요하고 만족스럽게 구매한 것이어도 때로는 만족도와는 다를 때도 있었고 많은 걸 깨닫는 경험이 됐다.'

'그동안 내 소비습관이 좋지 못하다고 생각했지만 나의 지출을 진단했던 적이 없었기에 소비습관들을 고치지 못했었다. 절약해야지~ 절약해야지~ 라는 마음만으로는 지출을 줄일 수 없음을 또 깨달았다.'

'지출만족도와 중요도가 비례하지 않는 것을 알았고, 전보다는 지출 전에 고민하고 생각하는 시간이 늘었다.'

충동지출 진단하기 성과

지출에 대한 대표적인 두 가지 편향이 있다. '내가 만족한 지출이면 좋다'라는 편향이나, '필요지출에 지출했기 때문에 좋다'라는 편향이다. 그러나 바람직한 지출은 의무와 필요지출도 충족하고 만족감도 높은 지출이다. 충동지출 진단하기 미션이 두 가지 편향의 문제를 동시에 파악하는 진단법이다. 무계획적인 충동지출은 만족도 평가만으로는 제어할 수 없다. 지출항목에 대한 중요도뿐만 아니라 지금 지출할 것, 또는 준비해서 지출할 것을 추가로 진단하는 것이 필요하다. 욕구지출과 필요

지출에 대한 구분과 지출금액까지 지출의 모든 변수를 종합하여 지출진단을 하는 충동지출 진단하기는 지출패턴 파악하기의 핵심미션이다.

TIP 지출항목(명칭) 구분하여 정리하기

세부 지출항목을 정리가 간편하도록 대항목과 중간항목으로 구분하는 연습을 해보자.

대항목	중간항목	대항목	중간항목
주거비	월세, 관리비, 임대료	식재료비	쌀, 반찬, 식재료
수도광열비	전기, 수도, 가스	외식비	외식, 배달음식
교육비	등록금, 학원비, 학습지 등	군것질	커피, 음료, 간식
통신비	전화요금, 인터넷, 케이블TV	생활용품비	화장지, 주방세제 등
저축	적금, 저축성곗돈	세탁수선비	세탁, 수선
대출상환비	대출원리금, 할부	의류신발비	옷, 신발, 이불 담요
공공보험	건강보험, 국민연금	가전가구	가전제품, 가구, 커튼, 도배
보장성보험	손해보험, 생명보험	생일명절	생일, 명절, 제사
저축성보험	저축성보험, (연금)저축 등	경조사	장례식, 결혼식, 병문안
가족용돈	부부, 부모, 자녀용돈	휴가여행비	휴가, 여행
기부회비	기부, 회비, 소비곗돈	미용화장비	미용실, 화장품, 악세사리
반려동물	반려동물 사료, 치료 등	여가문화비	영화, 연극, 스포츠, 레저, 책
대중교통비	지하철, 버스, 택시	자동차유지비	자동차보험, 세금, 수리비
주유비	주유비	보건의료비	의약품비, 건강식품비

3갈래 가계부 만들기 2단계
: 지출계획하기

지출을 통해 나의 모습을 파악했다면 이젠 나의 삶에 어울리도록 지출계획을 세워본다. 불편보다는 편리, 후회보다는 만족, 불행보다는 행복감을 느끼는 삶을 위해 소중하고 귀중한 나의 돈을 사용한다.

다섯 번째 미션: 2갈래로 지출구분하기

지출기록을 할 때 '매월 지출되는 항목'과 '매월 지출되지 않는 항목'으로 구분하여 기록한다. 2갈래 구분기준은 가계부 양식에 기재된 대로 따라하면 좋다. 2주간 연속으로 미션실행을 하면 좋다.

매월 지출되는 항목	매월 지출되지 않는 항목
월세, 관리비, 가스/전기/수도, 렌탈제품, 휴대폰, 인터넷, 케이블, 학교급식, 학원, 용돈, 국민연금, 건강보험, 보장성보험, 저축성보험, 회비, 종교/기부, 적금, 대출상환, 주유비, 대중교통비, 식재료비, 간식, 생활용품, 여가비, 외식, 의료비, 책, 헤어컷, 반려동물	재산세, 등록금, 자동차세금, 보험, 수리비, 생일, 명절, 경조사, 옷, 신발, 액세서리, 미용실, 화장품, 레져, 가구, 가전, 기부, 회비, 휴가, 의료비, 건강식품, 수선비, 부모님용돈

미션실행 예시

매월 지출되는 항목			매월 지출되지 않는 항목		
날짜	지출항목	금액	날짜	지출항목	금액
12.2	식재료	56,000	12.2	옷(등산용)	133,000
12.5	간식	3,000	12.4	영화	12,000
12.6	외식	38,000			
12.7	휴대폰요금	51,000			
소계		148,000	소계		145,000

체험소감 모음

'지출 정리를 매월 지출되는 항목과 아닌 항목으로 나누는 방법은 처음이라 흥미 있었어요!'

'매월 지출되는 금액이 많은 비중을 차지하고 있다. 구분하여 다시 보고 판단할 수 있어 좋은 것 같다.'

2갈래로 지출구분하기 성과

네 번째 미션까지는 개별적인 지출항목을 분석하고 진단하는 것에 집중했지만 이제부터는 전체 지출을 구조적으로 분석하기 시작한다. 지출기록하기의 새로운 방식이다. 매월 일상적으로 지출되는 항목들과 그렇지 않은 지출항목으로 구분해보면서 지출빈도나 지출발생시기를 파악하는 연습이다. 친숙한 지출항목과 부정기적으로 발생하는 지출항목에 따라 관리하는 방법을 달리해야 함을 인식하게 된다.

여섯 번째 미션: 3갈래로 지출구분하기

    이번에는 지출내역을 3갈래 '월고정지출', '월수시지출'과 '연지출'로 구분하여 기록한다. 3갈래 구분기준은 가계부 양식에 기재된 대로 따라하면 편리하다. 2주간 연속으로 실행을 하면 좋다.

월고정지출	수시지출	연지출
월세, 관리비, 가스/전기/수도, 렌탈제품, 휴대폰, 인터넷, 케이블, 집전화, 학교급식, 학원, 용돈, 국민연금, 건강보험, 보장성보험, 저축성보험, 회비, 종교, 기부, 적금, 대출	주유비, 대중교통비, 식재료비, 간식, 생활용품, 여가비, 외식, 용돈, 의료비, 책, 헤어컷, 반려동물	자녀교육, 자동차, 생일, 명절, 경조사, 옷/신발, 액세서리, 미용실, 화장품, 레져, 가구가전, 기부, 회비, 세금, 휴가, 의료비, 건강식품, 수선비

미션실행 예시

매월 지출되는 항목						매월 지출되지 않는 항목		
월고정지출			수시지출			연지출		
날짜	지출항목	금액	날짜	지출항목	금액	날짜	지출항목	금액
12.7	휴대폰요금	51,000	12.2	식재료	56,000	12.2	옷(등산용)	133,000
			12.5	간식	3,000			
			12.6	외식	38,000			
	소계	51,000			97,000		소계	133,000

6주차 미션
오도선 가계부

매월 지출되는 항목						매월 지출되지않는 항목		
월1회고정지출			월수시지출			연지출		
월세 관리비 가스 전기 수도 렌탈제품 휴대폰 인터넷 케이블 집전화 학교급식 학원 등록 국민연금 건강보험 보장성보험 저축성 보험 회비 기부 적금 대출			주유비 대중교통비 식재료비 간식 생활용품 여가비 외식 등론 의료비 책 헤어컷 반려동물			자녀교육 자동차 생일 명절 경조사 옷 신발 액세서리 미용실 화장품 레저 가구 가전 기부 회비 세금 휴가 의료비 건강식품 수선비		
날짜	지출항목	금액	날짜	지출항목	금액	날짜	지출항목	금액
00/10	통신비	39,000	00/10	외식	39,500	00/17	생일선물	20,000
00/15	월세	150,000	00/11	생활용품	12,000	00/17	사방	50,000
			00/11	한정식	3,000			
			00/12	커피	3,500			
			00/13	숙취약	4,000			
			00/15	친구밥사줌	30,000			
			00/15	커피	4,000			
			00/17	헌혈감	3,000			
소계		209,000	소계		99,000	소계		70,000

체험소감 모음

'3갈래로 구분해놓으니 고정지출, 수시지출 그리고 연지출도 같이 파악할 수 있어서 소비패턴을 확인하기 용이해요.'

'3갈래로 지출 구분하니 제가 평소 어떻게 지출하는지 지출 습관을 한눈에 볼 수 있는 것이 장점인 것 같네요! 효율적으로 지출관리할 수 있을 것 같아요.'

'확실히 그 달의 고정지출을 한 눈에 들어오게 정리하고 나니 월급에서 얼마를 고정지출로 사용하고 얼마를 생활비로 사용하는지 알 수 있어서 좋네요. 그냥 날짜가 되서 빠져나가는 것보다 미리 계획해서 지출을 할 수 있을 것 같아요.'

'고정지출, 수시지출, 연지출을 나누어서 작성해보면 통장도 3개를 준비해서 평균치를 잡고 돈을 쓸 수 있을 것 같다는 생각이 들어서 꾸준히 해봐야겠다.'

3갈래로 지출구분하기 성과

3갈래 지출구분은 지출 전체를 구조적으로 분석할 수 있는 핵심기술이다. 지출항목들을 사용시점과 빈도수에 따라 3갈래로 구분하면 이번 달 지출 결산이 쉽고 다음 달 지출예산 계획도 간단히 할 수 있게 된다. 한 옷장에 모든 옷을 한꺼번에 넣는 것은 간편하지만 필요한 옷을 꺼내 입기에는 너무나 불편하다. 지출을 3갈래로 구분하는 것도 지출성격이 비슷한 것끼리 묶어서 관리하기 위해서다. 이제부터 지출항목의 개별 만족도와 전체적인 지출조화를 생각하면서 계획할 수 있게 된다.

일곱 번째 미션: 다음달 지출예산 계획하기

　3갈래 가계부로 다음 달 지출예산을 계획한다. 지난 달 또는 이번 달 작성한 3갈래 가계부를 보고 다음 달 지출예산을 계획한다. 의외로 쉽게 할 수 있다. 놀라운 경험을 기대해도 좋다.

미션실행 예시

월고정지출			수시지출		연지출		
날짜	지출항목	금액	지출항목	금액	날짜	지출항목	금액
1.5	청약저축	50,000	식재료	200,000	1.1	신정,해맞이	200,000
1.5	휴대폰요금	49,000	생활용품	50,000	1.9	동생생일	50,000
1.20	관리비	150,000	교통비	80,000	1.10	옷,신발	200,000
1.20	도시가스	100,000	간식비	50,000	1.30	경조사	50,000
1.20	보험료	67,000	여가,외식	100,000			
1.25	청년통장	100,000	의료비	20,000			
1.25	적금	300,000	미용,목욕	15,000			
소계		817,000	소계	615,000	소계		500,000

체험소감 모음

'다음 달 지출을 예상해보는 미션을 하니까 그동안 어떻게 나갔는지 정리되지 않았던 지출들이 정리되면서 내가 한 달 동안 어떤 것에 지출을 하고 고정지출, 수시지출은 얼마나 되는지 알 수 있어서 좋은 미션이었던 것 같다.'

'한 달 예산을 계획해 보면서 앞으로 어떻게 예산을 사용해야 할지 미리 생각해 보는 계기가 되었다.'

'월급이 들어오면 첫 주에서 두 번째 주에 필요한 걸 다 소비하는 습관을 고쳐야겠다는 생각을 가지고 있었는데 생각만 하고 고쳐지지 않았다. 직접 수치화하여 눈으로 보니 한 주 한 주 어떻게 살아야 하는지 계획을 세우게 되었다.'

다음달 지출예산 계획하기 성과

처음 시작이 중요하지만 어려운 것처럼 지출예산을 계획한 것은 이제야 제대로 된 지출관리를 시작했다는 의미이다. 특히 돈을 쓰는 계획을 세우는 것은 다른 업무계획을 세울 때와 차이가 있다. 거의 모두에게 돈은 쓰고자 하는 욕구에 비해 부족한 경우가 많아서, 지출 계획하는 바로 그 순간에 충분히 돈을 사용할 수 없다는 불안감이나, 돈을 많이 못 벌고 있다는 일종의 패배감 또는 가족에 대한 수치심 등 부정적인 감정이 올라올 수 있다. 굳이 이런 감정을 반기는 사람은 없을 것이다. 자연스럽게 예산계획 없어도 충분히 지출관리를 잘 할 수 있다는 자신감에 의지한다. 그렇기 때문에 일단 지출예산을 계획했다는 것으로도 충분한 성과이다.

여덟 번째 미션: 연지출 예산 계획하기

　연지출 예산을 월별로 계획한다. 연지출 가계부 양식을 활용하여 작성한다. 그동안 작성한 가계부를 보고 연지출을 파악하면 작성할 때 도움이 된다. 부족한 것은 달력을 보면서 월별로 발생할 연지출을 예상해 보면 좋다.

미션실행 예시

월별 연지출 예산	1월	2월	3월	4월	5월	6월	7월	8월	9월	10월	11월	12월	소계
자동차보험 세금등	40			60		10					20		130
세금 (재산,소득)							15	15					30
생일			10				10					10	30
명절		50								50			100
경조사		10			10			10			10		40
옷,신발			20			20			20			20	80
미용화장	15			15			15			15			60
휴가,여행	50						50						100
의료비 (성형,교정)				100									100
가구,가전			20						30				50
등록금							20						20
소계	105	60	50	175	10	30	110	10	65	65	30	30	740

구분	1월	2월	3월	4월	5월	6월	7월	8월	9월	10월	11월	12월	소계
자동차(보험,세금)	보험33						세금55						88
자동차수리				10			10			10			30
세금(재산,소득)													
명절		설 30							추석30				60
생일	행 5		친73		친73		엄마10	친73			아빠10		34
부모님 비용													
경조사(축하,조의)				10						10			20
옷, 신발			10			10			10		10		40
미용, 화장			10			10			10		10		40
휴가, 여행						80					30		110
의료비(성형,교정)													
가구, 가전													
등록금 등													
소계	37	30	23	10	13	20	155	3	50	20	10	50	422

체험소감 모음

'연지출까지 계획해 보는 건 처음이다.'

'당장의 지출이 아니라 미리 연말까지 지출을 한눈에 들어오게 적어놓고 나니까 앞으로 어디에 돈이 나가는지 미리 계획할 수 있어 좋았다.'

'연지출을 여유 있게 준비 할 수 있어 든든한 느낌이다.'

'1년의 큼직한 행사나 큼직한 지출들을 미리 생각해보고, 예산을 미리 짜게 되니 미리 여윳돈을 준비해두거나 수시지출들을 줄여갈 수 있을 것 같아 좋은 방법인 것 같다.'

연지출 예산 계획하기 성과

미리 준비하지 않으면 매월 당황하게 만드는 연지출을 월별로 예측해 보는 경험은 정말 누구에게나 흔하지 않다. 이 미션을 통해 1년 단위로 지출을 바라보는 시야가 확장된 것이다. 연말에 다음해 연지출 예산을 세워두면 매월 가계부를 작성하는 것은 너무 쉬운 일이다. 멀리 볼 수 있게 되면 가까이에 있는 사소한 어려움들은 더 이상 큰 걱정거리가 아니다.

3갈래 가계부 만들기 3단계
: 지출통장 나누기

　지출패턴 파악하기와 지출계획하기를 지나 3단계는 통장나누기로, 이제 지출시스템을 만들 차례다. 지출통장 나누기는 지출성격에 따라 지출통장을 별도로 분리해서 운영한다는 의미이다. 급여가 들어오면 각 지출통장으로 정해진 금액을 이체하는 것이 시작이다. 그리고 각 통장에 들어있는 돈으로 관련된 지출에 사용하면 된다.

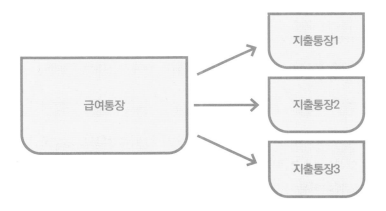

지출통장 나누기 순서와 방법

　통장나누기를 마무리하면 지출관리시스템이 완성된다. 시스템을 구축하면 최소한의 관리력으로 지출을 컨트롤할 수 있다. 통장을 여러 개로 나누면 오히려 관리가 더 복잡할 것 같다는 의견도 있지만, 지출통장을 하나로 사용하면 모든 지출이 섞여있다 보니 관리가 더 어렵다. 지출항목을 성격별로 3갈래로 구분하여 관리하는 이유와 동일하다. 하나의 지출통장에서 월지출이나 연지출 등 성격이 다른 지출들을 함께 섞어서 관리하던 습관에서 가능한 빨리 벗어나야 한다.

먼저 통장 3개를 준비한다. 월고정지출 통장, 연지출 통장, 월수시지출 통장이 필요하다. 3갈래 지출가계부가 통장나누기의 기초이다. 지출항목을 3갈래로 구분하여 가계부를 작성하는 방식을 통장나누기에도 그대로 적용한다. 직장인의 경우는 급여통장 외에 추가로 2개의 통장을 개설하면 된다. 급여통장을 월고정지출 통장으로 사용한다. 은행에서 신규통장 개설이 쉽지 않을 수 있기 때문에 사용하지 않는 기존통장이나 카카오뱅크 같은 인터넷 전문은행을 활용해도 된다.

| 급여통장
(월고정지출통장) | 월수시지출
통장 | 연지출
통장 |

두 번째, 지출예산을 계획한 후 각각의 통장에 송금한다. 당연한 말이지만 예산 없이 통장나누기를 실행할 수는 없다. 3갈래 가계부로 지출예산을 계획하는 것은 3갈래 지출구분과 3개의 통장이 각각 일치해야하기 때문이다. 예를 들어 월고정지출 예산이 120만원이고 월수시지출이 60만원 그리고 연지출이 70만원이면 지출예산대로 각 통장에 송금한다. 70만원을 연지출 통장에 그리고 60만원을 월수시지출 통장에 이체하면 자동적으로 급여통장에는 월고정지출 예산 120만원이 그대로 남아있게 된다. 당연히 각 통장으로 이체하기 전에는 이번 달 받은 월급이 그대로 급여통장에 남아있어야 통장나누기를 실행할 수 있다. 신용카드 대금이 결제되거나 혹시 자동이체가 급여일에 출금되

는 것으로 개설되어 있다면 급여일보다 5일 후로 이체 날짜를 조정하는 것이 좋다.

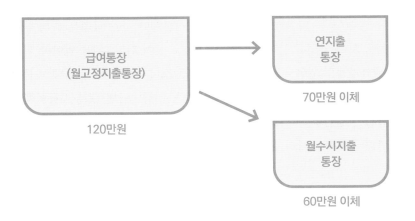

지출할 때는 각각의 통장에 들어있는 대로 돈을 쓰면 된다. 지출항목별로 정해진 예산만큼 자기 통장에서 돈을 꺼내 쓴다. 연지출 체크카드와 월수시지출 체크카드를 발급하여 사용한다. 월고정지출은 거의 자동이체로 설정된 경우가 많기 때문에 정해진 날에 출금되는 것을 확인만 하면 된다. 월말 결산할 때 각 통장마다 남는 돈이 있다면 연지출 통장으로 이체한다.

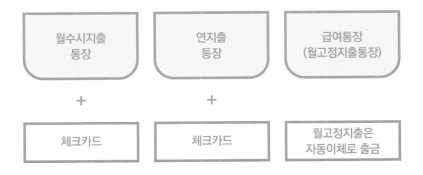

통장나누기를 성공하기 위한 사전준비

자동이체날짜를 조정한다. 대부분 자동이체는 월급날로 지정하는 경우가 많다. 모든 약속이 그렇듯이 돈을 지불해야 하는 약속은 특히 심리적으로 부담이다. 빨리 부담을 내려놓고 싶어 한다. 돈을 받아야 하는 관계자들도 월급날을 은근히 권유하고 소비자도 돈이 있을 때 지불하는 것이 편리하다고 생각하기 때문이다. 가능하다면 모든 자동이체 출금일은 월급날보다 최소 5일 후로 조정하면 좋다. 5일 동안 결산도 하고 지출계획도 다시 점검하는 시간이 필요하다.

신용카드 사용원칙을 정한다. 월급날에 지난달 사용된 신용카드 대금이 결제되는 것을 조정해야 한다. 사용원칙은 신용카드를 사용하되 체크카드처럼 결제도 당월에 하도록 한다. 이번 달에 쓴 돈은 이번 달 지출 통장에 남겨두는 것이다. 최소 한 달 후 결제라는 신용카드의 최대 장점을 버리는 것이지만 그 외의 신용카드 장점을 안전하게 누릴 수 있다. 돈이 부족하여 결제금을 남겨둘 수 없다면 이미 돈 관리는 비상상황으로 진행된 것으로 생각해야 한다. 즉시 합리적인 예방이 필요하다. 신용카드는 먼저 돈을 쓰고 나중에 결제한다는 것이 장점이면서 단점이다. 구매시점과 결제시점의 혼돈을 가져와 '소비에 대한 감각 장애'를 일으키게 된다.

연지출 여윳돈을 저축한다. 연지출은 월별로 금액 변동 폭이 매우 크다. 휴가여행이나 대학등록금을 내는 달에는 급여보다 더 많을 때도 있다. 곧바로 통장을 3개로 나눠서 관리하려고 하더라도 당장 이번 달에 연지출로 보낼 돈이 없을 수 있다. 통장나누기를 성공적으로 실행하기 위한 사전준비 마지막은 연지출 여윳돈을 저축하는 것이다. 연지출 통장을 저수지 통장으로 생각하면 좋다. 저수지는 농사를 짓지 않을 때나 비가 많이 오면 물을 저수지에 담아두고, 농사를 지을 때나 물이 필요할 때 꺼내 쓴다. 여윳돈이 있다면 연지출 통장에 이체한다고 생각하면 간단하다. 하지만 여윳돈이 없다면 가장 우선적으로 여윳돈을 만드는 저축을 시작해서 연지출 통장에 넣어야 한다. (뒤에서 자세히 설명함).

부부용돈 통장과 자녀용돈통장까지 구분하면 더 좋다. 부부에게도 개인 생활이 있고 눈치 보지 않고 쓸 수 있는 용돈이 필요하다. 부부 각자 용돈을 정하고 급여수령 후 가장 먼저 부부용돈 통장에 이체하는 것도 고려해보면 좋다. 특히 주부의 경우 별도의 용돈이 없고 생활비와 섞어서 쓰다 보니 용돈을 쓸 때마다 가족에 대한 미안함이 우선할 수밖에 없어서 소비에 대한 만족감이 떨어질 수 있다. 여성의 경우 미혼시절과 결혼 후 전업주부일 때 가장 큰 차이는 개인 용돈이 있는가와 없는가이다. 주부들도 개인 용돈 통장을 갖는 것이 좋다.

실천: 3갈래 가계부로 예·결산하기

지출관리 과정은 예산계획하기→ 지출하기→ 결산하기이다. 지금까지 학습한 3갈래 가계부 작성방법과 통장나누기를 실제 사례에 적용해본다.

예산계획하기

'매월 지출예산표'와 '월별 연지출 예산표'를 만들어야 한다. 예산 계획하는 방법은 3갈래 가계부 일곱 번째 미션과 여덟 번째 미션을 참고하면 된다.

월지출예산표

월고정지출			수시지출		연지출		
날짜	지출항목	금액	지출항목	금액	날짜	지출항목	금액
1.5	청약저축	50,000	식재료	200,000	1.1	신정,해맞이	200,000
1.5	휴대폰요금					동생생일	50,000
1.20	관리비		00월 지출예산표			옷,신발	200,000
1.20	도시가스					경조사	50,000
1.20	보험료	87,000	외기,회복	100,000			
1.25	청년통장	100,000	의료비	20,000			
1.25	적금	300,000	미용,목욕	15,000			
소계		817,000	소계	615,000	소계		500,000

월별 연지출 예산	1월	2월	3월	4월	5월	6월	7월	8월	9월	10월	11월	12월	소계
자동차보험 세금등	40			60		10					20		130
세금 (재산,소득)							15		15				30
생일			10				10					10	30
명절		50								50			100
경조사		10									10		40
옷,신발											20		80
미용화장	15			15			15		15				60
휴가,여행	50						50						100
의료비 (성형,교정)				100									100
가구,가전			20						30				50
등록금							20						20
소계	105	60	50	175	10	30	110	10	65	65	30	30	740

00년 월별 월지출 예산표

결산하기 방법1
평소처럼 지출기록하면서 결산하기

처음 몇 개월 동안은 각각 3갈래 지출구분별로 결산하면 편리하다. 엑셀을 사용하면 지출 기록 할 때 칸을 추가하여 넣을 수 있고 합계와 차액계산을 쉽게 할 수 있다. 적응되면 1페이지로 예산을 계획하고 결산하는 것이 가능해진다.

월고정지출 결산하기

월고정지출 예산			실제 지출금액	결산하기
날짜	지출항목	예산금액	(지출기록하기)	(예산−실제지출= ?)
1.5	청약저축	50,000	50,000	0
1.5	휴대폰요금	49,000	51,000	−2,000
1.20	관리비	150,000	147,000	+3,000
1.20	도시가스	100,000	95,000	+5,000
1.20	보험료	67,000	67,000	0
1.25	청년통장	100,000	100,000	0
1.25	적금	300,000	300,000	0
1.25	학원비	150,000	150,000	0
소계		967,000	소계 962,000	+5000

월수시지출 결산하기

수시지출 예산		실제 지출금액		결산하기
지출항목	예산금액	날짜	금액	(예산−실제지출= ?)
식재료비	200,000	1.5	50,000	−20,000
		1.7	40,000	
		1.14	50,000	
		1.22	30,000	
		1.30	40,000	
		소계	220,000	
생활용품비	50,000	1.7	15,000	+3,000
		1.14	12,000	
		1.22	15,000	
		1.30	5,000	
		소계	47,000	
교통비	80,000	73,000		+7,000
간식,군것질	50,000	55,000		−5,000
여가,외식비	100,000	92,000		+8,000
의료비	20,000	20,000		0
이발,목욕	15,000	15,000		0
합계	615,000	합계	622,000	합계 −7,000

연지출 결산하기

연지출			실제 지출금액		결산하기	
날짜	지출항목	예산금액	(지출기록하기)		(예산−실제지출= ?)	
1.1	신정,해맞이	200,000	200,000		0	
1.9	동생생일	50,000	50,000		0	
1.10	옷,신발	200,000	195,000		+5,000	
1.30	경조사(예비)	50,000	0		+50,000(경조사가 없었음)	
소계		500,000	소계	962,000	소계	+55000

전체결산

월지출예산	2,082,000	월지출합계	2,029,000	결산	+53,000

결산하기 방법2

통장나누기로 지출관리하고, 통장 거래내역을 확인하여 결산하기

각각 지출통장으로 예산 이체하기

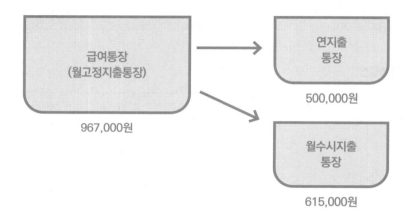

급여통장 (월고정지출통장)	→	연지출 통장
967,000원		500,000원
	→	월수시지출 통장
		615,000원

지출하기: 자동이체와 체크카드로 결제하고 현금 결제의 경우에만 메모하기

월고정지출		수시지출		연지출	
지출항목	금액	지출항목	금액	지출항목	금액
현금결제내역		현금결제내역		현금결제내역	

월말에 3개의 지출통장 거래내역을 보고 결산하기(현금결제금액 합산)

고정지출은 지출항목마다 1회 지출인 경우가 많기 때문에 통장거래내역을 보면서 바로 결산이 가능하다. 연지출도 지출 건수가 많지 않기 때문에 연지출 통장 거래내역을 보면서 결산할 수 있다. 다만 수시지출은 같은 항목들이 여러 번 반복적으로 지출(예, 식재료비 5회 지출)되기 때문에 가능하면 액셀로 지출내역을 다운받아서 결산을 진행하면 좋다.

월고정지출		결산	수시지출		결산	연지출		결산
지출항목	예산	(+,-비교)	지출항목	예산	(+,-비교)	지출항목	예산	(+,-비교)
청약저축	50,000	0	식재료비	200,000	-20,000	신정	200,000	0
통신비	49,000	-2,000	생활용품	50,000	+3,000	동생생일	50,000	0
관리비	150,000	+3,000	교통비	80,000	+7,000	옷,신발	200,000	+5,000
도시가스	100,000	+5,000	간식비	50,000	-5,000	경조사	50,000	+50,000 (경조사가 없었음)
보험료	67,000	0	여가비	100,000	+8,000			
청년통장	100,000	0	의료비	20,000	0			
적금	300,000	0	이발,목욕	15,000	0			
학원비	150,000	0						
소계	967,000	+5,000	소계	622,000	-7,000	소계	500,000	+55,000
월지출 예산	2,082,000		월지출 합계	2,029,000		결산	+53,000	

정리: 방법1에서 방법2로 진화하기

어느 방법이나 선택 가능하지만 결산하기 방법2가 간단하고 경쾌한 결산방법이다. 다만 처음에는 통장나누기를 실행하면서도 결산하기 방법1을 중심으로 운영하면 좋겠다. 몇 개월 지나지 않아서 방법2를 손쉽게 활용하고 있을 것이다.

연지출 여윳돈과 연지출 관리방법

연지출 여윳돈이 비상금이다.

　재정관리에서 비상금의 필요성은 누구나 인정하지만 얼마만큼 준비해야 하는지에 대해 기준이 모호하다. 금융권에서는 3개월의 생활비를 준비해야 한다고 제시하기도 하고 어떤 전문가들은 실직과 취업을 위한 준비기간으로 6개월 비상자금을 확보해야 한다고도 제안한다. 3~6개월의 생활비는 보통 수백만원 이상이 될 것이다. 그러나 누구나 이 정도의 금액을 비상금으로 준비하기도 쉽지 않고, 평상시에 사용하지 않고 계속 묶어두기만 할 수도 없다. 현실적으로는 이러한 고민 때문에 비상금 용도로 마이너스 통장을 개설하고 신용카드 사용한도를 최대한 확보하는 것을 선호하기도 한다.

　연지출 여윳돈과 비상금의 사용범위를 축소해서 생각할 필요가 있다. 질병이나 사고로 병원에 입원하거나 실직하면 생활하기 막막하니까 비상금이 필요하다는 것이 대표적으로 비상금의 필요성에 대한 막연한 생각이다. 실제로 실직이나 중대한 사고나 질병 등은 단순한 사건이 아니라 중대한 위험이다. 소규모의 비상금이 아니라 장기적이고 구조적으로 위험을 회피할 방법으로 보완해야 한다.

　그래서 비상금 사용시기는 일시적으로 막힌 현금흐름을 개선하는 비용으로 생각하면 좋다. 이런 경우는 구조적으로 위험한 상황이 아니라 정상적인 소득활동과 지출을 하는 과정에서 특정사건에 돈이 긴급하게 필요한 경우이다. 월고정지출이나 수시지출은 월별로 지출변동성이 거의 없이 일정하다. 그럼에도 매월 일정 비용이 부족하다면 곧바로 심각한 경제 상황으로 이어질 수 있다. 지출조정을 통해서 해결하거나 절대적으로 자산과 소득이 부족한 경우라면 개인의 힘으로 극복할 수 없는 상황으로 판단해야 한다. 사회복지자원을 연결해서 해결해가야 한다. 그러나 연지출은 이미 살펴본 것처럼 정상적인 경제 상황일지라도 월별로 변동성이 매우 커서 어떤 달은 급여보다 더 많은 경우도 있다. 일시적으로 현금흐름이 막히는 경우는 보통 연지출 때문에 발생하는 것이다. 따라서 비상금을 정상적인 경제 상황을 무리 없이 유지하기 위한 비용으로 인식한다면 연지출 여윳돈이 바로 준비해야할 비상금이다.

연지출 여윳돈(비상금) 금액 정하기

일반적으로 월평균 250만 원 정도의 소득이 있는 청년들의 연지출 여윳돈(비상금)은 100만 원 정도면 충분하다. 위에서 언급했듯이 비상금은 월급여의 3배인 750만 원이 아니다. 연지출 여윳돈 100만 원은 보통 월평균 연지출 금액의 3배에 해당한다. 통장에 이 정도의 여윳돈이 준비되지 않는다면 통장나누기뿐만 아니라 지출관리도 원활하지 않다. 예시를 통해 연지출 여윳돈의 활용방법을 알아보자. 아래 표는 어떤 청년의 월별 연지출 예산이다.

구분	1월	2월	3월	4월	5월	6월	7월	8월	9월	10월	11월	12월
연지출 (만원)	75	50	10	60	20	55	10	120	20	40	10	10
합계	480											
월평균 금액	40(480÷12)											

연지출 총액은 480만 원이고 월평균 연지출 금액은 40만 원이다. 그래서 연지출 여윳돈은 3개월 월평균 연지출 금액인 120만 원(40만 원x3)이다. 이 돈을 준비하여 연지출 통장에 넣어두고 지출관리를 시작하면 된다. 그리고 통장나누기에 따라 매월 월평균 연지출금액 40만 원을 급여에서 연지출 통장으로 이체하면 된다.

연지출 운영사례

단위: 만 원

구분	1월	2월	3월	4월	5월	6월	7월	8월	9월	10월	11월	12월
①연지출예산	75	50	10	60	20	55	10	120	20	40	10	10
②여윳돈 입금	120(1월에 단 한번 입금한다)											
③매월 연지출 입금	40	40	40	40	40	40	40	40	40	40	40	40
④통장잔고	160	125	115	145	125	145	130	160	80	100	100	130
⑤입금합계 -연지출 =잔액	160 -75 =85	125 -50 =75	115 -10 =105	85	105	90	120	40	60	60	100 -10 =90	130 -10 =120

⑤입금합계-연지출=잔액

- 1월달 연지출 통장 잔고 120만 원+40만 원=160만 원-1월 연지출 75만 원=85만 원
- 2월달 연지출 통장 잔고 85만 원+40만 원=125만 원-2월 연지출 50만 원=75만 원
- 12월달 연지출 통장 잔고 90만 원+40만 원=130만 원-12월 연지출 10만 원=120만 원

　예시처럼 이미 연지출 통장에 120만 원이 있는 상태에서 12개월을 생활하게 되면 12월 통장에는 처음에 미리 넣어둔 120만 원이 남는다. 실제로 최종 잔고는 지출변동에 따라 줄어들 수도 있고 오히려 늘어날 수도 있다. 다소 금액이 변하게 되더라도 무엇보다 좋은 점은 1년 동안 안정된 지출생활을 할 수 있다는 것이다. 돈 때문에 힘든 경우는 수천 수억원의 큰돈 때문이 아니고 수십만 원, 몇백만 원 이내의 크지 않은 돈일 경우가 너무 많다. 단 얼마의 돈 때문에 겪게 되는 당황스런 일들이 발생하지 않으면 괜찮은 생활이다.

3갈래 지출구분에 나타나는 소비정서

　월고정지출, 수시지출, 연지출 중 지출 후 만족감이 제일 높은 영역은 어디일까? 여윳돈이 있다면 어떤 지출에 더 쓰고 싶은가? 교육에 참여했던 참여자들에게 드렸던 질문이다. 답변들은 '먹고사는 것이 중요하니까 수시지출이다', '자녀교육이 중요하고 주거 공과금을 내야 생활할 수 있어서 월고정지출이다', 또는 '여행도 가야하고 경조사도 안 갈 수 없다. 그래서 연지출이 중요하다' 등등으로 골고루 나뉘는 경향이 있다.

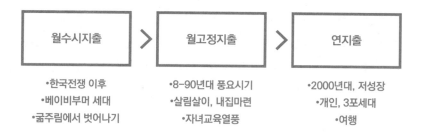

먹고사는 생존의 문제가 중요한 시기에는 아무래도 식비가 중심인 월수시지출에 대한 만족도가 절대적으로 높았을 것이다. 무엇보다도 굶지 않는 것이 최선이다. '생존에 필요한 월수시지출'은 의식주에서 '식'에 해당한다. 무엇보다 절실하고 생존에 직결된다. 어딜가나 먹을거리들이 넘쳐나는 요즘은 이런 욕구는 쉽게 충족된다. 많은 돈이 필요하지도 않다. 현재 우리나라는 특별한 경우를 제외하면 각 가정에서 음식비용이 차지하는 비중은 매우 낮은 편이다.

극도의 빈곤을 지나 다소 풍요로운 시기에 들어서면 더 나은 제품, 더 좋은 옷을 선호한다. 자녀교육에서도 더 나은 학교를 위한 사교육, 해외 유학 등 다양한 욕구들이 발생한다. 이 시기에는 사치스러움을 통해 자기의 부를 과시하는 지출에 만족도가 높아진다. 이와 관련된 지출들은 대개 월고정지출에 포함되어 있다. '소유한다. 그리고 나만의 왕국을 건설하는 월고정지출'은 의식주에서 '주'에 해당한다. 월고정지출의 핵심은 주거환경이다. 8~90년대 TV드라마에 나오는 부잣집의 집안 풍경에는 번쩍번쩍하는 자개장롱, 멋진 칼라 TV, 냉장고, 오디오시스템, 검정색 중후한 자동차가 있다. 생존의 시기를 넘었고 풍요의 시절이다. 소비의 행태는 소유하는 것이 특징이다. 모든 것을 내 것으로 만드는 것이다. 그러나 이젠 부잣집이나 부자가 아닌 집이나 갖출 것은 다 가지고 있다. 단지 제품의 가격이 다를 뿐이다. 그러나 소유에 대한 지출의 만족은 한계가 있다고 한다. 돈이 있더라도 더 이상 지출하기엔 곤란한 점이다.

이후 개인의 욕구가 중심이 되는 새로운 지출 경향이 등장했다. 개성 있는 패션, 미모 유지·관리에 지출하는 것은 기본이다. 폭발적으로 늘어난 여행이나 레져 등 여가생활을 보내는 다양한 방식들이 소비상품으로 생겨났다. 소유 그 자체로 자신의 가치를 표현하는 것을 넘어 경험과 체험을 소중히 생각하게 되었다. '경험과 체험이 가치인 연지출'은 의식주에서 '의'에 해당한다. 추위를 벗어나게 할 일반적인 옷이 아니다. 옷은 개성이고 나의 표현이다. SNS에서는 내가 소유한 물건을 보여주기보다는 내가 경험한 것들을 보여주기 바쁘다. 부모세대로부터 물려받은 물질적인 풍요로움을 누리면서 생활해왔지만 연애, 결혼, 자녀, 취업 등 역설적이게도 포기해야 할 것들이 많았던 청년세대들은 더 이상 물질적 풍요에 행복해하거나 만족하지 않는다. 또 다른 개인적인 것들의 욕구실현이 중요하다. 외모에 대한 가치가 중요하다. 코칭비용,

피부미용, 치아교정, 성형 등 기회가 되면 언제든 건강하고 아름다운 체형관리를 위한 지출을 준비하고 있다. 이에 대한 비용은 어마어마하고 끝이 보이지 않는다. 또한 두드러지는 연지출비용으로는 낭만적 여행이 대세다. 언제든 떠난다. 자아를 찾아서도 가고 자기힐링을 위해서도 간다.

가정경제상담을 진행하면서 경험했던 가구들 중에서 식비가 중심인 월수시지출을 감당 못하는 가정은 거의 없다. 최저생계비와 지원되는 현물로 풍부하지는 않을지라도 그런대로 생활이 유지된다. 월고정지출을 감당 못하는 가구도 많지는 않다. 주거비가 부담되면 좀 더 저렴한 곳으로 이사 가면 되고, 자동차가 부담되면 팔면 된다. 마찬가지로, 보험료가 부담된다면 보험을 줄이거나 정리하면 된다. 자녀교육비가 과다한 경우로 무너지는 가계도 거의 없다. 힘들지만 버티면서 꾸려간다. 그러나 연지출에서는 극명하게 갈린다. 연지출이 거의 없는 취약계층과 과도한 연지출로 인해 부담이 백배인 중산층과 미래를 위한 자산형성을 시작도 못하는 청년세대들이 있다. 집은 없어도 자동차는 사고 자동차는 없어도 비행기 타고 여행은 간다.

학습확인하기

1. 3갈래 가계부를 활용하여 자기성찰형 지출관리를 하는 3단계 과정은 '돈쓰고 있는 나'를 관찰하는 것으로 시작하고, '나'를 확장해 가는 과정으로 이어진다. 1단계 지출파악하기와 2단계 (   ) 그리고 3단계는 통장나누기 과정이다.

2. 지출관리에서 경계해야하는 것은 무계획적인 (   )이다. (   )은 지출당시 만족도는 높은데 시간이 지난 후에 후회하는 지출이다. 지출항목에 대한 만족도와 중요도 그리고 급함을 진단할 때 (   )을 방지할 수 있다.

3. 통장나누기를 성공하기 위한 사전준비사항이다. 괄호 안에 알맞은 말을 넣으시오.

   자동이체날짜를 조정한다. 신용카드 사용원칙을 정한다.
   (   )을 저축한다.

나의 생활에 한 가지씩 적용하기

3갈래 가계부로 지출관리를 시작하자.